汽车运用基础

QICHE YUNYONG JICHU

（第二版）

主　编　袁宗齐

副主编　田兴强　周贵富

参　编　江胜波　周　勇　陈德林

　　　　杨娇娇　晏和坤　罗　龙

　　　　冉启兰

主　审　王　毅

重庆大学出版社

内容提要

本书共分 9 章,内容包括汽车运用概述、汽车动力性及动力的合理使用、汽车使用经济性、汽车行驶安全性、汽车的平顺性及通过性、汽车公害及其控制、汽车技术状况的变化及检测诊断、汽车在特殊条件下的使用和汽车使用寿命等。本书每章后附有适量的复习思考题,紧扣教材基本内容,便于复习巩固所学的知识。

本书可作为高职高专汽车运用与维修专业的教材,也可供汽车维修企业、汽车检测站、汽车 4S 店等从业人员参考。

图书在版编目(CIP)数据

汽车运用基础/袁宗齐主编. --2 版. --重庆:重庆大学出版社,2018.8
高职高专汽车运用与维修专业系列教材
ISBN 978-7-5689-0380-6

Ⅰ.①汽… Ⅱ.①袁… Ⅲ.①汽车—应用—高等职业教育—教材 Ⅳ.①U471.2

中国版本图书馆 CIP 数据核字(2017)第 101755 号

高职高专汽车运用与维修专业系列教材
汽车运用基础
(第二版)

主　编　袁宗齐
副主编　田兴强　周贵富
主　审　王　毅

责任编辑:曾显跃　　版式设计:曾显跃
责任校对:邹　忌　　责任印制:张　策

*

重庆大学出版社出版发行
出版人:易树平
社址:重庆市沙坪坝区大学城西路 21 号
邮编:401331
电话:(023) 88617190　88617185(中小学)
传真:(023) 88617186　88617166
网址:http://www.cqup.com.cn
邮箱:fxk@ cqup.com.cn (营销中心)
全国新华书店经销
重庆华林天美印务有限公司印刷

*

开本:787mm×1092mm　1/16　印张:12.25　字数:308千
2018年8月第2版　　2018年8月第11次印刷
印数:13 801—16 800
ISBN 978-7-5689-0380-6　定价:32.00元

前言

随着汽车工业的迅速发展和汽车保有量的逐年增加,汽车使用、销售与售后服务、设计制造等行业的从业人员越来越多。目前,许多高职院校都开设了汽车运用与维修技术专业,为汽车后市场培养了大量的管理人员和技术人才。"汽车运用基础"是汽车运用与维修技术专业的一门核心课程,本教材紧密结合当前汽车后市场职业岗位对人才职业能力和职业素养的实际需求而编写,既有较强的理论性与实践性,又有较强的综合性,在内容上突出了针对性和实用性。

本书系统地介绍了汽车的运用条件、汽车的动力性、使用经济性、行驶安全性、平顺通过性、汽车的合理使用以及汽车的公害及控制等,具体分析了汽车使用过程中技术状况的变化规律及检测诊断的原理、方法等相关知识。

本书既注重理论,又注重实践,同时兼顾与汽车其他学科的联系,突出教材的特性。力求做到易教、好学,可满足汽车各类专业的教学需求。

本书第 1 章由江胜波、冉启兰编写;第 2 章由周勇、罗龙编写;第 3 章由晏和坤编写;第 4 章由袁宗齐编写;第 5 章由杨娇娇编写;第 6 章由陈德林编写;第 7 章由田兴强编写;第 8 章、第 9 章由周贵富编写。本书由袁宗齐担任主编,田兴强、周贵富担任副主编,由王毅担任主审。

本书在编写过程中承蒙交通运输部人事教育司及各兄弟院校同行的帮助和关怀,并提出了许多宝贵意见,在此致以深切的感谢!

由于编者水平有限,书中难免存在缺点和错误,恳请使用本书的师生和广大读者批评指正。

编　者
2018 年 5 月

目录

第**1**章
汽车运用概述

1.1 汽车运用的概述和发展

1.1.1 汽车运用工程的概述

汽车运用工程是用科学的方法和手段,对汽车技术状况进行最有效管理的一门学科。主要研究在汽车的整个寿命期内如何以最少的耗费充分发挥汽车固有的性能,其核心是汽车的"管、用、养、修"。在技术可能和使用可靠的条件下,保证汽车运输正常和安全地生产,以达到最佳的材料用量和最低的劳动消耗,降低汽车对环境的污染和危害。

汽车运用工程是一门综合技术,是研究如何协调汽车在运输中各方面联系的科学。其中包括汽车运用性能及其合理利用、汽车运行条件特性与汽车性能的适应性、汽车技术状态变化与运行时间或行驶里程的关系、汽车性能与交通安全及环境污染的关系以及汽车故障与维护和修理工作的关系等。

汽车运用性能是由设计和制造工艺所确定的,包括装载质量、容量、动力性、燃料经济性、行驶安全性、通过性、平顺性、汽车的公害性、汽车的可靠性以及维修方便性等。合理运用这些性能,研究改善这些性能的措施,充分发挥汽车的功能,提高汽车运输效率,是汽车运用工程首要的研究任务。

汽车是一个复杂的机械系统,它由许多总成和零部件组成。在汽车运行中,由于磨损、腐蚀及疲劳等原因,零部件和总成的技术状况会不断变差。汽车零部件和总成的老化及损坏,会导致汽车运用性能下降。因此,在汽车运用工程范围内,不仅要注意汽车开始时的各项性能指标,还要研究在汽车整个运用过程中它们的动态变化过程,经常测量和记录汽车运用性能的变化情况,及时发现性能异常变化,采取相应技术措施,防止汽车性能恶化过快而发生意外故障。

预测汽车技术状况的变化是现代汽车运用工程中的重要任务。汽车诊断技术是一门新兴的学科,其任务是检查汽车零部件磨损和老化,发现汽车技术状况的变化,及时提供维护和修理信息,保证维修质量,提高汽车的可靠性及安全性。诊断技术也是控制汽车技术状况变化的重要因素,应用汽车诊断技术,可以提高检验的效率和精度,减少工人数量,降低检验成本。从研究方向看,可靠性理论和计算机技术将是汽车诊断技术发展的基础。

随着我国汽车工业的迅猛发展,提高汽车行驶安全性已成为汽车运用工程中迫切需要解决的问题。近年来,全球每年超过百万人死于交通事故,我国每年约有 26 万人在交通事故中丧生。随着我国汽车保有量的增加,也导致了汽车尾气对环境的污染越来越严重,汽车尾气已成为大气的重要污染源,一辆轻型汽车行驶 1 km 排出的 CO,若用空气稀释到允许值,约需 8×10^4 m³ 空气。此外,汽车的噪声也成为大城市和工业中心噪声的重要来源,使这些城市的噪声大大超过人类长时间生活而不受损害影响的程度。汽车运用工程的重要任务之一就是:研究提高汽车安全性,降低汽车排放及噪声的措施。

汽车维护和修理的质量直接影响汽车技术状况、运用性能、汽车运输生产率及运输成本。提高汽车维护和修理质量的重要途径是实现汽车维护和修理工艺的现代化,其中重要的是研究符合汽车运输体制现状,高速度、高效益、运用现代管理形式和管理方法进行管理的汽车维护和修理生产结构。

汽车运用工程中一项很重要的工作是研究制定汽车检测、维护及修理等标准,培养应用这些标准的技术骨干,这些标准将对汽车运用工程的技术人员在技术、工艺、管理和组织生产工作中有很大帮助。

1.1.2　汽车运用工程的发展

汽车运用工程是在汽车运输业发展中形成的,到目前为止,它已发展成为研究充分利用汽车运用性能,合理组织汽车运输,加强维修,减少交通事故、能源消耗和环境污染的完整学科体系。

汽车运输发展的早期,汽车数量较少,性能较差,在交通运输中作用不大,汽车运输业只是一种单纯的组织营运业务,人们把汽车只看成一种简单的搬运工具使用。由于汽车具有机动灵活、快速方便以及适应性强等特点,它既能承担铁路、水运、航空及管道等运输方式货物的集散联系,又能直达工矿企业和广大农村,以适应政治、经济及军事等各方面的需要。因此,汽车运输得到迅速发展,在各种运输方式中所占的比重逐渐扩大,其地位日显重要,到 20 世纪 80 年代,汽车运输已成为各国创造物资资源的重要支柱,也是国家经济发展中不可忽视的体系。但是在创造财富、丰富人类生活的同时,汽车运用过程中也会占用国家大量人力,消耗大量昂贵材料和资源,因此,现代化运用汽车已成为衡量一个国家经济水平和能力的标志之一。

我国自 1949 年以后,尤其是改革开放以来,汽车运输发生了深刻的变革,取得了突飞猛进的发展,成就举世瞩目。截至 2015 年 6 月,全国民用汽车保有量达 1.63 亿辆,其中营业性载货汽车为 2 094.4 万辆,载客汽车(含出租汽车)为 1 316.2 万辆。2015 年共完成货运量 455.2 亿 t、货物周转量 180 583 亿 t·km,客运量 221.5 亿人次、旅客周转量 31 515 亿人·km。随着汽车运输改革的逐步深入,多年来存在的"乘车难""运货难"等问题已经基本解决;但是,与快速发展的国民经济对道路运输的需求相比,道路运输业的发展还远远不能适应。因此,加快汽车运输业的发展,完善汽车运用工程体系,既是新时期保持公路交通良好发展态势的客观要求,也是推进我国社会主义现代化建设的重要保证。具体做法是:

(1)提高现有车辆的利用率,增加运输车辆的品种,改进车辆的使用性能

目前,我国汽车的数量仍不能满足国家对汽车运输的要求,同时已有的汽车尚未充分利用,特别是工业企业部门和机关自用车辆的利用率很低。如何引入竞争机制、实行统一调度、合理运用现有车辆、提高车辆利用率是我国需要研究的重要课题。

我国幅员辽阔,汽车运行条件相差极大,提高车辆运用性能,生产和改造适应不同运行条件的车辆,是提高汽车运输效率的有效措施。

（2）实现汽车运输装卸机械化

装卸作业是货物运输中一个重要环节。机械装卸的效率高,能加快运输工具的周转,降低运输成本,减少货物损失,并能大大减轻作业人员的劳动强度。因此,汽车的装卸作业日渐机械化,甚至自动化。

从汽车运用工程的发展来看,汽车运输装卸机械化的发展趋势如下:

1）发展有利于货物装卸的专业化车身

采用专用车身运输不同类型货物,可以节省包装材料和费用,保证货物质量,减少货物损失,加快装卸货物速度,提高车辆利用率。例如,装有液力和气力输送设备的液态货物或散装粉粒货物的罐式汽车的装卸,可以全部实现机械化甚至自动化。矿石、煤、沙石料的装卸可以用装载机与自卸汽车相配合,或用输送机与自卸汽车相配合。

2）发展随车装卸设备

汽车运输由于站点多而且分散不可能到处都配备固定的装卸设备,为了加快取货和交货的速度,提高车辆利用率,在一些汽车上装备随车装卸设备极为必要。其中应用较多的为汽车后栏板举升机和随车起重机。后栏板举升机是将汽车后栏板改装成为可以在放平后能自动升降,多用在城市内运送日用百货及食品的载货汽车上,并配合手推车和带滚轮的托板小车。随车起重机是将一种小型起重设备装在汽车上随车运行,在装卸点由驾驶员操作货物装卸,也是目前发展的一种降低装卸劳动量和费用的好方法,对解决批量少的货运工作很有意义。

3）发展集装箱和集装箱装卸机械

集装箱是指具有一定强度、刚度和规格,专供周转使用的大型装货容器。用集装箱运输货物,除了有利于保证货物完整、节约包装材料和费用、加快货物的送达速度和降低运输成本外,对实现装卸机械化、提高劳动生产率也具有很大意义。目前,集装箱已成为公路、铁路、海运、河运以及空运实行货物直达联运的重要工具。

在公路与海运的联运中,集装箱装运码头采用的装卸机械有集装箱装卸桥式吊车、门式吊车和大型叉车;在港站以外的地方,则往往由汽车运输系统或托运企业配备门式吊车、大型叉车或大型起重机汽车。

4）发展运输用托板和叉车装卸机械

托板运输是将一小批货物堆垛在一块货板上,并把它当做一个单元货物来进行搬运、装卸和存储。托板由叉车装上汽车或从汽车上卸下。托板按形状不同可以分为平、柱、架、箱和笼五类;按制造材料分,有金属及塑料托板等。

利用托板运输,可以显著地减少货物运送中的破损,加快装卸作业的速度,提高车辆利用率,有很大的经济效果,因而发展很快。为了便于流通,尤其是适应国际联运的使用,托板尺寸有了统一的规格,其中最通用的两种为:120 cm×100 cm 和 120 cm×80 cm。

1.2　汽车运用的条件及使用性能的评价

1.2.1　汽车运用的条件

汽车运用的条件是多种多样的,其中每一个因素对汽车运输工作的生产率和成本都有影响。汽车运用条件可以分为五类:社会经济条件、运输条件、组织-技术条件、气候条件和道路条件。

(1)社会经济条件

运输业是物质生产的一个部门,是保证社会上人们和货物的转移所必需的。汽车运输就是汽车运输业的生产过程,或者是其他工业企业生产工艺过程的一个组成部分。

汽车运输业是国家整个运输系统的一个组成部分,它是国民经济的一个部门,因此它具备国家社会经济制度的所有特征和影响,并且服从于经济制度发展的基本规律。

(2)运输条件

1)运输性质

汽车运输可以分为两大类:客运和货运。

客运可以分为公共汽车运输和小客车运输。公共汽车运输是大型的客运形式,它包括定线的公共汽车运输和为会议、旅行、游览等服务的包车。小客车运输是一种为单个乘客或少量乘客服务的出租汽车运输。出租汽车不能代替城市定线交通工具,只能补充它们的不足。因为出租汽车主要用于紧急运输,将旅客直接运达目的地及运送携带行李的旅客。

货运可以分为市内运输、城乡间运输和城市间长途运输。

市内运输的特点是:运输的路程较短,运输货物的种类繁多以及道路条件较好。城乡间运输是为城乡物资交流服务的,其特点是:道路条件很复杂,货物流转具有季节性,主要货物(粮食、蔬菜、肥料等)的运输量很大。城市间长途运输是为没有其他运输形式相连接的城镇之间的运输服务的,或者用以减少铁路的负担及完成紧急运输任务,这种运输的特点是:定期性、运距长及行驶速度快。

运输性质决定了对每种运输的组织形式及提出特殊的要求。例如,市内运输的对象种类繁多而性质稳定,因此大城市可以根据运输对象的种类使车辆专业化。汽车运输企业也可以根据任务不同来进行专业分工,例如公共汽车公司、出租汽车公司、货运公司。城市间的长途运输可以分为长途客运和货运,可以按时刻表组织运输工作,并采用载质量大的汽车或拖挂运输。

2)货物的种类和特性

根据货物的种类和性质,可以把它们分为散装的、计件的、灌注的、长大的、大质量的和易腐易损坏的。其中每种货物又根据其特性不同而要求一定的车身类型(普通货厢、自卸汽车、容器车身、冷藏车身等)。

3)货运量、运距和批量

当运输的货物批量很大时,宜用载质量大的车辆。货运量和运距决定了运输工作量、所需车辆数目及车辆类型。

4）装卸条件

在货运过程中,必须合理组织装卸工作和实现装卸工作的机械化。装货和卸货地点的工作能量取决于它的布置、装备、机械化程度及组织水平;反过来说,装卸地点的工作能量对车辆的运输工作和车辆类型也有影响。

(3) 组织-技术条件

1）运行制度

车辆的运行制度决定于运输任务及它所为之服务的企业和机关的工作制度。例如:公共汽车、出租汽车和个别货运汽车在一年中的365天都得运行。此外,车辆每日运行的工作班制还可分为单班(大多数)和双班。根据城市的特殊要求,车辆可能在日间运输或夜间运输。

车辆运行制度的不同,汽车运输企业每年工作的车日总数或车班总数也不同。从而对汽车运输的组织、装卸工作的组织、保养和修理工作的组织以及运输工作效率都有影响。

2）车辆保管、技术保养和修理的组织

汽车运输企业的技术装备和车辆保管、保养和修理的组织对汽车运行和保修工作的生产率影响很大,因此对运输成本也有影响。

(4) 气候条件

我国南北地区的气温相差很大。东北地区北部的低温可达到－40 ℃,南方炎热地区的高温可达40 ℃;而西北、西南地区的气候条件又极为复杂。因此,复杂的气候条件对汽车的性能带来了极大挑战。例如:冬季寒冷地区汽车的启动,夏季炎热地区汽车发动机过热,高山地区发动机充气不足,沙漠地区灰尘对发动机进气系统、润滑系统的影响等。

(5) 道路条件

公路是汽车运输的一个组成部分。道路质量对运输过程的影响不次于汽车结构质量对运输过程的影响。

汽车运输对公路的要求是:

①在充分发挥汽车速度特性的情况下保证车辆安全行驶;

②能满足该地区对此道路所要求的最大通车量;

③车辆通过方便,乘客乘坐舒适;

④车辆通过此公路的运行材料消耗量最低及零件的损坏最小。

公路的技术完善程度不同,在公路上行驶的车辆的方便性和安全性也不一样,必须从全面的经济的角度来规划道路的等级。影响车辆行驶的路面主要特性是:承载能力、硬度、工作能力、平坦度、滑动性、灰尘多寡和路面颜色。

路面的承载能力、硬度和工作能力取决于路面的厚度、路面和路基材料的质量。路面的这些性质决定了车辆的轴上允许的载荷和行驶速度。

轮胎对道路的压力不仅取决于静载荷,而且取决于能引起动载荷的车辆行驶速度和路面平坦度。在动载荷的作用下,常产生道路损坏的现象。轮胎对路面的切向力也对路面的损坏起促使作用。为了保护公路及公路上的桥梁和涵洞,也有规定来限制汽车的轴上载荷。

路面抵抗磨损和变形的能力,称为路面工作能力。路面的工作能力用公路在大修前通过车辆的总吨数来表示。

路面的平坦度决定于道路表面的凸起和凹陷的多寡。路面上不平处的数目和严重程度影响了车辆的行驶速度、燃料消耗和零件磨损。根据实验表明:高级路面上车辆的运行消耗仅仅是烂路面上消耗的一半。

路面的滑动性用轮胎和道路的附着系数来表示。它影响汽车的起步、爬坡、侧滑及制动。粗糙的路面具有比较大的附着系数,处于潮湿状态时,数值也很少变化。平滑的路面在干燥状态下,还具有良好的附着能力。但当潮湿时,附着能力下降较大。

公路上的灰尘使视野模糊,增加零件磨损。路面的颜色对夜间行车的视野也有影响。沥青混凝土及水泥混凝土路面可保证良好视野。

对汽车行驶速度影响最大的是公路行车部分的宽度、纵向坡度和道路在平面上的曲线。

在水平而且平坦的直线道路上,汽车行驶的速度决定于"安全间隙",即决定于汽车相遇时和超车时汽车侧面之间的间隙。例如,1 m 的安全间隙允许 80 km/h 的行驶速度,而 0.5 m 的安全间隙仅允许 40 km/h 的行驶速度。

道路的纵向坡度限制了车辆可能行驶的速度,而且也影响了汽车的纵向稳定及在路面上打滑时的操纵稳定。

道路在平面上的曲线弯曲程度影响汽车的行驶速度和安全性。

道路的通车量是指单位时间内在一个方向上能够通过该道路的总载质量。它取决于道路的"薄弱环节"(如大的坡度、恶劣的路面、曲度较大的弯道、热闹市区的十字路口、承载质量不大的桥涵等)和车辆的使用性能。

山区道路对汽车使用影响很大,其特点是:坡度大、坡道长、弯道多以及转弯半径小。因此,汽车在山区的工作特点是:经常改变行驶方向,在长时间功率消耗很大、车速不高的情况下上坡行驶,或长时间在轻制动的情况下下坡行驶。

在高原山区,汽车在气压和气温经常变化的条件下工作。这些条件对于汽车的工作都很不利。

1.2.2　汽车使用性能的评价

汽车运输的车辆应该符合使用条件及使用要求,以保证运输生产率高和运输成本低。

由于汽车运输条件极其复杂,所以必须具备各种不同类型、不同载质量和不同动力性能的汽车、拖车和挂车。

为了评价车辆结构的完善程度,即为了评价车辆在给定的使用条件下有效利用的可能性,必须具备一套汽车使用性能的量标。

表 1.1 列出了评价车辆使用性能的量标。

表 1.1　汽车的使用性能及量标

序号	使用性能	量标和评价参数
1	外形尺寸和质量的利用程度	外形尺寸利用系数;汽车结构紧凑性指标,m²/t 或 m²/座位;汽车的质量系数
2	容量:①载货容量 ②载客容量	额定载质量,t;单位载质量,t/m² 座位数

续表

序号	使用性能	量标和评价参数
3	使用方便性： ①行驶平顺性 ②乘客的舒适性 ③上下车的方便性 ④装卸货物的方便性 ⑤操纵的轻便性 ⑥机动性 ⑦启动及出车迅速性 ⑧汽车的速度性能 ⑨随车燃料储备量	在给定的行驶条件下汽车的振动；相对于通过重心的横向轴线而言的质量分配系数；悬架弹簧和轮胎的换算刚度；非悬挂质量与悬挂质量之比；座位和车轴到汽车重心的距离之比 乘坐方便和宽敞与否；通风和采暖的效能；防尘、风雪、噪声等及其他舒适性的设备和效能 车门和踏板的尺寸及其布置 车厢和车身底板的高度；可打开的车厢栏板数目；有无随车装卸机具 司机在运行中需要操作的频繁程度；司机操作所需的力的大小；司机座位为方便操作和舒适的可调节程度；司机的视野；汽车照明、灯光、信号及安全指示的完善程度 汽车的最小转向半径 发动机的启动性能及汽车开动的准备时间 动力性能；最高车速，km/h；加速性能；制动性能 不加油而可连续行驶的里程，km
4	燃料经济性	燃料经济性；百吨千米的最低燃料消耗量，L；每 100 km 的平均燃料消耗量，L
5	使用期限	基础零件的磨损强度，μm/1 000 km；大修行驶里程，km；轮胎的使用期限
6	坚固性和可靠性	汽车出现故障的频繁程度或间隔的平均里程；每 1 000 km 行程中因技术故障造成的停歇总时数；总成、部件和零件的损坏程度
7	对保养和修理的适应性	所需保养作业的频繁程度；同一保养作业之间间隔里程；保养作业所需的劳动工时；因保养和修理需要汽车停歇的时间；每千米行程保养和修理成本
8	越野性	汽车最低点的离地间隙；纵向越野半径；前接近角和后离去角；前后轴之间的质量分配；轮胎的尺寸和类型；轮胎对地面的单位压力；前后轮胎的轮迹重合度；低速挡的动力因素；附着质量；汽车的最大宽度和高度
9	安全性	汽车侧向稳定系数；汽车沿曲线行驶时的稳定性；转向系数；汽车质量分配系数；汽车的制动性能

1.3 改善运行条件，实现交通管理的现代化

随着公路运输的发展，汽车保有量也有大幅度增加，这使原有的公路网和道路条件不能适应现代化运输的要求，造成运输繁忙的公路干线上的交通拥挤、阻塞及交通事故增加的局面，因此，改善现有道路和新建公路的质量是必然的。

汽车是效率高、速度快、机动灵活的运输工具，在一般公路的运行条件下，各种车辆混合运行，汽车性能难以发挥，平均车速低，通过能力差。因此，除改善原有道路条件、提高通过能力外，还必须发展现代化新型公路——高速公路，以满足现代化运输的大流量、高速度、重型化、舒适、安全的要求。

实现交通管理的现代化是改善运行条件、避免车辆拥挤、交通阻塞、防止交通事故的另一有效措施。目前，用电子技术控制公路交通，即公路交通控制自动化被认为是改善公路交通的重要技术措施之一，被控制的对象是各种车辆和行人组成的交通流，其中主要是控制车流。

自动控制程序是这样的：首先由安装在道路上的电子设备——车辆检测器自动收集各交叉路口的交通量、车速、车辆密度和流向等情况，并将数据传递给电子计算机处理装置，然后产生控制指令，传递给自动控制信号灯和各种标志显示牌，对交通流实行控制。

采用电子技术控制公路交通具有很大的优越性。它可以根据实际的交通情况进行自动控制，克服交通岗分散指挥的被动局面，使整个区域或全市的交通信号控制和标志控制成为一个整体，并且使各交叉点的控制有机地联系起来，这样不仅有利于减少交通指挥人员，提高交通指挥效率，减少交通事故，还可缩短车辆行进时间，提高公路的通过能力。

（1）**汽车运输管理现代化**

在企业经营管理方面，用计算机代替人力进行计算统计和财务成本核算工作，它被用来处理各种报表和单据，统计车辆行驶里程、货运量、客运量和燃料消耗，编制车辆及设备的维护和修理计划、物资供应计划以及进行技术资料积累等。在技术管理方面，利用电子计算机来储存车辆技术档案，如汽车购置时间、汽车主要技术参数、行驶里程、进行的维护和修理项目、曾发生的故障等，技术管理人员随时可以迅速了解每一辆车的情况。

在组织汽车运输生产中，计算机可用来合理统筹安排汽车维护和修理作业，求出最佳的维护和修理工艺路线，缩短停车时间，保证出厂质量。应用计算机进行车辆的调度，能合理地分配运输任务，选择车辆调度的最优方案，编制车辆运行计划，监控车辆运行情况。

（2）**实现汽车维护和修理工作现代化**

随着汽车保有量的迅速增长，汽车维护与修理工作量越来越大，因此，提高汽车维护与修理的效率和质量成为迫切需要解决的问题。

汽车维护和修理技术发展动向是在维修作业中应用诊断技术，实现检查仪表化；采用机械化维修设备，提高维修质量。在维修组织中，逐步实现集中化、专业化，并在此基础上不断改善汽车的维修制度。

1.4 电动汽车、天然气汽车概述

1.4.1 电动汽车

电能是二次能源,它可用所有的一次能源（如核能、太阳能、水力能、风能及矿物燃料和各种可再生能源）生产。

电动汽车分为三种:纯电动汽车、燃料电池电动汽车和混合动力电动汽车。纯电动汽车是指以车载电源蓄电池为动力,用电机驱动车轮行驶;燃料电池电动汽车是一种可以将燃料中的化学能直接转化为电能的能量转化装置,它的优点是能量转化效率高,为内燃机的 $2\sim3$ 倍,生成物是水,不污染环境,缺点是造价太高,目前仅燃料电池的价格就要约 2 万美元;混合动力电动汽车是装有两个以上动力源的汽车,最常见的是在城里用电机驱动,在城外用内燃机驱动。

电动汽车与内燃机汽车相比,有以下几个特点:

(1)**无污染,噪声低**

电动汽车无内燃机汽车工作时产生的废气,不产生排气污染,对环境保护和空气的洁净是十分有益的,有"零污染"的美称。众所周知,内燃机汽车废气中的 CO、HC 及 NO_x、微粒、臭气等污染物会形成酸雨酸雾及光化学烟雾。电动机的噪声较内燃机小,电动汽车无内燃机产生的噪声。噪声对人的听觉、神经、心血管、消化、内分泌、免疫系统也是有危害的。但是,使用电动汽车并非绝对无污染,例如使用铅酸蓄电池做动力源,制造和使用中要接触到铅,充电时产生酸气,会造成一定的污染。蓄电池充电所用的电力,在用煤炭做燃料时会产生 CO、SO_2、粉尘等,但它的污染较内燃机的废气要轻得多,更何况随着技术的发展,可以用其他能源做电动汽车的电源,如发展水电、核电、太阳能充电。

(2)**能源效率高,多样化**

电动汽车的研究表明,其能源效率已超过汽油机汽车,特别是在城市运行,汽车走走停停,行驶速度不高,电动汽车更加适宜。电动汽车停止时不消耗电量,在制动过程中,电动机可自动转化为发电机,实现制动减速时能量的再利用。另一方面,电动汽车的应用可有效地降低对石油资源的依赖,可将有限的石油资源用于更重要的方面。向蓄电池充电的电力可以由煤炭、天然气、水力、核能、太阳能、风力、潮汐等能源转化。除此之外,如果夜间向蓄电池充电,还可以避开用电高峰,有利于电网均衡负荷,减少费用。

(3)**结构简单,使用维修方便**

电动汽车较内燃机汽车结构简单,运转、传动部件少,维修保养工作量小,当采用交流感应电动机时,电动汽车不再需要复杂的传动机构和占据大量空间的排气系统,维护起来方便了许多,同时空间也得到了大幅的扩展,并且电动汽车还能方便实现四轮驱动。

(4)**动力电源使用成本高,续驶里程短**

目前电动汽车尚不如内燃机汽车技术完善,尤其是动力电源（电池）的寿命短,使用成本高。电池储存的能量小,一次充电后行驶里程不理想,且电动汽车的价格较贵。但从发展的角度看,随着科技的进步,投入相应的人力物力,电动汽车的问题会逐步得到解决。扬长避短,电动汽车会逐渐普及,其价格和使用成本必然会降低。

1.4.2 天然气汽车

天然气的主要成分是甲烷。作为燃料具有辛烷值高、混合均匀、燃烧积炭少、不冲刷缸壁油膜等特点。

天然气作为代用燃料可装在低压气罐内,置于汽车顶上。供气系统也较简单,只需要在进气总管上装一个进气阀座,这样既可用天然气,必要时又可使用汽油。1 m³ 的天然气大约相当于 1 L 汽油的使用效果。由于汽车需带气罐行驶,行驶阻力大,另外气罐容积受到限制,故汽车行程短,需要设置较多的充气站,才能适用于城市公共汽车。

(1)天然气汽车的特点

以天然气作为汽车燃料有以下优点:

1)有较高的经济效益

在相同的当量热值时,世界各国一般将 1 m³ 天然气的价格控制为 1 L 汽油或柴油的一半。如果各类发动机的热效率比较接近,则天然气汽车的燃料费用大约是汽油车或柴油车的一半。这不仅弥补了由于汽车数量不断增加而引起的液体燃料供应不足,而且使汽车的运行费用大幅度降低。

就汽车发动机而言,天然气容易扩散,在发动机中容易和空气均匀混合,燃烧比较完全、干净,不容易产生积炭,抗爆性能好,不会稀释润滑油,因而使发动机汽缸内的零件磨损大大减小,使发动机的寿命和润滑油的使用期限大幅度增长。这些都会降低汽车的保养和运行费用,提高汽车使用的经济性。

2)有较好的社会效益

与石油燃料相比,气体燃料在制备过程中能量损失较小,对大气排放的有害污染物少。从燃料来源考虑,对环境保护是更有利的。

汽车发动机排放的废气中含有的有害成分,是城市大气污染的主要来源之一,其中主要的有害成分是一氧化碳(CO)、碳氢化合物(HC)、一氧化氮(NO)和二氧化氮(NO_2)、二氧化硫、颗粒物质以及碳烟等。世界各国为了减少汽车尾气中有害物质对大气的污染,都制定了汽车排放标准。使用天然气作为汽车燃料可以大量地降低发动机废气排放中的各种有害成分,这也是现在各国提倡使用天然气汽车的一个最主要的原因。

3)有较好的安全性

天然气汽车的气瓶或气罐等都很结实。气体燃料系统的各个部件,特别是密封部分,都经过严格的检查。因此,天然气作为汽车燃料是比较安全的。

天然气作为汽车燃料仍有以下缺点:

①由于气体燃料的能量密度低,天然气汽车携带的燃料量较少。在同样的汽缸工作容积下,用天然气作为燃料时做的功少。而目前用的天然气发动机大多是由原汽油机改装的,因而汽油汽车在改用天然气后功率往往会下降 10% ~ 20%,这就是司机所说的爬坡没劲、加速响应慢等现象。针对动力下降问题,在汽车制造时采用等功率天然气发动机可解决。一般柴油汽车如果用"双燃料"方式改装燃用天然气,则不会出现这种现象,但改装件的结构较为复杂。

②由于目前的天然气汽车是在原来的汽油车或柴油车的基础上改装的,原来汽油机或柴油机的燃料系统大多保留。这样,在原汽车结构的基础上增加天然气燃料系统,特别是气瓶使原来的汽车的有效空间减小,本身的自重增加。

③天然气是气态燃料,不容易储存和携带。为此,需要加压或液化以便装瓶,还需要建造比汽油、柴油加油站投资更大的加气站,并形成一定的网络,一次性投资较大。

④将现有的汽车改用天然气作为燃料时,需增加发动机燃料系统的部件,如储气瓶、减压阀、混合器等,需要一定的改车投资。

虽然有以上的不足之处,但从总的经济和社会效益分析,用天然气作为汽车燃料还是利大于弊。

(2)天然气汽车使用的安全性

在天然气汽车推广过程中,人们担心天然气汽车的安全性,特别是压缩天然气汽车的安全性,这是一种误解。当然,天然气是易爆气体,但天然气的爆炸是有条件的,在采取了一系列安全措施后,可以安全地将天然气用于汽车上。

首先,从燃料本身的特点来说,天然气的燃点一般在650 ℃以上,而汽油为427 ℃。天然气燃点比汽油高出200 ℃以上,这说明天然气不像汽油那样容易被点燃。其次,天然气在空气中燃烧时的体积界限为5% ~15%,而汽油为1% ~7%,即大气中有1%的汽油浓度就很容易发生着火爆炸,天然气要比汽油好得多,因为它要积累到5%才到达它的燃烧下限。更重要的是天然气比空气轻,其密度只是空气的55%,稍有泄漏,很容易向大气中扩散,不至于达到低燃烧体积界限。使用时还要在天然气里加臭剂,以便于及早发现天然气泄漏,从而采取预防措施。最重要的是,天然气在空气中的比例即使达到爆炸极限,没有火源也不会发生爆炸。因此,在存放天然气的地方必须严禁烟火。

其次,天然气发动机的燃料系统所用元器件不多,主要是一些开关和减压阀、混合器等,这些部件的选材、加工、安装等都是在严格的质量保证的条件下进行。在天然气汽车加气装置中,有自动定压、定温控制和断流截止阀。车上的油气转换开关能使发动机在停车后自动关闭油、气供应。

复习思考题

1.1　汽车运用工程中一项重要的研究工作是什么?

1.2　到目前为止,汽车运用工程已发展成为一门什么学科体系?

1.3　从汽车运用工程的发展来看,汽车运输装卸机械化的发展趋势有何变化?

1.4　汽车运行条件主要包括哪些?

1.5　电动汽车可分为哪几种?

第**2**章
汽车动力性及动力的合理使用

从汽车技术状况变化规律的分析表明，汽车在正常使用时期，是汽车技术经济处在最佳阶段，在这个时期内如何合理使用车辆，充分发挥其经济效益，是汽车使用研究的主要内容，而最重要的内容是研究如何充分发挥汽车的动力。

充分发挥汽车动力主要是提高汽车的平均技术速度和有效载质量，即提高汽车发动机功率的利用程度。除此之外，汽车的其他性能如燃料经济性、行驶安全性等，也有不同程度的影响，特别是对提高生产率、降低运输成本有着重要意义。

2.1 汽车的动力性指标分析

2.1.1 汽车的动力性指标

汽车动力性是指在良好、平直的路面上行驶时，汽车由所受到的纵向外力所决定的、能达到的平均行驶速度。汽车动力性直接影响汽车平均技术速度，动力性越好，汽车以最快的运输速度完成运输工作的能力越高。因此，动力性是汽车的重要使用性能之一。

汽车的动力性通常以汽车加速性、最高车速及最大爬坡度等项目作为评价指标。

1）汽车的最高车速

汽车的最高车速 v_{amax} 是指汽车满载在水平良好路面上所能达到的最高行驶速度。显然，此时发动机的节气门全开或喷油泵柱塞转到最大供油位置，变速器应挂入最高挡。

2）汽车的加速能力

汽车的加速能力是指汽车在各种使用条件下迅速增加行驶速度的能力。

常用加速过程中的加速度 j、加速时间 t 和加速行程 s 来评定加速能力。j 越大，t、s 越短，则加速性越好，平均车速就越高，即动力性越好。

汽车的加速能力对汽车的平均行驶速度有很大影响，特别是高级轿车对加速时间特别重视。

3）汽车的上坡能力

汽车的上坡能力用最大爬坡度来评定。最大爬坡度 i_{max} 是指汽车满载时用变速器最低挡位在坚硬路面上等速行驶所能克服的最大道路坡度。

轿车经常行驶于较好的平坦路面上，所以一般不强调它的爬坡能力，而且轿车最高车速高，发动机功率较大，可保证良好的加速能力，故爬坡能力自然较好。货车在各种路面上行驶，应具有足够的爬坡能力，一般 i_{max} 在 30% 左右。越野汽车对爬坡能力的要求更高，其最大爬坡度可达 60%（倾斜角30°）左右或更高。

2.1.2 影响汽车动力性的主要因素

（1）发动机参数的影响

1）发动机最大功率的影响

发动机功率越大，汽车的动力性越好。设计中发动机最大功率的选择必须保证汽车预期的最高车速。最高车速越高，要求的发动机功率越大，其后备功率也大，加速和爬坡能力必然较好。但发动机功率不宜过大，否则在常用条件下，发动机负荷率过低，油耗增加。

单位汽车重力所具有的发动机功率 P_e/G 称为比功率或功率利用系数。比功率和汽车的类型有关。总重力49 kN的货车其比功率在较小范围内变化，一船在 0.75 kW/kN 以上。轿车和总重力小于 39.2 kN 的货车比功率较大，动力性较好。重型自卸汽车速度低，比功率较小。各种类型汽车的比功率见表2.1。

表2.1　各种类型汽车的比功率

汽车类型	比功率/(kW · t^{-1})	汽车类型	比功率/(kW · t^{-1})
轿车：小排量	$18 \sim 30$	公共汽车：城市	$10 \sim 13$
大排量	$40 \sim 100$	郊区	$10 \sim 12$
载货汽车：轻载质量	$26 \sim 40$	城间	$10 \sim 12$
中等及重载质量	$7 \sim 22$	汽车列车	$5 \sim 7$

2）发动机最大扭矩

发动机的最大扭矩大，在 i_0、i_k 一定时，最大动力因数较大，汽车的加速和上坡能力也强。

3）发动机外特性曲线的形状

如图2.1所示，两台发动机的外特性曲线形状不同，但其最大功率与相对应的转速相等。假定汽车的总质量、流线型、传动比均为已知，为了便于比较，并假定总阻力功率曲线与两台发动机功率曲线交于最大功率点，由图可见，外特性曲线1的后备功率较大，使汽车具有较大的加速能力和上坡能力，因而动力性能较好。同时使汽车具有较低的临界车速，换挡次数可以减少，因而有利于提高汽车的平均行驶速度。

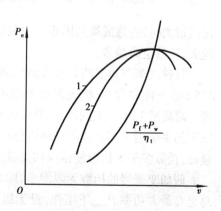

图2.1　发动机外特性曲线不同时
的汽车功率平衡图

(2)主减速器传动比 i_0 的影响

适中的主减速器传动比可以获得较理想的车速,同时在低速有一定的后备功率,这样汽车的燃料经济性和动力性都较好,偏大的主减速器传动比总是提高了后备功率,也就是提高汽车在高挡位时对道路变化的适应能力和加速能力,但最高车速降低;主减速器传动比偏小,包括最高车速在内的动力性能都降低。

主减速器传动比 i_0 的选择主要考虑汽车的用途及经常使用的道路条件。如果 i_0 为传动系的最小传动比,则设计和使用中均应考虑下述三方面:

①为了充分发挥发动机的功率,i_0 的选择应使发动机最大功率时车速 $v_p \leqslant v_{amax}$。货车 i_0 稍大,使 $v_p < v_{amax}$,一般 $\dfrac{v_{amax}}{v_p}$ 为 1.1 ~ 1.25,最高车速虽稍有下降,但后备功率增加较多,有利于加速和上坡。

②为了保证汽车在最小传动比挡位时应具备的上坡、加速能力,i_0 的选择应使汽车在最高挡位有足够大的最大动力因数,尽可能使汽车以最高挡位行驶于普通路面。

③作为传动系最小传动比 i_0 的选择,还应考虑对燃料经济性的影响。

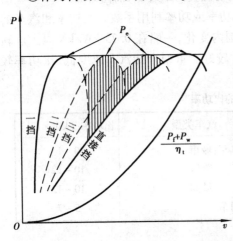

图 2.2 变速器挡位对汽车动力性的影响

(3)传动系挡数的影响

无副变速器和分动器时,传动系挡数即为变速器前进挡的挡数。变速器挡数增加时,发动机在接近最大功率工况下工作的机会增加,发动机的平均功率利用率高,后备功率增大。例如,在两挡变速器的头挡和直接挡中间增加两个挡位时,汽车的最高车速和最大上坡度均不变,如图2.2所示。但在相同的速度范围内,可利用的后备功率增大了(如图2.2中阴影线表示的区域),有利于汽车加速和上坡,提高了汽车中速行驶时的动力性。挡数多,可选用最合适的挡位行驶,发动机有可能在大功率工况下工作,使功率利用的平均值增大。

挡数的多少还影响到挡与挡间传动比的比值。比值过大时,会造成换挡困难。一般认为比值不宜大过 1.7 ~ 1.8。因此,变速器头挡传动比越大,挡数也应越多。

各种汽车变速器挡数有大致的规律。货车变速器挡数随载质量的增加而加多。总质量3.5 t 以下轻型货车,绝大多数采用4挡变速器。总质量 3.5 ~ 10 t 的汽车,80% 用5挡变速器。总质量14 t 以上的汽车,85% 带有副变速器,采用8、10、12个挡。越野车总质量在3.5 t以下的多采用4挡变速器和两挡分动器,3.5 t 以上的采用5挡或6挡变速器与两挡分动器。显然,挡数多于5挡会使结构和操纵大为复杂。

假如变速器的挡数无限增多,即为无级变速器。采用无级变速器的优点是,发动机有可能总是在最大功率 P_{emax} 下工作,设无级变速器的传动效率高到与分级变速器的传动效率 η_t 相等,这时汽车的驱动功率就有可能总为

$$P_t = P_{emax}\eta_t$$

采用无级变速器,在速度变化范围内,可利用的后备功率最大,汽车的动力性最好。

要使发动机在任何车速下都能发出最大功率,无级变速器的传动比应随车速按下式变化,即

$$i_k = \frac{0.377 r n_p}{i_0 v_a}$$

式中　n_p——发动机最大功率对应的转速,r/min。

综上所述,要实现上述目标,即维持发动机在 P_{emax} 下工作及汽车驱动功率为 $P_{emax}\eta_t$,无级变速器必须符合两个条件,即无级变速器的机械效率必须高到与一般齿轮变速器接近,并且其传动比的变化规律符合要求($i_k = \frac{0.377 r n_p}{i_0 v_a}$)。由此可见,在一定条件下使用无级变速器,可以充分发挥发动机的功率,有利于改善汽车的动力性。

若发动机的最大功率 P_{emax} 及传动效率 η_t 之值均为已知,则

$$P_{emax}\eta_t = \frac{F_{tmax} v_a}{3\ 600}$$

故　　　　　　$F_{tmax} =$ 常数

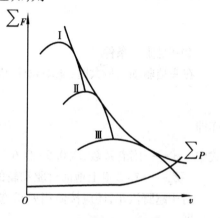

图 2.3　有级变速与无级变速
的汽车动力性比较

上式的函数图形为一双曲线,因此,在无级变速情况下,汽车的驱动力图为双曲线的一支,如图 2.3 所示。从图上可以看出,当汽车行驶速度下降时,驱动力 F_{tmax} 随之急剧增大,这对汽车使用的要求极为有利。

在汽车上用得最多的无级变速器是液力变矩器。由于液力变矩器的扭矩变化范围较小,一般都同两挡或三挡机械变速器串联使用。

采用液力变矩器传动的汽车还有以下优点:

①汽车起步平稳,因为液力变矩器在车速为零时就可以传递很大扭矩,汽车就能连续不断地发出驱动力。

②在任何低速下,汽车均能发出很大的驱动力并稳定行驶,这一点对于越野汽车在松软地面或雪地行驶非常有利。

③液力变矩器操作简单轻便,不会由于阻力突然增大时换挡不及时而导致发动机熄火。因此,对驾驶技术要求不高,并能显著地减轻驾驶员的劳动强度。

(4)变速器传动比的影响

1)变速器头挡传动比和最小传动比

变速器头挡传动比对汽车动力性的影响最大。对普通汽车来说,变速器头挡传动比 i_{KI} 与主减速器速比 i_0 的乘积,决定了传动系的最大传动比。若头挡传动比增大,则头挡最大动力因数增大,它应能保证汽车的最大爬坡度。当然,头挡最大动力因数应在附着条件的限制以内,汽车的动力性才能充分发挥。头挡传动比还要保证汽车的最低稳定车速,特别是越野汽车,i_{KI} 应保证汽车能在极低车速下稳定行驶,以免造成松软地面或土壤受到冲击破坏而使附着力减小。

以普通汽车为例,验算头挡传动比是否合适,应考虑以下两个方面:

15

①保证汽车能够克服所要求通过的最大道路坡度(或能够达到头挡最大动力因数 $D_{\mathrm{I\,max}}$ 的要求)

汽车克服最大道路坡度阻力时,加速度 $j=0$,空气阻力可略去不计。根据要求汽车能克服的最大道路坡度值 $i_{\max}$ 求最大道路阻力系数 $\psi_{\max}$,即

$$\psi_{\max} = f\cos\alpha_{\max} + \sin\alpha_{\max}$$

式中,$\alpha_{\max}$ 按 $i_{\max} = \tan\alpha_{\max}$ 算出。

f 对载货汽车取 0.011,轿车取 0.016 5,根据驱动条件

$$F_{\mathrm{t\,max}} \geqslant G\psi_{\max}$$

即

$$\frac{M_{\mathrm{emax}} i_0 i_{\mathrm{kI}} \eta_{\mathrm{t}}}{r} \geqslant G\psi_{\max}$$

因此得头挡传动比

$$i_{\mathrm{KI}} = \frac{G\psi_{\max} r}{M_{\mathrm{emax}} i_0 \eta_{\mathrm{t}}}$$

②满足附着条件

在头挡驱动力最大时,驱动轮应无滑转现象,即

$$F_{\mathrm{t\,I\,max}} \leqslant F_{\varphi}$$

亦即

$$\frac{M_{\mathrm{emax}} i_0 i_{\mathrm{kI}} \eta_{\mathrm{t}}}{r} \leqslant Z_{\varphi}\varphi$$

式中 φ ——附着系数,取 0.5~0.6;

Z_{φ} ——在坡道上地面对驱动轮的法向反作用力,N。

对于越野汽车,还应按使用要求选取最低稳定车速 v_{amin} 之后,再验算传动系最大传动比 i_{tmax},即

$$i_{\mathrm{tmax}} = \frac{0.377 n_{\min} r}{v_{\mathrm{amin}}}$$

无超速挡时,变速器最小传动比(即直接挡的传动比),其值为 1。有超速挡时,变速器最小传动比为超速挡的传动比,其值一般为 0.8。有超速挡时,传动系的最小传动比 i_{tmin} 为超速挡传动比与主减速器传动比 i_0 的乘积。

不同使用条件下的不同类型汽车,其总传动比的数值和变化范围见表 2.2。

表 2.2

车　型	最大总传动比 i_{tmax}	最小总传动比 i_{tmin}	传动比变化范围 $i_{\mathrm{tmax}}/i_{\mathrm{tmin}}$
货车	35~50	6~7	6~7
轿车	12~18	3~6	3~4

2)变速器各挡传动比的比例关系

除超速挡和倒挡以外,变速器各挡传动比的比例关系对汽车动力性也有很大影响。实际上变速器各挡的传动比是按等比级数分配的,即相邻各挡传动比的比值相等或接近相等。因此,可认为一般汽车各挡传动比的关系如下:

$$\frac{i_{\mathrm{kI}}}{i_{\mathrm{kII}}} = \frac{i_{\mathrm{kII}}}{i_{\mathrm{kIII}}} = \cdots = \frac{i_{\mathrm{k}n-1}}{i_{\mathrm{k}n}} = q$$

式中,q 为常数,即各挡传动比之间的公比。

按等比级数分配传动比的主要目的是:在汽车全力加速过程中,发动机可以经常在接近最大功率 P_{emax} 的高功率范围内运转。汽车的后备功率因而增大,有利于提高汽车的加速能力和平均车速。下面证明这一结论:

当变速器头挡和直接挡的传动比不变,中间挡位的传动比选择不同时,汽车在加速过程中发动机的功率利用程度有显著不同,如图 2.4 所示。

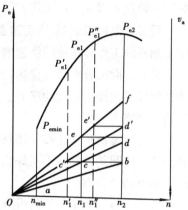

图 2.4　中间挡传动比不同时,
　　　　加速过程的功率利用图

为分析方便,设变速器有 3 个前进挡。图 2.4 中,绘出了发动机外特性功率 P_e-n 曲线,并建立车速纵坐标 v_a,根据公式 $v_a = 0.377nr/(i_K i_0)$,分别画出头挡和直接挡的 v_a-n 射线 Ob、Of。再在这两条射线之间作射线 Od 和 Od',分别代表 Ⅱ 挡传动比为 $i_{kⅡ}$ 和 $i'_{kⅡ}$ 的两种情况。并设 $i'_{kⅡ} < i_{kⅡ}$,$i_{kⅡ}$ 在 $i_{kⅠ}$ 和 $i_{kⅢ}$ 之间是按等比级数排列的。

另外,还假定加速过程中节气门全开,用外特性的功率加速至接近最大功率 P_{emax} 相应的转速 n_2 时换挡,且换挡操作迅速,换挡过程中车速没有降低。

首先来验证:当变速器各挡传动比按等比级数分配时,则汽车加速过程中发动机总在同一转速范围内工作。

如图 2.4 所示,驾驶员用 Ⅰ 挡起步,车速随发动机转速升高而增大。当发动机转速为 n_2 时换挡,换挡时车速不变,发动机转速应降为 n_1。

Ⅰ 挡加速终了时汽车的行驶速度 v_b 为

$$v_b = \frac{0.377n_2 r}{i_0 i_{kⅠ}}$$

Ⅱ 挡开始加速时汽车的行驶速度 v_c 为

$$v_c = \frac{0.377n_1 r}{i_0 i_{kⅡ}}$$

由于 $v_b = v_c$,则

$$\frac{n_2}{i_{kⅠ}} = \frac{n_1}{i_{kⅡ}} \text{ 或 } \frac{i_{kⅠ}}{i_{kⅡ}} = \frac{n_2}{n_1}$$

然后用 Ⅱ 挡加速,同样,车速随发动机转速升高而增大。若在 Ⅱ 挡时,发动机转速升到 n_2 时换 Ⅲ 挡,由于车速不变,设发动机转速也降为 n_1,求 $i_{kⅢ}$ 应为何值。

因为
$$v_d = v_e$$

则
$$\frac{i_{kⅡ}}{i_{kⅢ}} = \frac{n_2}{n_1}$$

显然,应有
$$\frac{i_{kⅠ}}{i_{kⅡ}} = \frac{i_{kⅡ}}{i_{kⅢ}}$$

推广至 n 个前进挡(不包括超速挡)时,有

$$\frac{i_{kⅠ}}{i_{kⅡ}} = \frac{i_{kⅡ}}{i_{kⅢ}} = \cdots = \frac{i_{kn-1}}{i_{kn}} = \frac{n_2}{n_1} = q$$

由此得证,只有变速器各挡的传动比按等比级数分配时,汽车加速过程中,发动机才能总在同一转速范围 $n_2 \sim n_1$ 工作。

反过来也可以证明,当变速器传动比不按等比级数分配,即 $i'_{k\text{II}} < i_{k\text{II}}$ 时,则汽车加速过程中发动机的工作转速范围将超出 $n_2 \sim n_1$。

综合上面的分析可以得知,变速器传动比按等比级数分配的好处是:汽车加速过程中,发动机可以总在接近最大功率 P_{emax} 的同一转速范围内工作,增大了汽车的后备功率,提高了汽车的加速能力。

上述变速器传动比按等比级数分配的原则,是从换挡过程车速不降低来考虑的。实际上各挡传动比间的比例并不正好相等,即传动比的分配比例并不是严格按等比级数排列。其原因有如下两个方面:

①因为传动系中齿轮的齿数必须是整数,而且齿数比又不为整数,所以配齿以后计算所得的传动比与理论计算值有差别。

②换挡过程不可能瞬间完成,必须占用一定时间,由于行驶阻力的影响,换挡过程车速不可避免有所降低。换挡时车速越高,在同样的换挡时间条件下,换挡过程的车速下降得越多。故实际安排中间挡传动比应向较高挡的传动比靠近,即应按下列不等式分配,即

$$\frac{i_{k\text{I}}}{k_{k\text{II}}} > \frac{i_{k\text{II}}}{i_{k\text{III}}} > \cdots > \frac{i_{kn-1}}{i_{kn}}$$

由此可见,随着挡位的提高,相邻两挡间的传动比间隔应稍有减小。由于较高挡位的使用机会较多,这样安排传动比提高了较高挡位的发动机平均功率,对改善汽车的动力性有利。

(5)汽车流线型的影响

汽车的流线型影响汽车的空气阻力系数,对汽车动力性也有影响。由于空气阻力与车速的平方成正比,克服空气阻力消耗的功率与车速的立方成正比,因此汽车的流线型对汽车的最高车速影响很大。流线型对高速汽车的动力性、经济性影响是非常显著的,但对汽车能克服的最大道路阻力影响不大。

(6)汽车质量的影响

汽车在使用中,其总质量随载运货物和乘客的多少而变化。尤其是载货汽车拖带挂车时,总质量的变化更大。汽车质量对其动力性有很大影响。

汽车总质量增加时,动力因数 D 将随之下降,而道路阻力和加速阻力随之增大。故汽车的动力性将随汽车总质量的增加而变差,汽车的最高行驶速度和上坡能力也下降。

汽车的自身质量对汽车动力性影响也很大,对具有相同额定载质量的不同车型,其自身质量较轻的总质量也较轻,因而动力性也较好。因此,对于额定载质量一定的汽车,在保证刚度与强度足够的前提下,尽量减轻自身质量,可以提高汽车的动力性。

(7)轮胎尺寸与类型的影响

汽车的驱动力与滚动阻力以及附着力都受轮胎的尺寸与类型的影响,故轮胎的选用对汽车的动力性的影响甚为密切。

汽车的驱动力与驱动轮的半径成反比,汽车的行驶速度与驱动轮半径成正比,但一般车轮半径是根据汽车类型选定。轮胎花纹对附着性能有显著影响,因而合理选用轮胎花纹与类型对汽车的动力性有重要意义。

（8）汽车运行条件的影响

运行条件对汽车动力性影响的主要因素有气候条件、高原山区、道路条件等。

在我国南方行驶的车辆，由于气温高，致使发动机冷却系统散热不良，易于过热和降低发动机功率。在高原地区行驶的车辆，由于海拔较高，空气稀薄（气压和空气密度下降），导致发动机充气量与汽缸内压缩终点压力降低，因而发动机功率下降。

汽车在使用过程中，道路条件是不断变化的。有时行驶在烂路（雨季翻浆土路、冬季冰雪路和覆盖沙土路）和无路（松软土路、草地和灌木林等地带）的条件下，此时，由于路面的附着系数减小和车轮滚动阻力增加，使汽车动力性大大降低。

2.1.3 汽车动力性试验

（1）汽车性能试验

汽车试验是发展汽车工业和汽车科学技术的一个重要手段。因为汽车的使用条件十分复杂，所以汽车在道路上或试验室进行整车试验是汽车试验中不可缺少的重要环节。

汽车的整车道路试验是一项内容相当广泛的工作。从在实际使用条件下的使用试验到试验场试验，从基本性能试验到专题性研究试验，以致模拟实际工况的各种强化试验，项目繁多，试验条件的变化范围很大，试验测量方法及采用的仪器设备随着试验要求的不同也是多种多样的。

汽车整车道路试验是一项科学实验工作，又是一种典型化的汽车使用实践，它较之其他汽车试验更接近于实际使用情况，因而也更能反映汽车在使用中可能出现的性能或可靠性问题，考验汽车的设计与制造水平。汽车整车试验的基本目的是：了解或鉴定新设计、已生产或经改进的汽车是否符合使用要求，是否适应使用条件，发现存在的缺陷与问题，通过比较和反复试验，找到改进和提高的措施。

整车试验的主要内容是整车性能试验、适应性试验、可靠性与耐久性试验。

性能试验包括动力性能、燃料经济性、制动效能及热稳定性、通过性、操纵轻便性与稳定性、行驶平顺性、密封性、车内外噪声、排污情况等。适应性试验包括在寒冷气候条件下的启动性、驾驶室采暖与除霜能力，非金属材料与制动液的适应性；在酷热气候条件下抗气阻性能，驾驶室通风隔热性能等。可靠性试验包括各总成、部件的强度，工作可靠性及各项基本性能的稳定性，汽车维修保养的方便性。耐久性试验包括零件的耐磨性、抗疲劳强度等。

对这些试验项目，要根据不同的试验目的、试验对象，具体地规定试验程序、试验项目、试验条件和方法。

（2）汽车道路试验的条件与准备

1）一般试验条件

①汽车各总成、部件、附件及附属装置必须按规定装备齐全，并装在规定的位置上。调整状况应符合该车技术条件的规定。

②试验汽车使用的燃料与润滑油的牌号应符合技术条件和现行国家标准的规定。同一次试验的各项性能测定必须使用同一批燃料与润滑油，试验前必须对燃料与润滑油进行检验。

③轮胎气压应符合该车技术条件的规定，误差不超过 ±9.8 kPa。

④汽车的载荷应按设计任务书的规定保持额定满载或保持规定的汽车总质量。载荷物应在车厢内均匀分布，不能因潮湿而改变其质量，并且不应超过车厢边板。汽车乘员人数按设计

任务书的规定,每人体质量按 65 kg 计算,可用相同质量的沙袋代替。

⑤在整个试验期间,应根据汽车使用说明书进行技术保养,不得任意调整、更换、保养及修理汽车,对保养修理工作必须作详细记录。

⑥汽车各总成的热状态在试验时应符合汽车技术条件的规定,并保持稳定。如果技术条件无规定,则应符合下列条件:

　　a. 发动机出水温度:80~90 ℃;

　　b. 发动机机油温度:50~95 ℃;

　　c. 变速器及驱动桥润滑油温度不低于 50 ℃。

为达到正常热状态,在试验前应进行 20~30 min 较高车速的预热行驶。如达不到上述温度,允许采取保温措施。

⑦气候条件。试验时应是晴天或阴天。风速不超过 3 m/s,气温应为 0~35 ℃,气压为 99.3~120 kPa。

⑧试验道路。除特殊规定外,各项性能试验应在平坦的硬路面(沥青或水泥)直线跑道上进行。跑道长度 3 km 左右,宽度不小于 8 m,纵向坡度不大于 ±0.1%(如不具备此条件,允许不大于 ±0.3%)。路面应干燥、清洁。

⑨试验路段的标志。按试验要求,在选定的测量车速段或试验起点、终点等需要标志的地点,用标杆(红白相间,高 2 m 的直杆)插于路旁。每一标志点在垂直于道路中心线方向上插两根,两根标杆相距 1.5~2 m。

2)试验前的准备工作

试验前应对试验汽车进行外部检查及装配调整质量的检查。汽车应进行磨合,磨合规范按制造厂的规定。磨合后应检查汽车的技术状况。

(3)**汽车动力性道路试验项目与方法**

1)测定汽车的最高速度

设置长 1 km 的测量路段,两端各设 100 m 的准备路段,以提示试验人员作测量准备。试验时要选定充足的加速区间,使汽车在到达测量路段以前,在最高挡已达到稳定的最高车速 v_{amax},此时节气门全开。测定汽车以最高速度等速行驶通过 1 km 路段所需的时间,便可算出 v_{amax} 值。测定时间可采用秒表或光电测时仪。试验往返进行,并取各次测得的最高速度的平均值作为汽车的最高速度。

2)汽车的加速性能试验

汽车的加速性能的测定采用 5 轮仪记录加速过程。使用最方便的是数字式电子装置 5 轮仪。若配合磁带记录仪及 X-Y 记录仪,就能准确而迅速地直接绘制出加速时间或加速行程曲线。

原地起步加速性能试验一般用头挡起步,开始加速,节气门全开,按最佳换挡时机逐次换至最高挡,直至全力加速至 $0.8v_{amax}$,或通过 1 000 m 的距离为止。测定加速过程的行程、时间和加速度。

最高挡加速性能试验:汽车在最高挡工作(一般为直接挡),节气门开至最大,由 15 km/h 加速至 $0.8v_{amax}$。如果汽车在最高挡的最低稳定车速高于 15 km/h,则由 20 km/h 开始加速。测定加速过程的速度、行程和时间。

加速性能试验测得的数据经处理后绘出相应的加速曲线,即速度-时间曲线或速度-行程曲线。根据这些曲线可以评定汽车的加速性。

为方便计算,也可以测定汽车原地起步逐次换挡全力加速通过某一距离(如 500 m)的时间,或直接挡由其一初速度(如 15 km/h 或 20 km/h)全力加速到某一高速的时间来评定汽车的功力性。

3)汽车上坡能力试验

为了测定汽车的最大上坡度,应有一系列不同坡度的坡道,其长度应大于汽车长度的2 ~ 3倍。试验时汽车使用传动系最低挡,以临界车速驶至坡前,随即迅速将节气门全开,直至试验终了。这样汽车满载所能通过的最陡坡道的坡度,便是汽车的最大爬坡度。如果没有合适坡度的道路,则可采用增、减载荷和变换挡位的办法进行试验,然后按下式折算出最大爬坡度,即

$$\alpha_{max} = \arcsin\left(\frac{G_a i_{kI}}{G i_{ka}}\sin\alpha_a\right)$$

式中　α_{max}——折算出的最大爬坡度,%;

α_a——试验时的实际爬坡度,%;

G——额定载荷时汽车总重力,N;

i_{kI}——变速器头挡传动比;

i_{ka}——试验时变速器所用挡位传动比。

2.2　汽车行驶的附着条件

汽车增大驱动力的办法是有限度的,它只有在驱动轮与路面不发生滑转时才有效。在一定的轮胎与路面条件下,当驱动力增大到一定程度时,驱动轮将出现滑转现象,增大驱动轮的扭矩,只能使驱动轮加速旋转,地面切向反作用力并不增加,这表明汽车行驶还要受轮胎与路面附着条件的限制。

地面对轮胎切向反作用力的极限值(无侧向力作用时)称为附着力 F_φ。在硬路面上,它与地面对驱动轮的法向反作用力 Z 成正比,即

$$F_\varphi = Z\varphi \tag{2.1}$$

比例常数 φ 称为附着系数,它表示轮胎与路面的接触强度。在坚硬路面上,它主要反映了轮胎与路面的摩擦作用;在松软路面上,则与轮胎和路面的摩擦作用及土壤的抗剪强度有关。

在坚硬路面上,附着系数 φ 反映了轮胎与路面的摩擦作用,但附着系数 φ 与光滑表面间的摩擦系数不同。在坚硬路面上,路面的坚硬微小凸起能嵌入变形的胎面中,增加了轮胎与地面的接触强度(或称结合强度),对轮胎在接地面积内的相对滑动有较大的阻碍作用,轮胎与地面间的上述作用,通常就称为附着作用。

在松软路面上,例如车轮在比较松软的干土路面上滚动时,土壤的变形比轮胎的变形大,轮胎胎面花纹的凸起部分嵌入土壤,这时附着系数 φ 的数值不仅取决于轮胎与土壤间的摩擦作用,同时还取决于土壤的抗剪强度。只有当嵌入轮胎花纹沟槽的土壤被剪切脱开基层时,轮胎在接地面积内才产生相对滑动,车轮发生滑转。

显而易见,如果驱动轮产生滑转,汽车将不能行驶。为了避免驱动轮产生滑转现象,汽车

行驶还必须满足附着条件要求。

汽车行驶的附着条件可近似地写成

$$F_t \leq F_\varphi$$

或

$$F_t \leq Z_\varphi \varphi \tag{2.2}$$

式中　Z_φ——作用于所有驱动轮的地面法向反作用力,N。

双轴汽车后轮驱动时,$Z_\varphi = Z_2$,Z_2 是后轮的地面法向反作用力,故附着条件为

$$F_t \leq Z_2 \varphi$$

四轮驱动的汽车(如 4×4、6×6 型汽车),Z_φ 是作用于所有驱动轮的地面法向反作用力。因此,四轮驱动的附着力较大。

2.3　汽车平均技术速度

汽车平均技术速度不仅能反映汽车动力性能,同时也能反映各种运行条件的影响。它在运输生产各种核算中是有实际意义的参数之一。

(1)汽车平均技术速度

汽车平均技术速度等于总行驶里程与总行驶时间之比,即

$$U_平 = \frac{L}{T}$$

式中　L—— 总行驶里程,km;

T—— 总行驶时间,h。

总行驶时间 T 包括与行驶条件有关的短暂停车时间,如在信号灯前、铁路与公路交叉道口、过轮渡和会车等的停车时间,而其他停歇时间,如装卸货物、乘客上下车、途中排除故障和行车人员用膳等停车时间,均不计算在内。

平均技术速度既不是汽车的实际行驶速度,也不是汽车的最大速度,而是一个计算值,是汽车运输企业在编制运输工作方案时计算生产率和成本的一个重要参数。

(2)影响汽车平均技术速度的因素

汽车平均技术速度是驾驶员的技术水平、车辆技术性能与状况、道路、交通条件、运输组织、载荷等功能效率的综合反映。因此,影响平均技术速度的主要因素如下:

1)驾驶员的技术水平

驾驶员的技术水平主要是指驾驶员操作技能的熟练程度,对所驾驶的车辆技术状况、性能、结构原理掌握得如何,以及对交通环境及各种情况处理的是否正确等。一个技术好的驾驶员应具有熟练的操作技术,熟知所驾驶的车辆的结构、性能和状况,在各种道路及在较复杂的交通条件下,即使是车速高一些,也能安全行车。就是以同样的速度行驶,当遇到突然情况时,也不能手忙脚乱、不知所措,造成交通事故。据实践统计,由于驾驶员的技术水平不同,对平均技术速度可产生约10%的误差。另外,驾驶员的生理特性差异(如驾驶员的反应能力、视觉功能)对平均技术速度也有很大的影响。

2)车辆的技术性能与状况

车辆的技术性能主要是指牵引性能(包括最大行驶速度和加速性能)、制动性能、操纵性

和稳定性等。汽车的技术状况,如发动机、转向和制动装置等的技术状况。另外,前桥、车轮总成、照明装置、喇叭、灯光、信号以及玻璃雨刮器等的技术状况都直接影响着平均技术速度。对于相同车型的不同车辆,车辆技术性能与技术状况好的,其平均技术速度就好些。对于不同的车型,车辆性能优越的,在同样行驶条件下,其平均技术速度就好些。因此,在确定平均技术速度时,应考虑不同类型或同类型汽车的技术性能与状况方向的差异。

3)道路条件

道路条件对汽车平均技术速度的影响也是很大的。如公路的等级、行车路面的宽度、颜色、道路的照明、转弯半径、安全设施、尘土的多少、纵向坡度和坡长、路面平整度及附着系数、交叉路口数量、上下坡的多少等,都影响汽车的行驶速度。按规定,在平原、微丘地带的三级公路上,计算行车最大速度为 60 km/h,平均技术速度为 40～50 km/h;在山岭重丘地带,平均技术速度只有 30 km/h;而在四级公路上,按上述路面条件计算行车最大速度平原为 45 km/h,平均技术速度为 30～35 km/h,山岭为 20 km/h。道路等级对平均技术速度的影响见表2.3。

表2.3　路面等级对平均技术速度的影响

速　度	公路等级		
	高级(Ⅰ、Ⅱ、Ⅲ级)	中级(Ⅳ、Ⅴ级)	低级(Ⅴ级以上)
最大车速/(km·h⁻¹)	60	45	35
平均技术速度/(km·h⁻¹)	40～50	30～35	20～25

路面种类对平均技术速度的影响见表2.4。

表2.4　路面种类对平均技术速度的影响

路面状况良好的平坦沥青路	100%
路面状况良好的条石路、碎石路、修整的土路	75%～80%
路面磨损的条石路、碎石路、修整的土路	70%
路面严重磨损的道路或土路	50%

道路宽度对平均技术速度也会产生影响。车辆在运行中,随时可能与迎面来的车辆相会或超越前车,当两车交会时,侧面的间距较大,可不必降低车速,而在较窄的路面上就要十分小心,降速行驶。另外,还要视其路面平整度,考虑车辆左右摇摆情况,要有一定的侧向安全间距。车与车的侧向间距越大,车速可以高些;反之,应低些,以免发生事故。车与车的侧向最小安全间距和车轮至路边的最小距离之间的关系见表2.5。

表2.5　在不同车速下的侧向最小安全间距和车轮至路边的最小距离

车速(两车车速相同)/(km·h⁻¹)	侧向最小安全距离/m	车轮至路边的最短距离/m
20	0.50	0.5
30	0.57	0.6
40	0.64	0.7
50	0.69	0.8

续表

车速(两车车速相同)/(km·h⁻¹)	侧向最小安全距离/m	车轮至路边的最短距离/m
60	0.74	0.9
70	0.79	1.0
80	0.84	1.1
90	0.89	1.2
100	0.94	1.3

4）交通条件

交通条件对平均技术速度的影响也是十分显著的。如在市区交通密度（台/km）大，交通量（台/h）也相应地增大，车与车之间的速度差依次减小，平均技术速度也相应地下降，交通量最大时，各种不同型号的汽车的行驶速度几乎相同，速度差为零。当交通量和交通密度很小时，车辆均可自由选择速度，车辆的平均技术速度就较高。

5）运输生产组织

对公共汽车主要是考虑站距长短和停车站的设置。对载货汽车主要是考虑货运的性质、装载情况、是否拖带挂车、运距、货运组织方法等。

如果运距短、停车频繁，而每次停车都要把行驶速度减为零并又重新起步加速，车速不能得以充分发挥，平均技术速度就低；如果运距较长，特别是在长途运输中，其技术速度要比城市短途运输高得多。因此，合理组织运输对提高平均技术速度有着重要作用。

6）载质量的影响

如果汽车生产率保持一定，载质量越大，其平均技术速度越低。

载质量对小客车的技术速度没有实际影响。但对载货汽车，其满载和空车的技术速度相差5%～10%。单车比汽车列车的平均技术速度要高。

有的车辆使用单位过多地增加载质量（超载、超挂），因而使加速性降低，导致平均技术速度下降过多；此外，由于增加汽车负荷，使技术状况变差，发动机曲轴转数相应增加，而行驶速度却下降很多，从而使发动机磨损量增大，这样使用车辆是不合理的。

（3）平均技术速度的确定

从分析影响平均技术速度的各因素来看，它是一个随机变化的量，因而平均技术速度是难以确定的。在实际应用时采用试运行方法测定，试验时，要尽量避免或尽可能地减少与汽车结构无关的因素（如驾驶技术、道路条件、载荷等）对试验结果的影响，并随上述条件的改善而及时地修订。

测试汽车平均技术速度的试验，最好同时试验三组以上，以比较不同型号的汽车，被试验的汽车应该具有相同的技术状况和额定载荷。试验的道路要在同一道路同一里程（100～150 km）下，单独地进行。正常地行驶，每组汽车应不少于3辆，最好尽可能多一些，以避免驾驶技术的影响。试验后，求得每组汽车的平均技术速度的平均值。

通过试运行和分析计算所确定的平均技术速度，能反映目前车辆的实际水平，可用来修正经济数据和评价、比较不同车型的汽车或汽车列车。

（4）提高平均技术速度的途径

提高平均技术速度的途径很多，主要有以下几个方面：

①提高驾驶员的素质与操作技能，使汽车经常在合理的工况下运行。汽车运行中欲提高平均技术速度，应尽量做到中速行车。因此，要千方百计地少停车，尽量做到稳速行车。

②提高汽车的技术性能。从使用方面来说，要采用现代诊断技术检验汽车，及时地进行维护，提高维护质量，保持汽车技术状况，特别是提高车辆的动力性能和行驶安全性，从车辆本身去提高技术速度。

③加强公路的管理和工程的建设。一是要加强道路的管理和维护，搞好路面标志、标线、信号。二是改善现有道路状况，提高公路等级，加宽路面宽度，改善弯道、坡度和视野，提高轮胎与路面之间的附着系数，以至于新建和改建高速公路等。目前世界一些发达国家道路的管理和公路建设更为先进，汽车平均技术速度有很大的提高。例如，美国的高速公路汽车平均技术速度可达 97 km/h。

此外，还可以采用先进的运输组织和改进交通管理，也是提高汽车平均技术速度的途径。

2.4　汽车合理拖载

合理组织拖挂运输、增加车轴数、组成汽车列车，是充分利用汽车的动力、发挥车辆的潜力、增加车辆的载质量、提高运输生产率、降低运输成本的有效措施。汽车列车与单车相比较，不仅载质量大、运输效率高，而且还能节约油料，车辆制造成本和使用成本相比都很低，并且对道路也没有更高的要求。

（1）组织拖挂运输的可能性

汽车发动机的功率利用程度主要取决于汽车结构、载质量和道路条件三个因素。

根据试验，一般汽车在规定载荷下用直接挡（包括超速挡）和常用经济车速行驶于良好道路上，其节气门或柱塞有效行程只需开到 35% ~40% 的位置，仅仅利用发动机在同转速下最大功率的 45% ~50%，为发动机最大功率的 20% 左右。尤其在低速行驶时，发动机功率利用率将更低。因此，汽车发动机在一般情况下是处于部分负荷状态，而后备功率相当大。

汽车的牵引力是评价汽车牵引性能的指标。它的大小与传动系统的传动速比、驱动车轮的滚动半径和传动机械效率有关，也与发动机的功率有关。因此，发动机的备用功率同样可用剩余牵引力来表示。分析剩余牵引力时，可通过牵引力平衡图来说明，如通过汽车在一定挡位的牵引力和汽车行驶时的运行阻力与汽车行驶速度的关系曲线进行研究分析。在图 2.5 中，F_k 表示发动机节气门全开、变速器在直接挡时的牵引力曲线，$\sum W$ 表示汽车以等速行驶在良好道路时的全部运动阻力曲线。

根据汽车牵引力平衡原理，当汽车在良好道路上稳

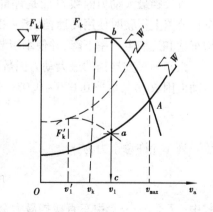

图 2.5　驱动力平衡图

定行驶速度为 v_1 时,需克服的运动阻力相当于线段 ac。此时,节气门处于部分开启,驱动车轮的牵引力达到虚线 F_k' 的位置就平衡了,而 ab 段就是此车速下的剩余牵引力。

由于目前我国道路技术条件的限制,汽车最高车速很少能够达到,同时又提倡中速行驶,汽车发动机发出的牵引力比较高,而相应的汽车行驶运动阻力又比较低,因此,利用发动机的后备功率拖带挂车,组织拖挂运输是完全可能并有理论根据的。

(2)合理拖挂质量的确定

对汽车合理拖挂质量的选择,需要全面地分析和研究。当拖载质量确定之后,还应在生产实践中考察运输效率、油耗量和发动机磨损量(车公里磨损量)及当地的自然条件等。

确定汽车拖载质量的原则如下:

①基本上要保持单车的使用性能或者下降不多。要保持直接挡为经常行驶的挡位,直接挡(包括超速挡)的行驶时间应控制在60%以上,平均技术速度不低于单车的70%,最高车速不应低于单车的经济车速。

②汽车拖载运输时,在最大坡道上要用1挡起步,用2挡通过(个别情况使用1挡)。

③要保持有足够牵引力。同时保证牵引车的驱动轮不打滑。

④应保证在直接挡位有较好加速性能,并要求从起步到直接挡达到单车的同等速度所需的加速时间,不得高于单车时间的1倍。即要求在加速过程中,要求要有较大的剩余牵引力,以克服加速阻力,因为加速过程中的不稳定状态能降低牵引力,所以拖载不宜过重,否则会严重降低加速能力和平均技术速度。

⑤拖载后的燃料消耗总量应不超过原厂规定的单车消耗量的50%。

⑥汽车列车的比功率(发动机功率 P/汽车列车总重力 G)是汽车拖挂后牵引性能的一个综合评价指标。

⑦从道路交通条件和交通安全等情况出发,汽车拖挂最好一车一挂。对于牵引力较大的汽车,可以拖带吨位较大的挂车。

(3)合理拖挂质量的选择

在选择拖挂质量时,首先应确定汽车总质量,以初步估计汽车列车总质量 = P_e/408 × 1 000 kg。并应满足牵引条件和起步的可能性附着条件,而且要结合实际条件来确定。

①在运行路线上大部分时间能用直接挡行驶。

直接挡最大动力因数 D_{0max} 是评价汽车合理拖载量的重要指标,当 D_{0max} 值过小时,说明汽车在公路上行驶时使用高速挡(指4挡或5挡)时间较少,换挡次数增多,燃料消耗量增加,平均车速和运输生产率下降,并使牵引装置、发动机和传动系等早期磨损和损坏。

汽车列车直接挡的最大动力因数应比沥青路上的滚动阻力系数大一些,因此,列车直接挡的动力因数 D_{0max} 可取 0.025 ~ 0.03。直接挡最大动力因数与载质量的关系如下:

$$D_{0max} = F_{k0max} - \frac{F_w}{G_L} \tag{2.3}$$

列车允许总重力为:

$$G_L = F_{k0max} - \frac{F_w}{D_{0max}} \tag{2.4}$$

式中　F_{k0max}——牵引车直接挡最大牵引力,N;

　　　F_w——F_{k0max} 相应车速时的空气阻力,N。

②在运行路线的最大坡道上能用2挡通过,此车况下的速度较低,可不计空气阻力,且可认为等速上坡,故空气阻力 $F_w = 0$,加速阻力 $F_i = 0$,由牵引力平衡方程式可知,为了满足要求所允许的列车总重力为

$$G_L = \frac{F_{k\mathrm{II}max}}{f + i} \qquad (2.5)$$

③在运行路线的最大坡道上用1挡起步。

我国各级公路允许的纵向坡度见表2.6。

表2.6 各级公路纵坡标准

公路等级	高速公路				一		二		三		四	
计算行车速度 /(km·h⁻¹)	120	100	80	60	100	60	80	40	60	30	40	20
最大纵坡/%	3	4	5	5	4	6	5	7	6	8	6	9

注:①高速公路受地形条件或其他特殊情况限制时,经技术经济论证,最大纵坡可增加1%;
　②在海拔2 000 m以上或积雪冰冻地区的四级公路,最大纵坡不大于8%;
　③各级公路的长路堑路段,以及其他横向排水不畅的路段,均应采用不小于0.3%的纵坡。

汽车列车在坡道上起步时,与其正常行驶不同,道路有较大的变形,引起额外的附加阻力,使道路阻力系数增大;又由于起步时发动机的热力状况尚未稳定,其功率、扭矩和汽车的牵引力均较额定值小,因此,在起步时引用一个系数 α 加入计算,相当于滚动阻力系数增大 α 倍。

在最大坡道上起步时,不计空气阻力,根据牵引力平衡方程式,并满足拖挂载重的要求,汽车列车总重力为

$$G_L = \frac{F_{k\mathrm{I}max}}{\alpha f + i + \frac{\delta_L}{g}j} \qquad (2.6)$$

式中　G_L——汽车列车的总重力,N;
　　　α——汽车列车起步时的附加阻力系数,其数值取决于运行条件,一般夏季取1.5~2.5,冬季取2.5~5.0;
　　　δ_L——汽车列车的旋转质量换算系数,通常取1;
　　　j——汽车列车起步时的加速度,m/s²;取其值为0.3~0.5 m/s²。

④汽车列车必须符合附着条件,为保证牵引车的驱动车轮不会打滑,要求牵引力必须小于牵引车的驱动车轮与路面之间的附着力,即

$$F_k \leqslant F_\varphi \qquad (2.7)$$

式中　F_k——牵引力,N;
　　　F_φ——牵引车驱动车轮与路面之间附着力,N。

一般汽车列车行驶时,其车速不高,且为等速行驶,故可得

$$F_k = 9.8 G_L \psi$$
$$F_\varphi = 9.8 G_f \Phi$$

式中　G_f——牵引车的附着重力,N。

对于仅用后轮驱动的双轴汽车:

$$G_f = (0.65 \sim 0.75)G$$

若为四轮驱动,则

$$G_f = G$$

式中 G——牵引车的总重力,N。

将 F_k 和 F_φ 的表达式代入式(2.7)得

$$G_L \leq \frac{G_f \Phi}{\psi} \qquad\qquad (2.8)$$

综上所述,在确定汽车合理拖挂质量时,在保证汽车列车在线路上行驶能力的要求下,分别按式(2.4)、式(2.5)、式(2.6)和式(2.8)计算出的汽车列车总重力可能各不相同,应选取最小值,作为汽车列车总重力,将列车总重力减去牵引车的总重力,得挂车或半挂车总重力,它应符合国家挂车系列型谱的规定。

(4)汽车拖挂后对各总成的影响

汽车拖挂后与单车的工作情况不同,拖挂后所需发动机的输出功率要大,传力机构所传递的扭矩也相应增加,起步时间增加,行驶中由于冲击、摇摆和振动所造成的交变负荷也比较大。因此,使汽车各总成机件磨损增加,对大修间隔里程的影响十分明显,导致汽车使用寿命降低。

1)对发动机使用寿命的影响

汽车拖带挂车后,由于发动机的功率利用率提高,实际上是增大了节气门的开度或柱塞的有效行程,汽缸充气量或燃油增加,气体的燃烧压力增大,使发动机产生较大的功率和扭矩,由于进入汽缸的混合气量增多,燃烧后产生的热量增加,使汽缸壁、活塞、燃烧室和气门的温度均大为升高。

在炎热的季节或爬坡行驶时,汽车低挡运行时间加长,发动机温度升高,将使润滑油黏度下降,润滑条件变差,因而增加曲轴连杆机构零件的磨损,特别是汽缸壁、活塞、活塞环的磨损。另外,发动机经常在重负荷下工作,较高的气体压力将加速曲轴连杆轴颈和主轴颈以及轴承的磨损。

除了发动机的工作温度和气体压力的因素外,汽车拖挂后单位里程的曲轴转数也要比单辆汽车工作时相应地增加,使发动机加快磨损。另外,随着曲轴总转数的增加,对发动机某些机件的磨损也会产生影响,如分电器的触点和火花塞电极工作次数增加,使磨损也有所增加。

2)对传力机件使用寿命的影响

汽车拖带挂车后,由于拖挂质量较大,因而增加了起步阻力。为了避免传动机件受到冲击负荷,驾驶操作时必须做到缓慢与平顺地接合离合器。

在单辆汽车起步时,离合器接合延续时间一般为 0.5 ~ 2.0 s,在牵引挂车时,则应增加到 5 s,有时甚至还要延长些。由于接触机件相对滑转的时间增加了 2 ~ 3 倍,因此易于引起离合器摩擦片温度升高而较快地磨损。

传力机件的变速器、万向传动轴、主减速器和差速器,由于传递功率增加和扭矩增大,使齿轮、齿槽和轴承所受的压力增加。齿轮与齿轮的啮合间隙与工作面要求相应地比单辆汽车要求严格,否则会引起齿轮异常磨损。另外,由于汽车在中间挡行驶的时间延长,所以变速器二、三挡齿轮的磨损也就较显著。

拖挂起步时,扭转力矩急剧变动,使传力机件承受较强的冲击负荷,使用寿命降低。由于冲击负荷增加,也促使万向节与传动轴的伸缩节以及万向节突缘上的连接螺栓损坏。

3)对车架和行驶机构使用寿命的影响

汽车拖挂后起步、换挡、急剧加速和在不平道路上行驶时,均增大了牵引钩上的交变载荷,这些巨大的冲击力均使车架的纵梁与横梁承受额外的应力,导致车架产生裂纹和紧固连接部分的松动。起步加速时的冲击力使钢板弹簧的反应扭矩和纵向推力增加,特别会引起后悬挂上连接螺栓的松动。

4)对制动系使用寿命的影响

由于汽车总质量增加,制动距离增大,特别是在高岭山区公路上,制动器的使用时间长,使用条件恶劣,制动强度增加,制动摩擦片的使用寿命降低。因此,汽车使用单位应加强对制动器及驱动机构技术状况的检验、调整、润滑作业,以使汽车获得最佳制动效能。

由于上述的影响,汽车拖挂后寿命和大修间隔里程将缩短。根据资料表明,增载增拖(即在原有的额定运输力的基础上增加主车和拖挂车的载质量)前与增载增拖后使用寿命之比约为1:0.95。

(5)**汽车拖载后的驾驶特点**

汽车拖载后由于总质量的增加和列车外部尺寸的变化,导致起步阻力和行驶阻力的增加。拖挂后汽车的技术性能较不带挂车有所下降,加速能力、爬坡能力、迅速制动能力、机动性和行驶稳定性等都要降低。因此,带来了驾驶操作上的相应变化,如操作不当,往往易造成事故。此外,还必须特别注意出车前的安全检查,如挂钩的连接及其他保险设施的状况等。

1)起步

起步前,更应注意发动机的预热升温。因拖挂后发动机的负载增大,尚未热起来就起步,将使发动机处于较重的负荷下工作,特别是在寒冷季节将大大加剧发动机的磨损和增加燃料的消耗。

由于起步阻力增大,起步中离合器的接合时间要适当延长,因此需缓抬离合器踏板。当感到离合器承受负荷和汽车牵引钩拉紧时,应开始加大节气门开度,继续抬起离合器踏板(其速度比前期需缓慢些),切忌起步过猛,避免机件受冲击或起步熄火。冬季汽车拖挂起步后,在初行驶2~3 km内应低速缓行,待传力机件和挂车行驶部分润滑油与润滑脂热起后才进行中速行驶,避免传力机件负荷过大而加剧机件各部的磨损。在炎热的夏季,要防止发动机温度过高,提高冷却效能,保持发动机正常工作温度。

2)加速

拖载后换挡加速要比单辆汽车换挡加速过程时间适当延长一些。因为拖挂后阻力要比单辆汽车大,如不增大油门开度,则车速仍较低,会造成换挡困难。由于拖挂后发动机的后备功率小,逐级换挡的加速时间与加速距离比单辆汽车要长,并且越到高速挡时间越长,因而不能急躁,一定要在车速换到高一挡时发动机仍处于1 000~1 200 r/min的稳定状态才能换挡,换挡要及时或稍许提前,否则会造成发动机负荷过大,避免加油过猛而造成传力机件和连接部分损坏。

3)上坡

拖载的车辆超越坡度能力比单辆汽车要小,驾驶员对拖挂汽车的爬坡能力应充分了解,做到行驶中对发动机的动力心中有数,尽量避免在上坡途中停车。在坡道上停车起步,主动轮可能打滑和发生有害的冲击。当行驶短而不陡、视线好的坡道时,可采用提前加速利用惯性通过。当行驶长而不陡的坡道时,要做到及时换挡或者稍许提前一些换挡,若对拖挂汽车动力估计不足,不及时换挡很容易形成发动机过载而熄火,对传力机件有一定损坏,甚至会造成汽车倒退或倾覆事故。汽车拖挂行驶在短而陡的坡道时,由于重心后移,前轴负荷减小,可能造成操纵困难,特别是当主车越过坡顶而挂车还处于上坡时,仍应加速继续前进,待挂车通过坡顶后方可松抬加速踏板换入高速挡。在冰雪坡道上行驶时,要特别注意,避免中途换挡,否则很容易出现车轮打滑,车辆倒退下滑,造成事故。

4)下坡

当下坡行驶时,由于挂车向前推压使重力作用加速度较大、稳定性差,所以应视坡道的长短和陡缓,提前换低速挡,利用发动机和制动器的相互配合及减速装置来控制车速缓慢下坡。当下长坡时,使用制动器的时间不可过长,以防止制动鼓过热而使制动失灵,特别要尽量避免紧急制动。上下坡途中的加减挡,可以根据坡度情况越级换挡,以适应道路对所需动力的要求。

5)转弯

汽车列车的机动性能也要比单车差。汽车列车转弯时,由于挂车不按牵引车轨迹行驶,产生向心位移,使汽车转弯宽度增大,当通过直角转弯、窄路或"S"形路时,因挂车位移和摆动容易使挂车轮掉钩或碰到路旁物体。因此,在转弯前100 m以外就要降低车速(一般平路可减速滑行),并充分利用道路的宽度,选择一定的转弯角度缓慢通过。在转弯时,应尽量避免使用制动。

6)会车

汽车拖挂行驶途中会车时,要注意避免挂车侧向摆动碰撞。特别双方都是拖挂车时,会车前应减速靠边。交会中应稍稍加速,使主车与挂车连接装置处于拉紧状态,并保持拖挂直线行驶。通过傍山险路会车时,应选择适当地段停车会让。

7)倒车

倒车的操作与单车也不同,即方向盘的转动方向相反。倒车中如出现折叠现象,应停车向前行驶拉直后再重新倒驶。

8)制动

由于拖挂制动距离较长,主、挂车制动同步性较差,牵引装置的连接部位容易产生撞击,因此,使用制动要特别均匀,不能过猛,尽量少用制动。如冰雪、泥泞的滑路更应注意,要事先降低车速,尽量避免紧急制动。挂车应有制动装置,最好是全轴制动,如果挂车总质量超过规定又无制动装置,当主车制动时,主制动器将很难承受挂车的全部负荷,容易发生事故。

复习思考题

2.1 什么是汽车的动力性?

2.2 什么是汽车的加速能力?

2.3 影响汽车动力性的因素有哪些?

2.4 影响汽车平均技术速度的因素有哪些?

2.5 提高平均技术速度的途径有哪些?

第**3**章
汽车使用经济性

3.1 汽车燃料经济性及其合理使用

汽车运行消耗是指汽车运行中燃、润料费及轮胎费的支出。据统计资料表明,全国营运汽车的平均运输成本中,汽车运行材料费所占比率最大,达40%以上。其中运行燃料的消耗,占运输成本的25%~30%;润滑材料的消耗,占运输成本的1%~3%;轮胎的消耗,占运输成本的10%~15%。因此,降低汽车运行消耗,对提高汽车使用经济性具有重要作用。

3.1.1 汽车运输成本概述

汽车运输成本是评价汽车运输企业经营效果的综合指标,也是考核企业的主要经济指标。在汽车运输企业生产过程中,企业管理水平的高低、各项人力物力消耗的多少、车辆运输生产率的高低、产品质量的优劣、运输组织与车辆维修技术的优劣等,都将反映到运输成本指标上来。

提高运输生产率和降低运输成本是汽车运输企业所面临的基本任务。因此,在保证运输服务质量的前提下,不断降低运输成本,对于增加企业盈利、发展国民经济具有重要意义。汽车运输成本是指完成每单位运输产品所支付的费用,以统计期内汽车运输企业所支出的全部费用与所完成的运输产品产量的比值来表示,即

$$汽车运输成本 = \frac{运输企业所支出的全部费用}{所完成的运输产品产量} \qquad (3.1)$$

其计算单位因产品类型不同而异,对于货车,其计算单位为:元/(t·km);对于客车,其计算单位为:元/(人·km);对于出租汽车运输,其计算单位通常为:元/km或元/h。

汽车运输企业支出的全部费用按照与车辆行驶的关系可分为三部分:变动费用、固定费用及装卸费用。其中装卸费用,各运输企业在确定成本时单独计算,因而运输成本只包括前两项费用,即变动成本和固定成本两项。而变动成本是指与车辆行驶有关的费用支出(又称车辆运行费用),按每千米行程计算,包括运行材料费、车辆折旧费、车辆维修费、养路费及其他与

车辆行驶有关的各项费用。

固定成本是指与车辆行驶无直接关系的费用支出。不论车辆行驶与否,企业总要支付这一部分费用,又称企业管理费,按车辆的在册车日或车时计算,包括职工工资、行政办公费、房屋维修费、牌证费、职工培训费、宣传费及业务手续费等。

3.1.2 汽车运行燃料的节约与选用

汽车运行燃料的消耗,占汽车运输成本的25%～30%。因此,节约燃料对降低汽车运输成本,具有很重要的意义。

汽车用燃料在当前和今后相当长的一段时期仍然是石油产品,而石油是一种重要的战略物资。在西方发达国家,汽车运输所消耗的石油产品几乎占石油开采量的40%,其中美国高达51%。在我国,汽车燃料的消耗量约占成品油的1/3,其中汽油的消耗量占汽油总产量的90%左右。随着汽车工业的迅速发展,汽车保有量的迅速增加,石油能源短缺现象越来越突出,越来越成为一个急需解决的重大问题。因此,节约汽车运行燃料,对延长石油能源的使用寿命、解决能源短缺问题也具有非常重要的意义。

(1)燃料消耗定额

燃料消耗定额是指汽车每行驶百车千米或完成百吨千米所消耗燃料的限额。它是考核单车和汽车运输企业在运输生产中物料消耗的主要定额。根据 GB/T 4352—2007《载货汽车运行燃料消耗量》和 GB/T 4353—2007《载客汽车运行燃料消耗量》规定,按车型、使用条件、载质(客)量和燃料种类分别制定。客车一般按百车千米燃料消耗量进行考核;货车则以空车百车千米燃料消耗定额为基数,再按其实际载质量及拖挂总质量的百吨千米燃料消耗量为附加数进行考核。对汽车运输企业,则按全部运行车辆百吨千米平均燃料消耗量进行考核。

1)百车千米燃料消耗定额

$$百车千米燃料平均消耗量 = \frac{燃料实际消耗量}{总行驶里程} \times 100 \qquad (3.2)$$

2)百吨千米燃料消耗定额

$$百吨千米燃料平均消耗量 = \frac{燃料实际消耗量}{实际完成周转量} \times 100 \qquad (3.3)$$

燃料消耗定额是个综合性考核指标,它包含了技术与经济管理的效果。既要求驾驶员提高操作技术水平和提高车辆技术状况,又要求调度人员根据运输任务的批量大小、气象条件,选派最合理的车辆和营运路线去完成运输任务,从而提高行程利用率,降低燃料消耗。

(2)汽车运行燃料消耗量的计算

1)汽车运行燃料消耗量的计算

汽车运行燃料消耗量由两部分组成。第一部分,按车型给出的基本运行条件下的燃料消耗量;第二部分,规定了汽车在不同运行条件时相对于基本运行条件下的燃料消耗量的修正系数。所谓基本运行条件,是指汽车在1类道路上空驶,月平均气温在5～28 ℃,海拔高度不高于500 m的情况。

同一运行条件下载货汽车运行燃料消耗量(最高限额)的计算公式为

$$Q = \left(q_a\frac{S}{100} + q_b\frac{WS}{100} + q_c\frac{\Delta GS}{100}\right) \cdot K_r \cdot K_t \cdot K_h \qquad (3.4)$$

同一运行条件下载客汽车运行燃料消耗量(最高限额)的计算公式为

$$Q = \left(q_a \frac{S}{100} + q_b \frac{NS}{1\,000} + q_c \frac{\Delta GS}{100} \right) \cdot K_r \cdot K_t \cdot K_h \tag{3.5}$$

同一运行条件下小型客车运行燃料消耗量的计算公式为

$$Q = q \frac{S}{100} \cdot K_r \cdot K_t \cdot K_h \tag{3.6}$$

不同运行条件下的汽车总的燃料消耗量的计算公式为

$$Q = Q_1 + Q_2 + \cdots + Q_n = \sum_{i=1}^{n} Q_i \tag{3.7}$$

式中　Q——汽车运行燃料消耗量,L;

q——汽车空载综合基本燃料消耗量,L/100 km;

q_a——汽车空载基本燃料消耗量,L/100 km;

q_b——货物或旅客周转量的基本附加燃料消耗量,L/(100 t·km) 或 L/(100 人·km);

q_c——整车整备质量变化的基本附加燃料消耗量,L/(100 t·km);

S——汽车在同一运行条件下的行驶里程,km;

W——货物质量,t;

N——旅客人数,人;

ΔG——汽车整车整备质量增量,即汽车实际整车整备质量 G(包括挂车整车整备质量)减去本标准给出的汽车整车整备质量 G_0,t;

K_r——道路修正系数;

K_t——气温修正系数;

K_h——海拔高度修正系数。

式中括号内为基本运行条件下的燃料消耗量,第一项是单车空驶油耗量;第二项是载荷附加油耗量;第三项是拖带挂车或半挂车及其他变型车等时,由于整车整备质量超过原厂牌基本车型出厂规定的整车整备质量吨位数时所附加的油耗量。括号外面是道路、气温、海拔高度等修正系数。式中的有关参数的取值见表 3.1 至表 3.5。对于其他一些较为复杂而又特殊的因素,可以在制定企业标准或定额时根据实际情况自行处理。

表 3.1　气温区间及修正系数

平均气温 t/℃	>28	28~5	<5~-5	<-5~-15	<-15~-25	<-25
K_t	1.02	1.00	1.03	1.06	1.09	1.13

表 3.2　海拔高度区间及修正系数

海拔高度 h/m	≤500	>500~1 500	>1 500~2 500	>2 500~3 500	>3 500
K_h	1.00	1.03	1.07	1.13	1.20

表 3.3 道路分类和修正系数

道路类别	公路等级	城市道路等级	道路修正系数 K_h
1 类道路	平原、微丘的一、二、三级公路		1.00
2 类道路	平原、微丘的四级公路	平原、微丘的一、二、三级道路	1.10
3 类道路	山岭、重丘的一、二、三级公路	重丘的一、二、三、四级道路	1.25
4 类道路	平原、微丘的级外公路	级外道路	1.35
5 类道路	山岭、重丘的四级公路		1.45
6 类道路	山岭、重丘的级外公路		1.70

表 3.4 标准规定的小客车燃料消耗量

车 型	BJ2020S	上海桑塔纳	奥迪100	奥迪200	天津夏利	吉林微型	天津大发
q/[L·(100 km)$^{-1}$]	13.0	12.0	11.4	12.4	6.0	6.5	6.5

表 3.5 标准规定的燃料消耗量

车 型		整车整备质量/t	q_a/[L·(100 km)$^{-1}$]	q_b/[L·(100 t·km)$^{-1}$](货)/[L·(100 人·km)$^{-1}$](客)	q_c/[L·(100 t·km)$^{-1}$]
载货汽车	CA1091	3.9	24.60	1.70	1.40
	EQ1090	4.1	20.50	1.80	1.30
	EQ1090 半挂车	4.3	22.50	1.15	1.00
	EQ1090 自卸车	4.3	23.50	1.85	1.60
	BJ1040	1.9	17.00	2.15	0.95
	BJ1040 改进型	1.9	15.50	2.15	0.95
载客汽车	CA1091 底盘(单车)	6.8	27.50	1.80	1.53
	CA1091 底盘(铰接车)	10.9	33.40	1.53	1.15
	EQ1090 底盘(单车)	6.2	23.50	1.50	1.10
	EQ1090 底盘(铰接车)	10.0	27.50	1.15	0.80
城市公共汽车	CA1091 底盘(单车)	6.5	27.00	1.30	1.10
	CA1091 底盘(铰接车)	10.5	33.00	1.10	0.85
	EQ1090 底盘(单车)	6.2	23.50	1.15	0.90
	EQ1090 底盘(铰接车)	10.5	28.00	0.95	0.70

对于轿车,由于其乘客人数对总运行燃料消耗量影响不大,所以其燃料消耗量在计算中简化为空载综合值,而且不考虑整车整备质量的变化。

例3.1 一辆东风 EQ1090 型货车,拖带全挂车一辆,挂车整备质量为 2 t,在月平均气温 20 ℃的条件下,满载 9 t,在海拔高度低于 500 m 的一、二类道路上分别行驶 35 km 和 20 km,返程为空驶,求往返全程总的运行燃料消耗量限额。

解 由题可知，$W_{往} = 9$ t，$W_{返} = 0$，$\Delta G = 2$ t，全程可分为 4 段。查表 3.5 得：$q_a = 20.5$ L/100 km，$q_b = 1.8$ L/100 km，$q_c = 1.3$ L/100 km；查表 3.1、表 3.2、表 3.3 得：$K_t = 1$、$K_h \leqslant 500 = 1$、$K_{r1} = K_{r4} = 1$、$K_{r2} = K_{r3} = 1.1$。

代入货车燃料消耗量计算公式得

$$Q = \sum_{i=1}^{n} \left(q_a \frac{S_i}{100} + q_b \frac{W_i S_i}{100} + q_c \frac{\Delta G S_i}{100} \right) \cdot K_{ri} \cdot K_t \cdot K_{hi}$$

$$= \left[\left(\frac{20.5 \times 35}{100} + \frac{1.8 \times 9 \times 35}{100} + \frac{1.3 \times 2 \times 35}{100} \right) + \right.$$

$$\left(\frac{20.5 \times 20}{100} + \frac{1.8 \times 9 \times 20}{100} + \frac{1.3 \times 2 \times 20}{100} \right) \times 1.1 +$$

$$\left(\frac{20.5 \times 20}{100} + \frac{1.3 \times 2 \times 20}{100} \right) \times 1.1 + \left. \left(\frac{20.5 \times 35}{100} + \frac{1.3 \times 2 \times 35}{100} \right) \right] \text{L}$$

$$= (13.76 + 8.65 + 5.08 + 8.09) \text{L} = 35.58 \text{ L}$$

2）汽车节油的评价

评价汽车节油效果，应考虑三方面因素，即运输生产率、运输成本和节油率。只有在前面两个因素不受影响的情况下，节油才是合理的。要合理地评价汽车的节油效果，首先定出油耗量标准和油耗定额。

节油率的计算方法为

$$节油率 = \frac{油耗定额 - 实际油耗}{油耗定额} \times 100\% \tag{3.8}$$

这里的油耗定额按国家标准 GB/T 4352—2007《载货汽车运行燃料消耗量》和 GB/T 4353—2007《载客汽车运行燃料消耗量》标准确定。该式也适用于长期使用节油装置考察节油效果，以进一步衡量节油潜力与油耗定额之间的差距，作为全面考核参数。

节油率的另一种计算方法为

$$节油率 = \frac{安装节油器前油耗 - 安装节油器后油耗}{安装节油器前油耗} \times 100\% \tag{3.9}$$

这种计算方法适用于采用某些节油装置进行正规试验和正规计算节油率（包括发动机和汽车道路试验）。

（3）影响燃料消耗的因素

影响汽车运行燃料消耗的因素很多，概括起来有两个方面：汽车本身的性能和汽车的使用因素。

1）汽车技术状况对运行燃料消耗的影响

汽车的技术状况是节油的技术基础，只有在良好的技术状况下，才能充分发挥汽车的燃料经济性。因此，在使用中应特别重视汽车技术状况的检查与调整，使其处于最佳状态。

①发动机技术状况对油耗的影响

发动机的汽缸压缩压力、配气相位、供油系和点火系的技术状况以及发动机的工作温度都直接影响发动机的动力性和经济性。

A. 汽缸压缩压力

汽缸压缩压力越大，可燃混合气点燃后的燃烧速度越快，产生的有效压力越大，发动机的动力性和经济性就越好。若汽缸漏气、汽缸压缩压力降低、发动机工作性能降低，油耗就将增加。

B. 配气相位

汽车经过较长时间的使用后,由于配气机构机件的磨损,会导致配气相位失准、充气系数下降、发动机功率下降和油耗增加。试验表明,气门间隙按标准值每减小 0.1 mm,发动机的功率降低 3.5% ~4%,油耗增加 2% ~3%;相反,气门间隙增大,也将产生类似的后果。

C. 供油系的技术状况

喷油器是柴油发动机的重要装置,它的技术状况对发动机的动力性和经济性有着重要的影响。如果喷油器堵塞或渗漏,则会造成燃油雾化不良、滴油等现象发生。

供油系中滤清器的技术状况,对发动机的动力性和经济性也有较大影响。如果空气滤清器工作不良,进气阻力增加,充气量减少,混合气变浓,燃料消耗将明显增加。如果燃油滤清器工作不良,会使燃油中的机械杂质堵塞油道、喷油器喷孔等,缩小燃油的通过截面;若杂质进入燃烧室会,使积炭增多,这些都是影响燃烧过程,导致油耗增大的原因。

D. 点火系的技术状况

点火系技术状况不良,不仅影响发动机的启动性能和动力性能,同时也增加了运行燃料的消耗。如点火不正时、信号发生器间隙不当或高压线漏电、火花塞的工作能力差等都将使油耗增加。据实验资料表明:一个火花塞不工作,8 缸和 6 缸发动机的油耗将分别增加 15% 和 25%;两个火花塞不工作时,8 缸和 6 缸发动机的油耗将分别增加 40% 和 60%。

E. 冷却系的技术状况

发动机的工作温度是否正常,对燃料的消耗也有很大的影响。一般传统水冷发动机的正常工作温度为 80 ~90 ℃,为提高热效率,有的乘用车发动机正常温度提高到 90 ~105 ℃,温度过高或过低都会使油耗增加。水温在 40 ~50 ℃时,油耗比正常温度增加 8% ~10%;发动机温度高,则易产生早燃和爆燃,充气效率降低,动力性和经济性下降,如果在冷却水沸腾的状态下勉强行驶,会使油耗急剧增加。因此,必须使冷却系的技术状况良好,以保持发动机正常的工作温度,降低油耗。

②底盘技术状况对运行燃料消耗的影响

底盘的技术状况直接影响燃料消耗的高低,主要影响传动效率和行驶阻力。

A. 传动系的技术状况

传动系的功率消耗为传递功率的 10% ~15%,其中变速器和主减速器的功率损失占绝大部分。底盘中任何部位发响和发热,都将使发动机传出的能量发生转变。例如,离合器打滑而引起离合器总成发热,将使传动效率降低,这种发热就意味着燃油的损失。又例如,变速器、万向传动装置和主减速器等任何一处发响,都表明齿轮或轴等在运转中遇到了不应有的阻力。

改善底盘总成的润滑状况,对于减少摩擦损失,提高传动效率有明显的效果。如果使用黏度、抗磨性及温度性能(黏度随温度变化的性能)不符合要求的齿轮油,将使耗油量增加。据资料介绍:在相同工作条件下,冬季如用夏季齿轮油代替冬季齿轮油,油耗将增加 4% 左右。

B. 行驶系技术状况

行驶系中轮毂轴承的松紧度对油耗有较大的影响,如果轮毂轴承调整过紧,将增加车轮旋转阻力和摩擦损失,既损坏机件又使燃料消耗增加;如果调整过松,车轮行驶时就会出现摇摆,使车轮滚动阻力增加,同时也使制动鼓歪斜,易与制动蹄片相碰擦,增大了旋转阻力,降低了汽车的滑行性能,燃料消耗同样将增加。

前轮定位的正确与否对燃料消耗也有显著影响。例如,前束调整不当,前轮在行驶中发生摇摆,滚动中还有滑移,不仅加剧轮胎磨损,而且也使行驶阻力增加,油耗也会增加。试验表明,前束改变1 mm,油耗将增加约5%。

轮胎气压的高低将影响汽车的滚动阻力,直接影响燃料消耗。当轮胎气压低于标准时,轮胎的变形量增大,滚动阻力增大,油耗也增加。试验表明:若货车全部轮胎的气压都降低49.1 kPa,油耗将增加5%左右。因此,一定要保持标准的气压。

前后桥与车架的安装位置要正确,否则将使汽车在行驶时不能保持稳定的直线行驶而跑偏,导致轮胎滚动阻力增大而增加油耗。

C.制动系的技术状况

制动器的调整应该既能保证可靠的制动,又要使放松制动踏板后没有制动拖滞现象。如果制动不灵,安全得不到保证就会影响到汽车速度性能的发挥,油耗将会增大。

汽车底盘技术状况可用汽车的滑行性能作为综合评定的标志。在其他性能和条件都相同时,汽车的滑行性能越好,功率消耗越少,耗油量越低。试验表明,当汽车的滑行距离由173 m增加到254 m时,燃料消耗可降低21%。载货汽车在沥青路面上的滑行距离见表3.6。

表3.6 载货汽车在沥青路面上的滑行距离

载质量 /t	空 载		满 载	
	初始速度 /(km·h⁻¹)	滑行距离 /m	初始速度 /(km·h⁻¹)	滑行距离 /m
1~1.5	30	150~200	50	300~500
2~2.5	30	200~250	50	700~750
3~4.0	30	250~300	50	750~800

此外,盲目增加汽车的附加设施(如加装油箱、工具杂物箱等),会造成汽车整车整备质量的增加,在车上加设遮阳板、凉棚,任意加高栏板高度等将导致空气阻力的增加,这一切无疑都将增加汽车燃料的消耗。资料表明:汽车整车整备质量增加1%,油耗将增加0.3%~0.4%;空气阻力下降10%,则油耗降低3%左右。

综上所述,汽车的技术状况对运行燃料的影响很大,只有经常保持汽车技术状况完好和最佳调整状态,才能有效地节油。

2)驾驶技术对运行燃料消耗的影响

驾驶员驾驶技术水平的高低对运行燃料的消耗有着关键性的影响。正确的驾驶操作方法,可以大大降低汽车的燃料消耗量。据测试证明:不同技术水平的驾驶员,在相同条件下驾驶相同的汽车,其油耗的差异可达20%~40%。根据长期的驾驶经验总结,驾驶操作方法包括:掌握汽车的工作温度、合理使用挡位、控制车速、正确滑行等。

①掌握温度

汽车行驶中要保持发动机的正常工作温度,一般指水温、机油温度和发动机罩下空气的温度。温度过高或过低都将导致燃料消耗增加。

在低温条件下启动发动机时,要进行预热。汽车启动时,由于温度低,燃料蒸发和雾化不良,润滑油黏度增加,启动阻力大,导致启动困难,启动时的油耗大。因此,在冬季启动时,应进行预热。试验表明:气温为-3 ℃时不预热直接启动,运转15 min,升温至80 ℃需耗油约1 L;

如果用热水预热使发动机升温至 40 ℃ 再启动，10 min 后升温至 80 ℃，耗油约 0.6 L。发动机启动后，应低速运转升温，待水温 50 ~ 60 ℃ 后再挂挡起步，起步温度太低，也将使油耗增加。试验表明：水温在 20 ℃ 时起步与水温为 40 ℃ 时起步，同样在平路行驶 5 km，油耗将增加 15% ~ 20%。

汽车行驶过程中，应使发动机的水温保持在 80 ~ 90 ℃（轿车一般在 90 ~ 105 ℃），并注意经常检查冷却水的容量及泄漏，保温罩和百叶窗的状况以及冷却系的工作情况，避免水温过高或过低。

②合理使用挡位

有经验的驾驶员能根据不同的行驶条件、道路条件和交通状况合理使用变速器的挡位。因为在一定的道路上，汽车使用不同的挡位，发动机的工况（负荷与转速）就不同，油耗也不一样。合理使用挡位包含两个方面：正确地选择最佳挡位和及时换挡。因为起步时挡位越高，油门就越大，发动机转速越高，摩擦损失就越大，油耗也越高。而采用较低挡位起步，油门就较小，加速过程较平缓，油耗就较低。试验表明：某汽车用一挡起步，加速到车速为 30 km/h，时间为 45 s，耗油 35 mL；而用二挡起步加速到 30 km/h，时间为 25 s，耗油 50 mL。可见，虽然在加速时间上增加了 20 s，但油耗降低了 15 mL。

汽车上坡时，应根据坡道的具体情况采用正确的挡位。如果坡度不大或短而较陡，可不换挡而采用高挡加速冲坡，利用汽车的惯性直冲到坡顶。如果坡度较大，单靠惯性不能冲上坡顶时，要及时换入较低挡位，切忌高挡"硬背"，产生汽车发抖、发动机爆燃等不正常现象，甚至造成熄火或倒溜、重新起步而导致油耗增加。

在一般道路行驶时，应尽可能使用高挡行驶，避免低速挡高速行驶。在同一道路条件与车速下，虽然发动机发出的功率相同，但挡位越低，剩余功率越大，发动机负荷率越低，有效油耗率也就越高。

在换挡时，要脚轻手快。"脚轻"是指换挡时不要猛踏加速踏板（俗称"轰油门"），另外起步时在未抬离合器踏板前也不要猛踏油门，以免发动机高速空转，造成燃料浪费。"手快"是指换挡动作要准确、迅速、及时、干脆利索，不要"拖泥带水"。缩短空挡停留时间，因为换挡动作快，能缩短加速和换挡过程的时间，以避免发动机功率无谓损失，降低耗油量。

③控制车速

汽车在相同的道路上行驶，车速不同，油耗也不同，这是因为汽车行驶时油耗不仅取决于发动机的单位功率的燃料消耗量，也取决于汽车克服行驶阻力所需要的功率。当车速低时，由于空气阻力小，克服行驶阻力所需要的功率较小，但由于发动机的负荷小，有效油耗率上升，故汽车百千米油耗较高；而在高速行驶时，尽管发动机负荷率较高，有效油耗率降低，但由于空气阻力的增大，使汽车克服行驶阻力所需的功率增加较多，从而导致汽车百千米油耗增加。因此，只有在某一车速行驶时，油耗最低。当汽车以直接挡（或超速挡）行驶时，燃油消耗最低的车速，称为经济车速。它随路况、载质量、风向、气候及使用情况有所变化，是该车车速中等偏高的区段。不同排量的乘用轿车的经济车速见表 3.7。

表 3.7　不同排量的乘用轿车的经济车速

乘用轿车排量/L	<1.3	1.4 ~ 2.0	>2.0
经济车速/(km·h^{-1})	45 ~ 65	55 ~ 75	65 ~ 90

汽车的经济车速不是固定不变的,它随道路和载荷等因素的变化而变化。当道路条件好、载荷小时,经济车速较高;反之,经济车速较低。不同的车型,其经济车速也不一样。对于用限制车速来节油的做法要根据情况灵活掌握,因为经济车速的速度相对较低,影响了运输的效率,所以在实际运行中汽车多用略高于经济车速的速度行驶,同时要考虑到运行的安全、效率和油耗等各方面的要求。

④正确滑行

汽车在行驶中,解除发动机的驱动(输出功率),利用汽车的惯性继续行驶,称为滑行。在确保安全的前提下,滑行是节油的有效方法之一。在平原丘陵地区国、省干道上,滑行距离最多可达到每日行驶距离的30%~40%。据试验表明:同是中速行驶,滑行不滑行,油耗可相差30%左右。行车中,滑行的方式主要有加速滑行、减速滑行和坡道滑行。

A.加速滑行

加速滑行是一种人为的滑行。其方法是:在车流密度和坡度较小的平直路面上,先挂上高速挡加速,达到一定速度后,再脱挡滑行;当降到一定车速时,再挂挡加速,即由加速和滑行两个过程交替进行。采用这种方法,与采用平均速度相同的匀速行驶相比,可以提高发动机工作的负荷率,使单位功率的有效油耗降低,而克服阻力所需的平均功率基本相同。因此,只要正确运用加速滑行的方法,可降低汽车的油耗。

加速滑行的关键是两个速度的选择,这就是滑行初速度和末速度。加速时速度过高,将导致空气阻力明显增加,而使消耗的功率增加,同时也不安全;滑行末速度过低,将导致加速困难,甚至要挂入低速挡加速,油耗就会增大。通常将这两个速度控制在经济车速的范围,即滑行初速度接近经济车速的上限,而末速度接近经济车速的下限,这样节油效果较好。根据使用经验,在平路上载货汽车的滑行初速度为45~55 km/h,滑行末速度为20~30 km/h。另外,加速时宜采用缓踏加速踏板的方法,节气门开度不超过70%~80%。

采用加速滑行法,会降低平均车速,导致运输生产率降低,也会使汽车总成的磨损增加,而且也会对其他车辆的行驶产生干扰。因此,对加速滑行法应根据情况正确地运用。

B.减速滑行

减速滑行是汽车在行驶中前面遇有障碍物、弯道、桥梁、坑洼或到停车站等必须降低车速时,可以提前减速放松加速踏板,挂入空挡,以滑行来代替制动,充分利用汽车的惯性,减少能量浪费。试验表明:一辆载质量为2.5 t的货车,由50 km/h的车速制动减速至30 km/h,所消耗的能量相当于30~40 mL汽油的能量。减速滑行既能节约燃油,又可以减小机件磨损。

C.坡道滑行

在丘陵山区,利用坡道滑行是节油的有效方法。但利用坡道滑行时,必须保证行车安全。在傍山险路和坡陡而长的路段禁止滑行,下坡滑行不得熄火,并控制好车速,不能越滑越快。

3)维修质量对运行油耗的影响

采用现代化的仪器对汽车技术状况进行检测诊断,及时发现汽车技术状况的变化,加强维护和修理,提高汽车的维修质量,使汽车处于良好的技术状况是节油工作的基础,对节约燃料有着明显的作用。要建立严格的维修制度并严格实施,且在维修过程中严格执行维修标准,把好检验质量关。要不断地提高维修人员的技术水平,按照维修规范和技术标准进行作业,确保维修质量。这样不仅可以降低燃料消耗,还可以缩短汽车维修时间,减少维修费用。

4) 企业管理对油耗的影响

加强企业管理,提高管理水平是节约燃油的根本,它关系到能不能节油,能不能持久地、大面积地、大幅度地节约燃油。因为无论是节能方针、政策的贯彻,还是节油技术、设备的改进和节油方法的落实,最终都要通过驾驶和改善管理工作来实现。

汽车运输部门应采取有效的管理方法,加强对节油的管理,收集和记录汽车燃料消耗的原始数据,进行统计分析,制订出切实可行的节油管理制度,并组织实施。

加强油料的保管,减少浪费。燃油的装罐、运输、入库、保管、领发和盘存通常称为六大流转环节,各环节都应建立责任制度,完善手续,严格考核燃料自然损耗定额,杜绝各环节中的"跑、冒、滴、漏"现象。在燃料保管中,还需注意防止因变质造成损失,应减少油料与空气接触。室外存油用浅色容器,以反射阳光,降低油温;容器密封,防止水和杂物混入;油桶应干燥、清洁,专油专桶。建立和健全燃油领发制度、定额考核制度和节油奖惩制度,调动节油的积极性,促进节油工作的顺利开展。

(4) 节油的途径

通过上述的分析和汽车使用的实际情况来看,节油的途径主要有以下几个方面。

1) 改进发动机的结构

改进发动机的结构主要是通过改进发动机凸轮轴的凸轮轮廓形状、改进进排气歧管的结构和减小缸盖的厚度来提高发动机的充气系数,降低进排气阻力,提高发动机的压缩比,以达到提高发动机的动力性能,降低燃料消耗的目的。

2) 使用附加的节油装置

到目前为止,汽车节油装置的种类较多,从节油装置的安装部位及节油的原理上来看,节油装置可以分为发动机节油装置和底盘节油装置两大类。发动机节油装置的节油原理主要是提高燃料的雾化质量、提高汽缸的压缩压力、提高充气量、切断燃油的供应等。底盘及附件的节油装置的节油原理主要是降低汽车行驶的空气阻力、降低汽车的传动阻力和滚动阻力。节油装置的节油效果可用下列几项标准进行综合评价:

① 有明显、稳定的节油效果;

② 结构合理,工作可靠;

③ 不对车辆使用性能和使用寿命产生不良影响;

④ 不增加驾驶员负担;

⑤ 便于拆装、维修;

⑥ 降低成本,提高运输生产率,有明显的经济效益。

3) 使用代用燃料

用成本比较低的其他可燃的气体或液体物质来替代汽油或柴油,作为发动机的燃料。

4) 提高驾驶员的驾驶技术水平

提高驾驶员的驾驶技术水平是节油的最根本的途径。驾驶技术好的驾驶员其驾驶操作和情况处理得比较好,汽车的平均技术速度比较高,汽车运行中的能量损失比较少,车况保持得比较好。因此,依靠提高驾驶员的驾驶技术水平来降低燃料消耗的潜力最大。

5) 提高维修质量和油料管理水平

燃油消耗与维修质量及油料管理水平有很大的直接关系,如维修时因点火正时未对正,不仅会导致燃油浪费和发动机动力不足,还将燃烧不完全而导致环境污染。油料管理水平则包括燃油标号使用以及对驾驶员的油料控制管理,压缩比不同的车型应按厂家规定加注不同标号的燃油,长时间停驶应将发动机熄火,否则将大大增加燃油消耗。

(5)**燃油的选用**

燃料的质量对汽车燃料经济性有很大影响。如果燃料质量不符合发动机的要求,发动机就不能正常工作,并导致动力性下降、油耗增加;反之,对燃料的要求过高,就会提高燃料的成本,导致燃料经济性降低。因此,在选用燃料时,既要保证发动机的正常工作,又要考虑燃料的成本,这样才能提高汽车的燃料经济性。目前,汽车用燃料主要有汽油和柴油两类。

1)汽油的选用

①汽油的选用

汽油的牌号都是以汽油的抗爆性(辛烷值)来表示的,汽油的牌号代表其辛烷值高低,辛烷值越高,抗爆性就越好。我国的汽油牌号是按研究法辛烷值(RON)划分的,根据国家标准GB 17930—2013《车用汽油》,车用汽油(Ⅲ)和车用汽油(Ⅳ)按研究法辛烷值分为90号、93号和97号三个牌号,车用汽油(Ⅴ)按研究法辛烷值分为89号、92号、95号和98号四个牌号。

一般选用汽油都是按照汽车说明书推荐的牌号并结合汽车的使用条件,以不发生发动机爆燃为原则,选择汽油的牌号。

②选用的注意事项

A. 电控燃油喷射系统的汽车应选用无铅汽油,否则会影响氧传感器和三元催化器的正常工作。

B. 在发动机不发生爆震燃烧的条件下,尽量选用低牌号的汽油。如果辛烷值过低,就会使发动机产生爆震燃烧;如果辛烷值过高,不仅经济上造成浪费,还会引起着火慢、燃烧时间长,使燃烧热能不能充分转变为功率,并且还因为燃烧气体的温度过高,高温废气可能烧坏排气门或排气门座。

C. 我国国产汽油实测的辛烷值一般比标定的高一个多单位,汽油选用严格按照汽车使用说明书要求,现我国普遍使用两种标号的汽油,即92/RON和95/RON汽油,一般均可使用国产92/RON车用汽油。只有在92/RON汽油的抗爆性不能满足该车型的要求时,才加用95/RON汽油。

D. 当汽车在海拔较高的高原地区行驶时,由于进气压力下降,有利于减轻爆震,所以汽油的辛烷值可以适当降低,据资料表明,海拔高度每增加300 m,汽油辛烷值的要求可平均降低1~2个单位(RON)。

E. 高原地区或在炎热季节选用汽油时,还应注意其饱和蒸气压,防止汽油饱和蒸气压过高而在行驶中发生"气阻"。

2)柴油的选用

车用柴油属于轻柴油类,按国家标准GB 19147—2013《车用柴油(Ⅴ)》,车用柴油按凝点分为5号、0号、-10号、-20号、-35号、-50号等六个牌号,并规定每个牌号的柴油适用的气温、地区和季节。

5号车用柴油:适用于风险率为10%的最低气温在80 ℃以上的地区;

0号车用柴油:适用于风险率为10%的最低气温在40 ℃以上的地区;

-10号车用柴油:适用于风险率为10%的最低气温在-50 ℃以上的地区;

-20号车用柴油:适用于风险率为10%的最低气温在-140 ℃以上的地区;

－35 号车用柴油:适用于风险率为 10% 的最低气温在 －290 ℃ 以上的地区;

－50 号车用柴油:适用于风险率为 10% 的最低气温在 －440 ℃ 以上的地区。

在选用柴油时,应对照当地当月风险率为 10% 的最低气温选用柴油的牌号。柴油的凝点应比风险率为 10% 的最低气温低 4~6 ℃。

3.2　润滑材料的合理使用

在汽车运输中,润滑材料本身的消耗费用虽然不大,通常仅为总成本开支的 1%~3%。但实际上,它对运输企业的成本却有很大的影响。合理使用润滑材料,不仅可以降低润滑材料本身的消耗,而且还可以提高机件的润滑条件,减小摩擦和磨损,从而降低功率消耗,降低燃料消耗,延长机件使用寿命。因此,润滑材料的合理使用是一项不可忽视的工作。

润滑材料的合理使用主要包括三个方面:润滑材料的消耗、更换及选用。

3.2.1　润滑材料的消耗

润滑材料的消耗包括运行过程的消耗和维修时的消耗。在运行过程中,润滑材料的消耗定额国家有统一规定,机油与燃油消耗比小于 1%。按此推算,发动机排量为 1.6~2.0 L,100 km 燃油消耗为 10 L 的轿车,其机油消耗量应小于 1 L/1 000 km。但运输企业现行的定额标准并不统一,有的规定是按每千千米的消耗量,有的是依据燃料的消耗量规定一定比例的润滑材料消耗量。例如,规定每消耗 100 kg 液体燃料时,润滑材料的消耗量见表 3.8。

表 3.8　润滑材料的消耗量

润滑材料	汽油机润滑油	柴油机润滑油	单轴驱动汽车齿轮油	双轴驱动汽车齿轮油	润滑脂
消耗量/L	3.5	5.0	1.8	1.5	0.6

在使用中,润滑材料的消耗量常因汽车技术状况、润滑材料的品质、汽车的使用条件等不同,实际消耗量差异较大。如技术状况良好的发动机,润滑油的消耗量比国家定额要低得多,而磨损严重的发动机,润滑油的消耗量就会比国家定额要高得多。

润滑材料的消耗主要是发动机烧机油、润滑材料变质、挥发及泄漏等原因造成的。为了降低润滑材料的消耗,就要注意汽车的维护,提高维修质量,以确保良好的车况。如果使用中发现润滑材料超常消耗,一定要及时查明原因并予以排除,以降低润滑材料的消耗,保证机件的润滑条件。

3.2.2　润滑油的合理更换

发动机润滑油在使用过程中不仅有量的消耗,而且还有质的变化,这是由于受到机械杂质的污染、燃油的稀释和高温氧化等所致。因此,当润滑油使用到一定时间后,随着质量的变化,其性能变差,为确保润滑条件,必须及时更换润滑油。

(1)定期换油

定期换油是根据发动机结构特性、运行条件和润滑油及燃料的质量由汽车制造厂推荐或用户自行确定固定的换油周期(时间或里程)。

在实际使用中,润滑油变质的快慢与使用时间(或里程)的长短不是成比例的,在相同的使用时间(或里程)内,润滑油的主要性能指标的变化是有差别的,有些差别还比较大。汽车技术状况较好,使用条件较好或者使用较合理的车辆,润滑油变质就较为缓慢,到了换油周期时油质仍然较好;而汽车技术状况不好,使用条件差或者使用不合理的车辆,润滑油变质就较快,未到换油周期油质就已经很差了。采用按期换油的方法就会造成不该换的换了,浪费了油料;而该换的不换,润滑条件就无法保证,使机件磨损增加。因此,定期换油的方法是不尽合理的。

由于定期换油不需要对润滑油的质量进行鉴定、化验,操作简单、方便,目前国内普遍采用这种换油方法。

(2)**按质换油**

按质换油就是按润滑油的质量更换润滑油。由于定期换油的不合理性,随着在用润滑油化验技术的进步,按质换油正在逐步取代按期换油。

实行按质换油,必须配备一定数量、具有监测化验能力的技术人员和必要的化验设备,在汽车维护时,按规定对在用润滑油进行监测、化验。我国国家标准 GB 8028—2010 规定了车用发动机润滑油换油指标,当在用润滑油达到这些指标规定的极限时,必须更换润滑油。

(3)**定期换油同时控制油的指标**

这种方法是在规定了发动机换油期的同时也控制在用油的某些理化指标,必要时可提前报废的一种换油方法。它是定期换油和按质换油的一种综合方法。这样不仅可及时更换不适用的润滑油,更为重要的是能够发现发动机的隐患,以便能提前采取措施加以消除,从而避免造成重大损失。

3.2.3　润滑材料的选用

润滑材料选用不当,会造成机件磨损加剧、功率消耗和燃料消耗的增加。因此,应按使用条件正确地选用润滑材料。

(1)**发动机润滑油的选用**

选用发动机润滑油,必须根据发动机的工作情况和使用条件,分别选择发动机润滑油(机油)的使用等级和黏度等级。

1)发动机润滑油使用等级的选用

在国际上,发动机润滑油的使用等级分类广泛采用美国石油协会(API)的分类方法,它把发动机的润滑油分为 S 系列(汽油机油系列)和 C 系列(柴油机油系列)。S 系列分为 SC~SL级别,C 系列分为 CD~CH 等级别,字母越往后级别等级越高,价格也越高。

目前,我国发动机润滑油的使用分类与 API 分类方法相同。

在选用发动机润滑油时,要严格按照车辆技术说明书规定的润滑油使用质量等级选用。如无相同等级的润滑油时,对汽油机可根据反映发动机结构特点及运行情况的综合特性,如平均有效压力、活塞平均速度、主轴承滑动速度、轴承单位面积承受压力、活塞热负荷等,参照API 发动机润滑油分类标准进行选用。

对于柴油机,可根据强化系数选用润滑油的质量等级。柴油机强化系数代表发动机的热负荷和机械负荷。

$$K_\phi = p_e \cdot C_m \cdot Z \tag{3.10}$$

式中　K_ϕ——强化系数;

　　　p_e——平均有效压力,10^{-1}MPa;

　　　C_m——活塞平均线速度,m/s;

　　　Z——冲程系数,四冲程为 0.5,二冲程为 1。

2)发动机润滑油黏度等级的选用

我国发动机润滑油的牌号是参照 SAEJ300APR84 发动机润滑油黏度分类标准,把发动机润滑油分为 0 W、5 W、10 W、15 W、20 W、25 W 六个低温黏度牌号(冬季用油)和 20、30、40、50 四个高温黏度牌号(春、夏、秋季用油)。上述油品均为单级油,凡是既满足冬季用油要求又符合春、夏、秋季用油要求的油,称为多级油,如 5 W/20、10 W/20 等。

选用发动机润滑油的黏度等级时,主要以本地区的气温条件为依据。表 3.9 列出了不同黏度级别的发动机润滑油的适用气温范围,供选择时参考;同时,必须考虑发动机的负荷、转速和磨损情况。如果发动机负荷大、转速低或者磨损严重,应选用黏度较大的润滑油;反之,则应选择黏度较小的润滑油。

表 3.9　不同黏度级润滑油适用范围

黏度级号或名称	适用气温范围/℃	黏度级号或名称	适用气温范围/℃
5 W/20	−25 ~ 20	10 W/40	−20 ~ 40
10 W/30	−20 ~ 30	15 W/40	−15 ~ 40
15 W/30	−15 ~ 30	20 W/40	−10 ~ 40
20 W/30	−10 ~ 30		

3)发动机润滑油选用注意事项

①在保证活塞环密封良好、机件磨损正常的条件下,适当选用低黏度的润滑油。

②润滑油的使用等级应与发动机的工作条件相适应,过多降级经济上不合算,升级使用会造成发动机早期磨损和损坏。

③汽油机润滑油与柴油机润滑油原则上应区别使用,只有在汽车制造厂有代用说明或标明可通用时,方可代用或在标明级别范围内通用。

④因机床用机械油和航空润滑油不含任何添加剂,不要在汽车发动机上使用。

(2)汽车齿轮油的选用

汽车齿轮油是指汽车驱动桥、手动变速器、转向器等齿轮传动机构用的润滑油。汽车齿轮油的选用与发动机润滑油一样,根据汽车各总成的工作条件和使用条件分别选择齿轮油的使用级和黏度级。

1)齿轮油使用级的选择

齿轮油的性能分类在国际上大多采用美国 API 的性能分类。它是根据齿轮的不同类型、不同负载情况下所用的齿轮油进行分类的。在这个分类中,把齿轮油按不同性能水平分为 GL-1、GL-2、GL-3、GL-4、GL-5、GL-6 六个使用级别,见表 3.10。

表 3.10　API 齿轮油使用分类

级　别	适用范围
GL-1	低齿面压力、低滑动速度下运行的汽车螺旋伞齿轮、蜗轮后轴和各种手动变速器,直馏矿油能满足这级油的要求
GL-2	汽车蜗轮后轴,其负荷、温度及滑动速度的状况用 GL-1 级齿轮油不能满足要求
GL-3	中等速度及负荷运转的汽车手动变速器和后桥螺旋伞齿轮,规定用 GL-3 级齿轮油。其承载能力比 GL-2 高,比 GL-4 低
GL-4	在高速低转矩及低速高转矩下运转的轿车和其他车辆的各种齿轮,特别是准双曲线齿轮
GL-5	在高速冲击负荷、高速低转矩、低速高转矩条件下运转的轿车和其他车辆的各种齿轮,特别是准双曲线齿轮
GL-6	高速冲击负荷下运转的轿车和其他车辆的各种齿轮,特别是高偏置双曲线齿轮,偏置大于 5 cm 或接近大齿圈直径的 25%

根据国产汽车、进口汽车的要求和参照 API 使用分类,汽车齿轮油分为普通车辆齿轮油、中负荷车辆齿轮油和重负荷车辆齿轮油,见表 3.11。

表 3.11　车辆齿轮油的详细分类

齿轮分类	组成、特性和使用说明	使用部位
普通车辆齿轮油	精制矿油加抗氧剂、防锈剂、抗泡剂和少量极压剂等制成。适用于中等速度和负荷比较苛刻的手动变速器和螺旋伞齿轮的驱动桥	手动变速器、螺旋伞齿轮的驱动桥
中负荷车辆齿轮油	精制矿油加抗氧剂、防锈剂、抗泡剂和极压剂等制成。适用于在低速高转矩、高速低转矩下操作的各种齿轮,特别是客车和其他各种车辆用的准双曲线齿轮	手动变速器、螺旋伞齿轮和使用条件不太苛刻的准双曲线齿轮的驱动桥
重负荷车辆齿轮油	精制矿油加抗氧剂、防锈剂、抗泡剂和极压剂等制成。适用于在高速冲击负荷、高速低转矩和低速高转矩下操作的各种齿轮,特别是客车和其他各种车辆的准双曲线齿轮	操作条件缓和或苛刻的准双曲线齿轮及其他各种齿轮的驱动桥,也可用于手动变速器

在选用汽车齿轮油质量等级时,可按照汽车使用说明书的要求,也可按汽车齿轮的类型及其工作条件来选用。

2)齿轮油黏度等级的选择

汽车齿轮油的黏度分类在国际上大多采用美国 SAE 的黏度分类,我国也采用了这一黏度分类方法。这种分类方法把齿轮油分为 70 W、75 W、80 W、85 W 四个低温黏度牌号(冬季用油)和90、140、250三个高温黏度牌号(春、夏、秋季用油)。上述油品均为单级油,凡是既满足冬季用油要求又符合春、夏、秋季用油要求的油,称为多级油,例如80 W/90、85 W/90等。多级齿轮油同时具有良好的低温启动性和良好的高温润滑性,并具有一定的节能效果。

在选择齿轮油黏度等级时,应考虑气温和使用条件。90号油可满足一般车辆使用要求,只有在天气特别热或负荷特别大的车辆上使用140号油。长江流域及其他冬季气温不低于-10 ℃的地区,可全年使用90号油;长江以北及其他气温不低于-12 ℃的地区可全年使用85 W/90号油;长城以北及其他气温不低于-35 ℃的寒冷地区,冬季应使用80 W/90号油;黑龙江、内蒙古、新疆等冬季最低气温达到-45 ℃的地区,冬季应使用75 W号油。

3)齿轮油选用的注意事项

①使用级低的齿轮油不能用在要求较高的车辆上;使用级高的齿轮油可降级使用,但降级过多经济上不合算。

②齿轮油的黏度应以能保证润滑为宜;应尽可能选用合适的多级齿轮油,如果黏度过高,燃料消耗将显著增加,特别是高级轿车影响更大。

(3)润滑脂的选用

润滑脂是由润滑油加上增稠剂及一些添加剂调制而成的。目前,在车辆上使用的润滑脂大都为皂基润滑脂,如钙基脂、锂基脂、铝基脂及复合锂基脂等。而综合润滑脂的性能要求:如抗水性、极压抗磨性、机械安定性、氧化安定性等。锂基脂和复合锂基脂的优点是比较明显的。各种润滑脂按针入度分为几种牌号,号数越大,脂质越硬。其中锂基润滑脂的耐水性、耐高温性能及稳定性都很好,同时还有低温性和润滑性好的特点,是一种具有代表性的高级通用润滑脂,目前已在汽车上广泛应用。

1)轮毂轴承润滑脂的选用

汽车轮毂轴承由于温度高、转速快,因此要求润滑脂具有良好的耐热性和黏附性,在高温和离心力的作用下不软化流失,不发生皂油分离。过去汽车轮毂轴承使用钙钠基润滑脂,有的地区采用钠基润滑脂,但使用效果不够理想。目前已广泛采用锂基润滑脂,效果较好。

另外,还要考虑机械的负载和对抗压性能方面的要求。如一些大型载重卡车、严重超载的车辆的轮毂轴承应选用抗压性、机械安定性等较好的润滑脂,如选用3号极压复合锂基脂或合成润滑脂。

2)底盘润滑脂的选用

汽车底盘中需用润滑脂的轴承和摩擦点有40余处。通常轴承润滑脂的品种、牌号与轮毂轴承相同。而其余摩擦点温度不高,但常与水接触,要求润滑脂的抗水性要好。过去底盘润滑点常用2号或3号钙基润滑脂,但其黏附性和低温性不够理想。目前,国内外汽车都用2号锂基润滑脂。

汽车钢板弹簧的负荷较大,并带有冲击、振动,宜选用石墨润滑脂,通常用石墨钙基润滑脂。该脂具有良好的抗水性、抗磨性,还可以有效地抵消冲击载荷的影响。

3.3 轮胎的合理使用

轮胎是汽车的重要部件。轮胎的经济价值在汽车总价值中占有较大比重,轮胎在运行中的消耗占运输成本的10%~15%。因此,合理使用轮胎,提高轮胎的使用寿命,对降低运输成本具有重要意义;同时,保持轮胎良好的技术状况对确保行车安全、降低行驶阻力、降低油耗也有较大的影响。

3.3.1 轮胎的技术经济定额指标

汽车运输企业的主要技术经济定额指标中,关于轮胎的定额指标有轮胎行驶里程和轮胎翻新率两项定额指标。

(1)轮胎行驶里程

轮胎行驶里程定额是指新胎从开始装用经翻新到报废总行驶里程的限额。它是根据车型、使用条件和轮胎性能分别制订的,即

$$轮胎平均行驶里程 = \frac{报废轮胎总行驶里程}{报废轮胎数} \tag{3.11}$$

(2)轮胎翻新率

轮胎翻新率是指在统计期经过翻新的报废轮胎数占全部报废轮胎数的百分比,即

$$轮胎翻新率 = \frac{经翻新报废的轮胎数}{报废轮胎数} \times 100\% \tag{3.12}$$

以上两项定额指标是用以考核轮胎管理、维护、翻新和使用水平的,它可以反映轮胎的合理使用程度和轮胎使用寿命的长短。

3.3.2 延长轮胎使用寿命的措施

轮胎的合理使用,其目的主要在于:降低轮胎磨损,防止不正常的磨损和损坏,从而延长轮胎的使用寿命。同时,保持轮胎良好的技术状况,以确保行车安全,降低油耗。延长轮胎使用寿命,合理使用轮胎主要采取以下措施。

(1)抓好轮胎的管理

轮胎管理是汽车运输企业技术管理的一个重要部分。要配备专门的轮胎管理技术人员,负责轮胎的全面管理;建立轮胎技术记录卡片,考核轮胎实际行驶里程和使用情况。要抓好轮胎早期损坏、异常磨损的原因分析和资料统计,以便不断总结经验,推广先进的驾驶与维修技术。

(2)提高驾驶技术

为了合理使用轮胎、延长使用寿命,驾驶操作应起步平稳,避免轮胎在路面上滑移,在行驶中尽量避免紧急制动;行驶中尽量选择较好的路面;控制车速,防止高速行驶导致胎温过高。

(3)加强对轮胎的维护

1)抓好轮胎例行维护,做到"四勤"

"四勤"是指勤查气压、勤查胎温、勤挖石子和勤塞小洞。

2)提高底盘维护质量

底盘技术状况将直接影响轮胎寿命,因此,在汽车维护时,要特别重视底盘的检查与调整。要保持前轮定位的正确,注意轮胎的变形,保持轮胎的平衡;车架和桥壳等应正直无弯曲变形,左右轴距要一致;轮毂轴承的松紧度要调整合适;并注意转向系和制动系的检查调整,保持底盘良好的技术状况,使车轮在行驶中尽可能保持滚动,避免因与路面间的滑移而造成异常

磨损。

3)轮胎换位

轮胎换位就是汽车行驶一定里程后(通常与二级维护周期相同),按照一定的顺序调换轮胎的位置。轮胎换位的目的是使全车轮胎合理承载和均匀磨耗,避免偏重与偏磨现象。

轮胎换位的方法一般有两种:交叉换位法和循环换位法,如图3.1所示。可根据具体情况选择一种方法进行换位,但一经选定,应始终按选定的方法进行换位(结合二级维护时进行)。

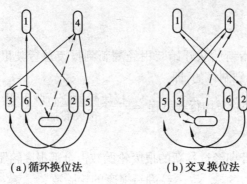

(a)循环换位法   (b)交叉换位法

图3.1   轮胎换位方法

复习思考题

3.1   什么是汽车运输成本?怎么计算?

3.2   评价汽车节油效果应考虑哪些因素?

3.3   影响汽车运行燃料消耗的主要因素有哪些?

3.4   驾驶技术对运行燃料消耗有哪些影响?

3.5   发动机润滑油选用有哪些注意事项?

3.6   什么是轮胎换位?其换位目的是什么?轮胎换位常用方法有哪些?

第 4 章
汽车行驶安全性

交通运输是国民经济、国防建设的生命线,而汽车运输又以其特有的优越性而得到大力发展。汽车自诞生以来的 100 多年间,为人类发展生产、改造环境、建设物质文明起了重要作用。但随着汽车的发展和普及,人们又面临车祸的威胁。因此,如何安全地使用车辆,是必须研究解决的问题。

4.1 公路交通安全与概述

交通事故是行人、车辆在道路上行进时因违反交通法规或其他原因发生人身伤亡和车物损失的事件。凡车辆在道路上行驶或停放过程中发生碰撞、碾压、刮蹭、翻车、失火、爆炸等情况,造成人员或牲畜伤亡、物资损失的事件都称为交通事故。

4.1.1 事故的分类和构成事故的要素

(1)交通事故的分类

1)按事故造成的后果分

①轻微事故:一次交通事故造成轻伤 1～2 人,或者直接经济损失、机动车事故损失折款 1 000 元以下,非机动车事故损失折款不足 200 元的事故。

②一般事故:一次交通事故造成重伤 1～2 人,或者轻伤 3 人及 3 人以上,或者财产损失折款不足 3 万元的事故。

③重大事故:一次交通事故造成死亡 1～2 人,或者重伤 3～10 人,或者财产损失折款 3 万元以上不足 6 万元的事故。

④特大事故:一次交通事故造成死亡 3 人或 3 人以上;或者重伤 11 人以上;或者死亡 1 人,同时重伤 8 人以上;或者死亡 2 人,同时重伤 5 人以上;或者财产损失折款 6 万元以上的事故。

2)按事故的性质划分

①非责任事故:责任属于他方。

②有责任事故:责任由双方分担。

③责任事故:全部责任由肇事者来负担。

（2）**交通事故构成的要素**

交通事故的形成必须具备以下六个要素。

1）车辆

车辆（包括各种机动车和非机动车）是交通事故的前提条件，也就是指在当事双方必有一方使用车辆，如无车辆，则不认为是交通事故。例如，行人之间走路时发生的意外，受伤致死都不属于交通事故。

2）在道路上

这是交通事故的第二个特征，指事故发生的空间要在公路、城市街道和胡同（巷）以及公共广场、公共停车场等供车辆、行人通行的地方。

3）在通行中

在通行中是指车辆在行驶或正在停放的过程。如停车后装卸货物时发生的伤亡事故，不属于交通事故；而在公路上停车后溜车发生事故，属于交通事故；停在路边的车或坐在路边的人被过往车辆碰撞，造成后果的也是交通事故。

4）发生事态

发生事态是指发生与道路交通有关的现象，如碰擦、碾压、刮蹭、翻车、坠落、失火等。若没有交通事态，则不属于交通事故，如正常行驶的客车上乘车人因疾病突发而死亡等。

5）造成事故的原因是人为的

这是指所造成的事故不是因为人力无法抗拒的自然原因。如地震、台风、洪水、泥石流、雪崩等原因造成的事故。行人自杀也是人力无法抗拒的，这些均不属于交通事故。

6）后果

后果是指有以上特定条件又要有人、畜伤亡或车辆、物资损失的后果，没有后果或者这种后果未达到交通管理部门规定的标准，则不能称为交通事故。

以上六个要素可以作为鉴别交通事故的依据和必要条件。

（3）**交通事故的原因**

交通事故是在特定的交通环境影响下，由于人、车、路、环境诸要素配合失调发生的。因此，分析交通事故的原因，最重要的是要分析人、车、路、环境对交通事故形成的影响。

1）人的原因

人既是交通事故的制造者，又是交通事故的受害者；同时，人既是交通安全中的一个能动因素，也是交通安全的主体。人对交通事故形成的影响主要表现在以下几个方面：

①自身的生理、心理状态不符合交通安全的要求。

②自身违章行走、违章操作、违章装载、违章行驶等。

③对他人的交通动态及道路变化、气候变化、车况变化观察疏忽或措施不当等。

发生人为责任事故，原因是多方面的。其中有的是因驾驶员思想麻痹、违章驾驶、操作失误等造成的；有的是因行人、非机动车驾驶者不遵守《道路交通管理条例》所造成的。

从机动车驾驶方面来分析，驾驶员责任事故的发生，主要是在行车过程中反应、分析和操作三个环节上出现了错误。

2）车辆的原因

由于车辆技术状况不良引起的交通事故比例并不大，但这类事故一旦发生，其后果一般都是比较严重的。通常这类事故的起因是制动失灵、机件失灵和车辆装载超高、超宽、超载及货物未拴牢固所致。另外,由于车辆长时间运行过程中对各种机件的反复交变作用,当超过一定的极限时,车辆也会突然发生故障而酿成交通事故。除此之外,由于一些单位维修制度不完善或执行不力、车辆检验方法落后,致使一些车辆常常因带"病"行驶而肇事,这也是车辆本身造成事故的原因。

3)道路与环境的原因

道路与环境作为构成道路交通的基本要素,它们对交通安全的影响不容忽视,在某些情况下,它们可能成为导致交通事故发生的主要诱因。

①道路

道路线形几何要素的不合理以及各种不良的线形组合,往往是导致交通事故发生的重要原因。路面状况不良(如潮湿、覆雪、结冰等)使车轮与路面之间的附着系数减小,因而会影响汽车行驶的稳定性和制动性能。此外,不同类型的道路,由于车道宽度、坡度、车道数、公路路肩、中央分隔带等设置的不同,对交通安全的影响也不同。

②环境

交通流量的大小直接影响着驾驶员的心理紧张程度,也影响着交通事故率的高低。在交通流量大时,由于车辆的相互干扰、互成障碍,常导致交通事故的发生。在交通流量小时,往往由于高速行驶而导致交通事故。

(4)**交通事故的危害和预防**

近年来,由于我国汽车保有量的迅速增加,公路建设速度与汽车的发展又不相适应,高等级公路里程少,交通设施不完善,交通拥挤,人车混行。在城市里,交通拥挤情况更加严重,交通事故逐年上升。我国是世界上交通事故最高的国家之一,2010 年伤亡人数已高达 31 万多人。

由于交通事故具有随机性、突发性、社会性和危害涉及面广等特点,一旦发生交通事故,不仅给国家造成严重的政治影响,而且在经济上造成巨大损失,更重要的是给驾驶员和受害者及其家属在精神上造成巨大的痛苦,在生活中造成无法弥补的损失。

4.1.2 预防交通事故的措施

交通事故是由人、车、路、交通环境诸多因素共同影响下的一个复杂交通事件。因此,解决交通安全问题,必须将"人、车、环境"三者作为一个有机整体来对待和处理。从谋求这一有机整体的平衡出发,规划和协调解决其中各组成部分的结构、性能、行为等问题。治理交通问题,预防交通事故可从以下几方面着手。

(1)**改善道路交通环境和汽车安全性能及结构方面**

①兴建有完善安全设施的新型公路,改建或扩建现有道路,增设各种安全防护设施。

②改进车辆结构性能,防止因车辆设计或制造上的缺陷而导致的事故。一旦发生事故,车辆应具有减轻乘员伤害程度的结构措施。

③加强车辆安全性能的检验和维护工作。认真搞好出车前、行驶途中和发车后的三检工作。发现异常或故障及时解决修复,不开带"病"车。

(2)**在管理方面应采取的主要措施**

①制定完善的交通法规,强调法制,按全国统一的法规和条例维持正常的交通秩序。

②组织全国统一的交通管理指挥机构,完善交通管理体制,统一筹划,协调工作。

③加强驾驶人员的训练和管理,开展并强化交通安全教育,普及交通安全知识。

④采用科学的管理方法,提高管理人员的技术素质,实现交通管理技术的现代化。

4.1.3 机动车运行安全技术条件

GB 7258—2012《机动车运行安全技术条件》规定了机动车辆(含列车)的整车及其发动机、转向系、制动系、传动系、行驶系、照明和信号装置等有关运行安全的技术要求,对于机动车辆的安全运行、减少交通事故、提高运输效益起到了重要作用。

(1)转向系的运行安全技术条件

①方向盘应转动灵活、操纵轻便、无阻滞现象,车轮转到极限位置时,不得与其他部件有运动干涉现象。

②转向轮转向后应有自动回正能力。

③方向盘的最大自由转动量应符合规定标准。

④在平坦、硬实、干燥和清洁的道路上行驶时,其方向盘不得有摆振、路感不灵、跑偏或其他异常现象。

⑤在平坦、硬实、干燥和清洁的水泥或沥青道路上,以 10 km/h 的速度在 5 s 之内沿螺旋线从直线行驶过渡到外圆直径为 25 m 的车辆通道圆行驶,施加于方向盘外缘的最大切向力应不得大于 245 N。

⑥最小转弯直径应符合规定标准:当以最小转弯直径转向时,前转向轴和末轴的内轮差(以两内轮轨迹中心线计)也应小于规定标准。

⑦汽车(三轮汽车除外)的车轮定位应与该车型的技术要求一致。对前轴采用非独立悬架的汽车(前轴采用双转向轴时除外),其转向轮的横向侧滑量,用侧滑台检验时侧滑量值应为 ±5 m/km。

⑧转向节及臂,转向横、直拉杆及球销不得有裂纹和损伤,并且转向球销不应松旷。对机动车进行改装或修理时,横、直拉杆不得拼焊。

(2)制动系的运行安全技术条件

①制动踏板的自由行程应符合规定标准。

②在产生最大制动作用时,踏板力不得超过 700 N。

③最大制动效能应在踏板全行程的 4/5 以内达到。

④驻车制动操纵装置的安装位置要适当,其操纵杆必须有一定的储备行程,一般应在操纵杆全行程的 3/4 以内产生最大的制动效能,棘轮式制动器应在第三次拉动拉杆全行程的 2/3 以内产生最大制动效能。

⑤驻车必须能通过机械装置把工作部件锁住,并且施加于操纵杆上的力应不大于 500 N。

⑥对采用气压制动的机动车辆,当气压升至 590 kPa 时使用制动的情况下,停止空气压缩机 3 min,其气压的降低应不超过 9.8 kPa。在气压为 590 kPa 的情况下,将制动踏板踏到底,待气压稳定后观察 3 min,单车气压降低值不得超过 19.6 kPa,列车不得超过 29.4 kPa。

⑦采用气压制动系统的车辆,发动机启动后在中等转速下运转 4 min(列车为 6 min,城市铰接公共汽车和无轨电车为 8 min)内,气压表的指示气压应从零升至起步气压(未标起步气压者,按 392 kPa 计)。贮气筒的容量应保证在不继续充气的情况下,车辆在连续 5 次全制动后,气压不低于起步气压。

⑧在车辆运行过程中,不应有自行制动现象。当挂车与牵引车意外脱离后,挂车应能自行制动,牵引车的制动仍然有效。

⑨采用液压制动系统的车辆,当制动踏板压力最大时,保持 1 min,踏板不得有缓慢向底板移动现象。

⑩机动车制动系部分管路失效时,其余部分制动效能仍能保持原规定值的30%以上。

⑪机动车在平坦、硬实、干燥和清洁的水泥或沥青路面(路面的附着系数为0.7)上的制动性能应符合规定标准。

⑫机动车制动完全释放时间不得大于0.8 s。

⑬在坡度为20%的坡道上,车辆空载正反两个方向使用驻车制动装置5 min以上应保持固定不动;当采用制动试验台测驻车制动力时,车辆应处于空载状态。使用驻车制动装置时,驻车制动力总和不得小于该车整备质量的20%。

(3)照明与信号装置符合运行的主要条件

①车辆的灯具应安装牢靠,灯泡要有保护装置,不得因车辆振动而松脱、损坏、失去作用或改变光照方向。

②所有灯光开关应安装牢固,开关自如,不得因车辆振动而自行开关。

③车辆的外部照明和信号装置的数量、位置、光色、最小几何可见角度等应符合有关规定。

④前照灯光束照射位置应符合规定要求。

⑤远近光变换装置的工作应良好、可靠。

⑥仪表灯点亮时,应能照清仪表板上所有的仪表,且不得炫目,不得投影到前挡风玻璃上。

(4)汽车安全防护装置符合运行的条件

①轿车座椅应有三点式安全带。

②机动车后视镜的安装位置、角度应适宜。

③气压制动系统的车辆,低压报警装置良好。

④挡风玻璃的防冻、除霜装置工作良好。

⑤汽车应配备灭火器。

有关机动车运行安全的具体技术条件请参阅 GB 7258—2012《机动车运行安全技术条件》。

4.1.4　新车的接收与使用前的准备

对新购车辆,运输单位应根据不同专长、使用经验、维修能力和客观实际需要,尽可能地将同品牌、同车型的车辆分配在一个车队,以免因车型过多而造成配件种类繁杂、流动资金占用增多、车辆运用经验缺乏、维修机具缺少、维修技术不熟练等一系列管、用、养、修问题,减少因维修作业不当、配件供应不及时而使车辆待维修、待料停驶的情况发生。另外,车辆分配应实行"定人、定车、定挂"的"三定"制度。

为了保证新车尽可能快地投入正常运行,延长使用寿命,充分发挥其效能,新车在接收和使用前还应做好以下几项工作:

①接收新车时,应按合同和说明书的规定对照车辆清单或装箱单进行验收,清点随车工具及附件等。在验收进口汽车时,一定要委托商检部门进行商检或邀请其共同参加验收,办好商检手续。

②新车在投入使用前,应进行一次全面检查,重点检查车辆是否缺件、损坏及有无制造质量等问题,如发现较大问题要及时分析解决;另外,还要根据制造厂的规定进行清洁、润滑、紧固以及必要的调整。

③新型车辆在投入使用前,运输单位应组织驾驶员和维修工进行培训,在掌握车辆性能、使用和维修方法后方可使用。

④新车投入使用前,应建立车辆技术档案,配备必要的附加装备和安全防护装置。

⑤应严格按走合期的各项规定进行新车的走合运行,做好走合维护工作。

⑥严格按制造厂技术要求使用车辆:在索赔期内,车辆发生损坏时,应及时做出鉴定报告,依法索赔。属厂方责任的,按规定程序向制造厂索赔。为便于出现制造质量问题时索赔,新车尤其是进口新车在索赔期内不得进行改装,并要作好使用记录,以备查阅。

接收在用车时,应注意车辆装备是否齐全,如不齐,应尽量补齐或注明原因;注意查收车辆技术档案和有关技术资料;向交车单位人员了解车辆使用情况。车辆交接后,有时还需要办理车辆转籍和行驶牌证手续。

4.1.5 车辆装备、装载与安全

汽车结构特点、附属装备、合理装载及有关安全性能状况与行车安全有直接关系。在交通事故的统计中,因驾驶员失误造成的交通事故占绝大多数,直接由车辆本身引起的事故约占10%,但这并不意味车辆因素对于交通安全的作用不大。因为这10%只是指车辆机械故障而引起的事故。实际上驾驶员的失误有时与车辆结构与性能上的缺陷有关。车辆本身结构和性能的进一步完善,在某些情况下有可能弥补驾驶员的失误,从而避免事故的发生。即使发生事故,如果车辆具有良好的安全防范技术措施,也可以保护乘员免遭严重伤害,减少事故损失。

(1)汽车结构、装备与行车安全

为了预防事故,保障行车的安全性,汽车本身的结构和性能除满足运输提出的使用要求外,还应满足交通安全的要求,并应符合人体工程学的需求,以保证驾驶员在行车中能充分获得各种有关安全的信息。

1)汽车的视野与行车安全

汽车驾驶员在工作位置上,通过车窗和后视镜所看到的外界范围,称为汽车的视野。汽车的视野可分为前方视区、侧方视区和后方视区。前方视区是通过前车窗所能看到的部分,是关系行车安全最为密切的视野。侧方视区是通过两侧车窗看到的部分,对汽车起步、转向、停车、超车时的安全有重要作用。后方视区是通过后视镜间接看到的后方区域,以便超车、转弯、倒车、制动时观察后部的情况。

汽车在行驶中驾驶员必须不断了解外界情况,才能保证行车安全,因此,由汽车结构所形成的视野是否理想,对于交通安全有十分重要的作用。

2)汽车的灯光与行车安全

汽车的安全行驶离不开灯光,尤其是夜间行车,灯光的作用尤为重要。

前照灯主要用于夜间行车照明。为保证夜间照明良好和在会车时不给对方驾驶员造成眩目,前照灯的照射强度和照射方向应符合 GB 4599—2007《汽车用灯丝灯泡前照灯》。

汽车在起步、转向、超车和停车时,应使用转向信号灯,以提醒行人和其他车辆注意。

为防止追尾事故的发生,驾驶员必须及时把握前车行驶状态的变化,保持必要的安全间

距,同时又要注意提醒后方车辆注意本车的存在和行驶状态。这些信息主要靠尾灯和制动灯传递。

驾驶员夜间倒车时应打开车身后部的白色倒车灯,以便能看清车后的情况。

上述所有和安全行车有直接关联的灯光在处于工作状态时都必须在仪表上有所显示,以便驾驶员及时了解掌握这些灯光信号的工作情况。

3)汽车的安全装备与行车安全

为减少事故造成的损失,汽车上常常采用的安全装备有安全带、安全气囊、安全玻璃、安全枕、安全转向柱和安全门等。这些安全装备在车辆发生交通事故时,对降低乘员受伤害的程度或安全逃离事故车起着很重要的作用。

①安全带

安全带是用来把乘员的身体约束在座椅上的装置,以避免在车辆发生碰撞时乘员身体因惯性冲击座椅发生二次碰撞。安全带有两点式和三点式之分。两点式只约束腰部,主要用于后排座椅。三点式可同时约束腰部与上体,主要用于驾驶员和助手座位。现在新法规要求下,前后排座椅都配备三点式安全带。

②安全气囊

安全气囊用于发生碰撞事故时防止驾驶员头部撞在方向盘上或胸部受到方向盘的挤压而出现的伤害。车辆装有安全气囊能大大降低驾驶员受伤的危险。根据试验发现 40 L 的气囊使头部受伤减少 25%,面部受损伤减少 80% 左右。

③安全玻璃

安全玻璃是一种在车辆发生碰撞时玻璃受冲击后其碎片不会向四处分散,并对乘员面部不会构成伤害的一种特殊玻璃。这种玻璃一般有两种类型:一种是钢化玻璃,另一种是多层黏合玻璃(中间有厚度为 0.7 mm 的薄膜)。

④安全枕

当车辆发生追尾相撞时,被撞车辆乘员因车辆突然向前加速,头部会剧烈后仰而使颈椎受伤害。从 20 世纪 70 年代起,各国普遍在座椅靠背上加装了安全枕,以防乘员的颈椎受伤害。

⑤安全转向柱

安全转向柱是将转向柱的一部分设计成容易弯曲变形的结构,当受到的冲击超过一定限度后,这部分结构发生屈曲变形,并使转向柱长度缩短,同时也吸收部分冲击能量,以减轻对驾驶员的伤害。

⑥安全门

现代大型客车的车门一般都在车身最前部。在发生事故时,车身后部的乘员很难迅速撤离车辆;同时,车门也容易因碰撞变形而打不开,为此在大客车后部与前门对应的一侧都装有安全门,以便车辆发生意外事故时车内乘员能迅速撤离车辆。

以上所述各种措施都属于被动防范性的,只能在事故发生后部分地减轻人员的伤亡。要从根本上解决问题,应该做好车辆的安全使用工作,预防和杜绝事故的发生。

(2)车辆的装载与行车安全

汽车的装载包括两方面的含义:一是指载货,二是指载人。如果装载不当,不但会造成货物受损(或人员受到伤害),而且还会使车辆的技术状况下降,甚至还能引发交通事故。严格按《汽车货物运输规则》和《道路交通管理条例》有关规定,正确、合理地装载,是汽车安全使用的重要环节。

1）货物装载对车辆安全和技术性能的影响

①货物固定不良

货物固定不稳或捆扎不牢，在路途中因颠簸会丢失或摔坏，甚至砸伤行人，以及影响后面车辆行驶安全。高大货物倒塌，可能砸坏车厢及驾驶室。有些货物封盖不严密，会造成环境污染。若是危险品，会造成其他危害。

②装载超重

超载是较为常见的违法操作行为。尤其在最近几年，由于运输市场的激烈竞争及单车承包制的推行，承运者为了追求高额利润而违法超载运输。超载运输不但会引起车辆的技术状况下降，而且还容易引发行车事故，比如轮胎爆裂等。因此，汽车运输货物时，一定要按行驶证上核定的载质量装载，不准超载。另外，车辆通过桥梁时，载质量不可大于桥梁承载质量标准的规定。

③装载超高

装载过高必然增高车辆重心。车辆行驶转弯时或行驶在有横向斜坡路上，都有可能发生翻车事故，严重影响车辆行驶的稳定性。另外，超高的部分很有可能碰撞过街的悬挂物，通过城市过街天桥、隧道等也有困难。

④装载偏斜

装载过于靠后，会使前轮发飘，车辆上坡时，出现翘头、后滑甚至翻车。装载过于靠前会使转向沉重，前轮负荷过重，下坡制动时甚至使前轮爆胎。装载偏斜，会使两侧轮胎受力不均，行驶及制动时产生跑偏。由于重心偏移而车辆难以操纵，车架、悬架部分发生弯扭，尤其转弯时易发生翻车事故。

⑤装载超长超宽

这样增加了车辆的外形尺寸，使车辆在会车、超车、通过狭窄地段时受到影响，夜间行车危险性更大，会车时极易发生剐蹭事故。超长车在转弯时，由于扫过空间面积增大，极易发生碰撞事故。

2）运输危险货物时应注意的问题

危险品对行车安全的影响主要表现在易燃性、易爆性、毒害性、腐蚀性等方面。对其进行包装、装卸、运输的过程中稍有不慎就有可能对人身、车辆和周围环境造成危害或污染。

在运输危险货物前，要事先了解所运危险品的性质及注意事项，与有关人员制订具体的安全防范措施，做好自身的安全防护工作，并准备必要的防护用具。在运输时，要匀速行驶，避免急加速、急减速和紧急制动，防止车辆有较大颠簸和振动；运输易燃、易爆物品时，禁止在车上或周围吸烟或用明火，车上不得乘坐无关人员，在行人稠密或有火源的地方严禁停车；对油罐车其接地线应能触地；在运载有毒物品后，应及时冲刷车辆，但严禁在河流、饮用水源处冲刷车辆。

常见危险货物的包装及注意事项见表4.1。

（3）运输超大笨重货物时的安全

超大笨重货物一般是指特型钢材、水泥预制件、变压器、锅炉、石化工业设备等特殊物品。要安全运输这类货物，应首先根据具体货物种类、特点来制订装卸、运输过程中的安全操作规程。认真确定货物重心位置，检查包装牢固程度，货物装车后必须捆扎牢固，固定可靠，以确保安全。运输时一般注意以下几点：

表4.1 常见危险货物的包装及注意事项

类 别	名 称	包装方法及注意事项
爆炸品	①火药 ②雷管、信管、导火线 ③爆竹、火焰 ④安全火柴	①金属箱装，封严 ②金属箱装，填垫空隙，封严 ③木箱装，用纸垫妥，箱子捆牢 ④木箱装，箱子用绳捆牢
易燃烧液体	①汽油、柴油 ②酒精、甲醇 ③樟脑油、松节油	①石油类专用铁桶装，封严 ②专用铁桶或瓶装，封严，再装入木箱，填垫空隙，箱子捆牢 ③同上法
腐蚀性化学品	①腐蚀性酸类 ②漂白粉、烧碱	①陶瓷坛装或瓶装，封严，装入木箱填垫空隙，箱子捆牢 ②瓦罐装或瓶装，封严，装入木箱填垫空隙，箱子捆牢
易燃及有毒气体	液化石气、氯气、氨气及其他有毒气体	耐压钢罐装，封严
易燃固体物品	①黄磷 ②钾、钠、碳化钙	①瓶装，封严，再装入木箱，填垫空隙，箱子捆牢 ②铁桶装或瓶装，封严，再装入木箱，填垫空隙，箱子捆牢

①运输车辆应当在指挥车引导下低速缓行，保持车速稳定，尽量少用制动，不可急转弯。

②对沿途架空电线、电缆及其他障碍物要事先勘察，并有专人专车及时处理。

③超宽车辆行驶在狭窄道路时，应有专人维持交通秩序，及时疏导来往车辆及行人，以防交通堵塞和事故。

单件质量在100 t以上的特大超笨重货物，如需汽车运输时，应从汽车的性能和沿途道路、桥梁的承载能力等方面因素全盘综合考虑，提出措施方案，报请有关部门审批后实施。

（4）机动车载客的安全

旅客运输是汽车运输的重要方面，由于直接涉及人身的安全，所以应注意行车安全。机动车载人时发生事故主要原因有以下几个方面：

①车辆起步、加速过猛或制动太急，造成乘客摔倒、挤伤、碰伤。

②车门没关牢，在离心力作用下，乘客被甩出车外。

③车辆没停稳就上下车，乘客因惯性作用而摔倒碰伤。

④行车中乘车人身体探出车外，车辆会车、超车或通过障碍时造成事故。

⑤停车下人时，打开左侧门而忽视后方来车，经常发生车门与后方来车相碰撞事故，导致乘客或财产损失。

若是货车载人还有可能因车厢栏板较低，乘车人站立时重心高于栏板或坐在栏板上，当车辆转弯时,在离心力作用下,乘车人被甩出汽车而受伤。客货混装时,随货乘坐的押运或装卸人员有可能因货物固定不牢靠,在车辆急转弯或急制动时,因货物移动而挤伤。

机动车辆载人时,驾驶员在操作上应注意:起步、停车时力求平稳,转弯或前方有情况时,应提前减速,车速保持均匀;超车、会车时,应留出足够的安全间距。

4.1.6 汽车安全行驶与日常维护

汽车安全运行的关键所在是安全驾驶,一辆技术性能完好的车辆能否充分发挥其应有作用,平安顺利完成运输任务,驾驶员是重要因素。汽车驾驶是一项涉及人、车及行驶环境(道路、气候、交通条件)的系统控制问题,在现代化的交通系统中,驾驶员要在保证一定速度的前提下完全合理地使用车辆,必须具备一定的安全行车知识(诸如:交通规则、交通心理学常识、车辆的行驶原理、安全性能、维护与检测诊断常识、事故原因及预防等),以保证在复杂的交通环境中能正确理解和自觉遵守各项交通法规,对于不同的运行条件,及时正确地选择合理的驾驶方法,准确把握车辆动态,排除各种行车故障,对车辆进行经常正确的维护作业,以保持其技术状况的良好,从而达到安全运行的目的。

(1)汽车的安全行驶

汽车行驶过程中的运行条件和交通环境总是经常变化的,而安全行驶的核心内容就是使车辆去适应这些变化,并有效地发挥其速度性能而不发生任何事故,圆满完成运输任务。如果运行条件恶劣,交通环境复杂,这种适应的难度就大,驾驶操纵的动作也多。但不管运行条件如何变化,其驾驶过程主要是由起步、选择车速、保持安全间距、会车、超车、转向、掉头、倒车、滑行、制动、停车等环节组成。从行车的外界条件来看,除一般运行条件下的行车外,还有一些特殊环境下的行驶,如夜间行车、雨雾、雪天行车、烂路和无路条件下的行车及拖挂等。

1)车辆起步

上车前先检查汽车前后和车下是否有人或障碍物,货物是否装好,并观察周围环境和将要行驶方向的交通状况。在此基础上启动发动机,注意发动机运转情况,观察各仪表指示状况。待发动机温度达 40 ℃以上,确认各仪表指示正常时关好车门,系好安全带,挂上适当挡位,并通过后视镜观察后方有无来车等情况;然后鸣笛,放松驻车制动,缓抬离合器踏板,适当加油,徐徐起步。手动变速器的车辆起步时,空车可用二挡,重车用一挡起步;自动变速器的车辆一般选 D 挡。

如果在上坡道上起步,左手应紧握方向盘,右手握紧驻车制动,右脚适当加油,左脚缓抬离合器,待离合器大部分已经结合时,立即放松驻车制动,使车辆徐徐起步。

如果在冰雪、泥泞的道路上起步,离合器要抬得更缓。如果驱动轮打滑空转,应垫沙土等或清除车轮下冰雪、泥泞。

如果从慢车道上起步,要打开左转向灯,以引起后方车辆及行人注意。

2)合理选择车速

在运距确定以后,汽车行驶速度越快,运行时间就越短,运输效率就高。但加快车辆行驶速度的前提是必须确保交通安全,应避免盲目开快车的现象,提倡安全行车。

车速的快慢是相对而言的,高速行车与安全行车的根本区别不在于车速的快慢,而在于当时车速是否危及行车安全。例如:一辆轿车以 50 km/h 的速度行驶在道路宽阔、空闲、视线良好的路段,就不算快;而以40 km/h的速度行驶在弯道、交叉路口以及冰雪道路上,会危及行车安全,也算高速行车。因此,安全车速是根据不同的道路状况、交通环境而论,掌握适当的车速,在保证安全的前提下,该快就快,该慢就慢。

高速行车是指驾驶员不顾道路状况和交通环境,采用挤、抢、钻的方法,盲目开快车。一遇情况就紧急制动,猛转方向,当采取措施不及时,就会发生事故。高速行车对车辆制动性能有很大影响。因为车速越快,制动停车距离也就越长,发生事故的可能性也就越大。另外,车速越快,车辆转弯时产生的离心力也就越大,使车辆所受侧向力也就越大,极易造成车辆侧滑甚至翻车。在凸凹不平的路段上高速行车,会由于剧烈的颠簸振动而使车辆悬架机构、行驶机构、车架、轮胎等损坏或发生故障而导致行车事故。

高速行车还会导致驾驶员不能全面正确地感知车内外情况,车速越快驾驶员视力下降越多,而且驾驶员的视点也越快,视野范围就越窄,对近处周围的情况就难以觉察,万一有情况时,采取处理措施时间也越短,再加上精神高度紧张带来的疲劳等,发生事故的可能性就越大。

高速行车时超车的机会相对增多,从而增加了道路上的交织点,扰乱了正常行驶的交通流,破坏了正常的交通秩序,也使行车安全受到影响。可见,盲目高速行车既不能提高平均车速,又极易发生事故。而遵章守法,准确判断交通条件,掌握适当车速,适时制动停车,既能确保安全行车,又能平安顺利地完成运输任务。

3)车辆间的安全间距

车辆在行驶过程中,同车道内同向行驶的车辆应保持必要的距离,在会车或超车过程中,也要留出一定的侧向间距,这段距离就是安全距离。如果这种距离过小,就有可能导致碰撞、刮蹭其他车辆或行人的事故发生。但安全距离也不宜过大,间距过大会使道路上的通车量下降,尤其是大中城市,车辆行人十分拥挤,车速本来就不高,安全距离过大会引起其他车辆的超车,在没有交通管理人员把守的交叉路口,行人会找留出间距较大的车辆前横穿公路,而导致行驶中断或堵塞,甚至引发事故。

同方向行驶的前后车之间的安全间距,主要取决于制动停车距离,而制动距离又与行驶速度有关,同时也和后车驾驶员采取制动措施的时间和方法有关。前车先开始制动,过一定的时间后后车才开始制动,这中间的相差时间就是后车驾驶员的反应时间。另外,前后两车制动减速度也有差异。因此,合适的安全间距基本上由后车的速度、制动时的减速度和后车驾驶员的反应时间来确定。

4)会车和超车

车辆在行驶中随时都会和对方来车交会或超越同向行驶的车辆(在允许超车的路段)。在会车和超车时,首先应注意保持适当的侧向安全间距,同时应正确估计和选择会车、超车的地点、路段和距离。

一般来说,车速越快,侧向安全间距应留得越大,如果拖带挂车,间距应该更大一些。通常情况下,时速40 km/h以下时,侧向间距应保持0.75 m以上;时速40~70 km/h时,同向行驶的车辆侧向间距应保持1~1.4 m,逆向行驶的车辆侧向间距应保持1.2~1.4 m;时速70 km/h以上时,侧向间距应不小于1.4 m。超车是在高速行驶情况进行的,而且超车过程中超越车一方总要占中线或并向行驶,因此,极易发生事故。超车最要紧的是超车前驾驶员根据本车车速和加速性能及被超车辆的车速,正确判断超车所需要时间和超车距离,尤其要看清将要超车路段内的交通情况。前方数百米范围内是否有迎面来车,被超车辆的路线内是否有障碍物等。必须做到:前方、后方情况不明时不超车,前车不让不超车,影响对面来车行驶时不超车。同时应注意:准备超车时不要与被超车辆跟随太近,以防万一。超车过程中保持一定的安全间距,超越停在路边的机动车时,应减速鸣喇叭,以防停放的车辆车门突然打开或起步驶向车道。如果是公共汽车停靠站,应警惕从车前突然跑出横穿道路的行人。

5)车辆掉头和倒车时的安全

因掉头和倒车不慎而导致碰撞、刮蹭其他车辆、障碍物或行人的事故时有发生。尤其是大车或重车,由于后厢板较高或后视窗被货物遮挡,难以观察到车后情况,更易发生事故。因此,在掉头和倒车时必须谨慎驾驶。在操作时,应尽量选择道路宽阔、交通情况不繁杂的地段进行;事先观察好周围情况,选定进、退路线和目标;对后方情况看不清时,应有人在车下指挥;倒车时车速要慢,同时必须顾及前轮位置,应掌握"慢行车,快转向,多进少退"的方法。

6)安全滑行

滑行是车辆驾驶过程中常用的一种具有预见性的、提前减速的操作方法。当车辆快要到停车地点或快要进入交叉路口时,利用滑行来提前减速,避免了紧急制动,减轻了各部机件的磨损。

另外,由于滑行是利用车辆的惯性来维持车辆继续行驶的,发动机处于怠速运转状态,因而可节省燃料。

正确、合理地滑行是利用滑行时的自然减速代替使用制动器,从而达到预防交通事故、降低制动消耗、减少磨损和节油的目的。但若运用不合理,就会使磨损与油耗增加,甚至造成事故发生。滑行应在发动机不熄火和制动有效的条件下进行。在泥泞、积雪、结冰、陡坡、窄路、急转弯、傍山险路等道路上以及在视线不好、装载有危险品或特许装载超高、超长、超宽物资时,严禁滑行,以防发生意外事故。

(2)**车辆的日常维护与安全**

汽车的安全运行不但受运行条件、交通环境及驾驶员因素的影响,而且还与车辆的技术状况有关,良好的车辆技术状况是安全使用的基本保障。车辆的技术状况与道路条件、使用强度、运行材料等因素有关,但更重要的是与车辆日常维护工作的质量有关。通常,同一运输单位,在同一时期内接收同型号的车辆开始投入使用,各车辆的运行条件、使用强度等都差不多,但几年后,车辆的技术状况却有较明显的差别。究其原因,主要是驾驶员对车辆的日常维护工作程度不同。车辆经一定的行驶里程后,必造成各零部件松旷和磨损,而使车辆技术状况变差。除动力性、经济性有一定程度恶化外,其安全性也自然下降。转向系和制动系各密封元件因老化而使油、气等渗漏;制动蹄摩擦片的磨损,使制动间隙增大而导致刹车不灵;轮胎的过度磨损及气压过高,使它在行驶中因颠簸振动而突然爆炸,导致行驶突然跑偏,甚至造成交通事故等。总之,车辆的日常维护工作对确保行驶安全、延长车辆的使用寿命、降低运行消耗具有重要意义。

为保证汽车的技术状况良好及行驶安全,驾驶员必须做到"三检",即出车前检查、行车途中检查和收车后检查。做到及时发现问题、迅速排除故障,正确补充润滑油和其他运行材料的消耗。

车辆的日常维护和检查,就着重于安全方面的内容。

4.2　汽车的制动性

4.2.1　基本概念

汽车制动性能是指汽车在行驶时能在短距离停车且维持行驶方向稳定性和在下长坡时能维持一定车速的能力,也包括在一定坡道能长时间停放的能力。汽车制动性能是汽车的重要使用性能之一,它属于主动安全的范畴。制动效能低下,制动时方向失去稳定性常常是导致交通安全事故的直接原因之一。确保汽车保持良好的制动性能是汽车设计制造厂家和用户的重要任务。

汽车制动效能、制动效能的恒定性及制动时方向稳定性是汽车制动性的三个重要评价指标。

制动效能一般用制动距离和制动减速度表示。它是指汽车在良好的路面上以规定的初始车速和规定的踏板力制动到停车的制动距离或制动时汽车的减速度。它是制动性能的最基本指标。

制动效能的恒定性是指抗热衰退性能和抗水衰退性能。其中,抗热衰退性能是指汽车高速行驶制动或下长坡时制动性能的保持程度,抗水衰退性能是指汽车涉水后对制动效能的保持能力。

汽车制动时方向稳定性常用制动时汽车按给定路径行驶的能力来评价。制动时汽车方向稳定性是指汽车制动过程中不发生跑偏、侧滑以及失去转向能力的性能。制动时发生跑偏、侧滑或失去转向能力时,则汽车将偏离给定的行驶路径。这时,汽车的制动方向稳定性能不佳。

表4.2给出了有关标准对轿车行车制动器的制动性能要求。

表4.2　轿车行车制动器的制动性能要求

项　目	中国 GB 7258	EEC71/320	瑞典 F18	美国联邦 135
试验路面	$\phi \geqslant 0.7$	附着良好	$\phi = 0.8$	Skid No81
载荷	空载(满载)	1 人或满载	任何载荷	轻载、满载
制动初速	50 km/h	80 km/h	80 km/h	96.5 km/h
方向稳定性	偏出不大于 2.5 m	不抱死跑偏	不抱死跑偏	不抱死,偏出不大于 3.66 m
距离或减速度	$\leqslant 19$ (20) m $\geqslant 6.2(5.9)$ m/s^2	$\leqslant 50.7$ m $\geqslant 5.8$ m/s^2	$\geqslant 5.8$ m/s^2	$\leqslant 65.8$ m
踏板力	$\leqslant 500$ N	$\leqslant 490$ N	$\leqslant 490$ N	$66.7 \sim 667$ N

4.2.2　汽车制动时车轮受力分析

制动时的汽车行驶方程式为

$$F_b = F_j - (F_f + F_w + F_i) \tag{4.1}$$

式中　F_b——汽车地面制动力,N;

F_j——汽车惯性力,N;

F_w——汽车风阻力,N;

F_f——滚动阻力,N;

F_i——坡道阻力,N。

由制动性的定义可知,滚动阻力 $F_f \approx 0$;制动时车速较低且迅速降低,即 $F_w \approx 0$;坡道阻力 $F_i = 0$。因此,汽车行驶方程式可近似表达为

$$F_b = F_j \tag{4.2}$$

(1)地面制动力、制动器制动力和附着力

假设滚动阻力偶矩、车轮惯性力和惯性力偶矩均可忽略,则车轮在平直良好路面上制动时的受力情况如图4.1所示。

制动器制动力 F_μ 等于为了克服制动器摩擦力矩而在轮胎轮缘作用的力。其大小为

$$F_\mu = T_\mu / r \tag{4.3}$$

式中 T_μ——车轮制动器摩擦副的摩擦力矩,N·m;

r——车胎半径,m。

制动器制动力 F_μ 是由制动器结构参数所决定的。它与制动器的类型、结构尺寸、摩擦副的摩擦系数和车轮半径以及踏板力有关。

从力矩平衡可得地面制动力 F_b 为

$$F_b = T_\mu / r \tag{4.4}$$

地面制动力 F_b 是使汽车减速的外力。它不但与制动器制动力 F_μ 有关,还受地面附着力 F_φ 的制约。

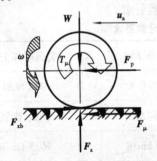

图4.1　制动时车轮受力条件

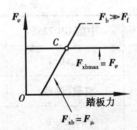

图4.2　地面制动力、车轮制
动力及附着力的关系

图4.2给出了地面制动力、车轮制动力及附着力三者之间的关系。当踩下制动踏板时,制动系间隙消除,制动器制动力开始增加。开始时踏板力较小,制动器制动力 F_μ 也较小,地面制动力 F_b 足以克服制动器制动力 F_μ,而使得车轮滚动。此时,$F_b = F_\mu$,且随踏板力增加呈线性增加。但是地面制动力是地面摩擦阻力的约束反力,其值不能大于地面附着力 F_φ 或最大地面制动力 F_{bmax},即

$$\begin{cases} F_b \leq F_\varphi = \varphi F_z \\ F_{bmax} = \varphi F_z \end{cases} \tag{4.5}$$

当制动踏板力上升到一定值时,地面制动力 F_b 达到最大地面制动力 $F_{bmax} = F_\varphi$,车轮开始抱死不转而出现拖滑现象。随着制动踏板力以及制动管路压力的继续升高,制动器制动力 F_μ

继续增加,直至踏板最大行程,但地面制动力 F_b 不再增加。

上述分析表明,汽车地面制动力 F_b 取决于制动器制动力 F_μ,同时又受到地面附着力 F_φ 的影响。只有当制动器制动力 F_μ 足够大,而且地面又能够提供足够大的附着力 F_φ 时,才能获得足够大的地面制动力。

(2)地面附着系数

仔细观察汽车的制动过程,就会发现轮胎胎面在地面上的印迹从滚动到抱死是一个逐渐变化的过程。轮胎印迹的变化基本上可分为三个阶段。

在第一阶段内,轮胎的印迹与轮胎的花纹基本一致,车轮近似为单纯滚动状态,车轮中心速度 u_w 与车轮角速度 ω_w 存在关系式

$$u_w \approx r\omega_w \tag{4.6}$$

在第二阶段内,花纹逐渐模糊,但花纹仍可辨别。此时,轮胎除了滚动之外,胎面和地面之间的滑动成分逐渐增加,车轮处于边滚边滑的状态。这时,车轮中心速度 u_w 与车轮角速度 ω_w 的关系为

$$u_w > r\omega_w \tag{4.7}$$

且随着制动强度的增加滑移成分越来越大,即 $u_w \gg r\omega_w$。

在第三阶段,车轮被完全抱死而拖滑,轮胎在地面上形成粗黑的拖痕,此时

$$\omega_w = 0 \tag{4.8}$$

随着制动强度的增加,车轮的滚动成分逐渐减少,滑动成分越来越多。一般用滑动率 s 描述制动过程中轮胎滑移成分的多少,即

$$s = \frac{u_w - r\omega_w}{u_w} \times 100\% \tag{4.9}$$

滑动率 s 的数值代表了车轮运动成分所占的比例,滑动率越大,滑动成分越多。

一般将地面制动力与地面法向反作用力 F_z(平直道路为垂直载荷)之比成为制动力系数 φ_b,它是滑动率 s 的函数(图4.3)。由图可知,当 s 较小时,φ_b 近似为 s 的线性函数,随着 s 的增加,φ_b 急剧增加。当 φ_b 趋近于 φ_p 时,随着 s 的增加,φ_b 增加缓慢,直到达到最大值 φ_p。通常,φ_p 被称为峰值附着系数。很多试验表明,φ_p 为 15% ~ 25%;然后,随着 s 继续增加,φ_b 开始下降,直至 $s = 100\%$,$\varphi_b = \varphi_s$。通常,φ_s 被称为滑动附着系数。

在实际中,汽车轮胎经常受到侧向力的作用而发生侧偏或侧滑现象。图4.3 中的 φ_l 侧偏力系数为曲线。侧偏力系数是指侧向反作用力 F_Y(侧偏力)与地面法向反作用力 F_z 之比。滑动率越小,侧偏力系数 φ_l 越大。

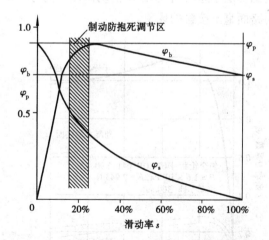

图4.3 制动力系数 φ_b、φ_p、φ_s 与滑动率 s 之间的关系

图4.4 所示为不同侧偏角时,φ_b-s、φ_p-s、φ_s-s 的关系曲线。由图可知,侧偏角增加时,汽车的 φ_b、φ_p 和 φ_s 均下降。

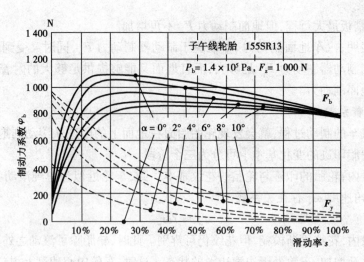

图 4.4　不同侧偏角时,φ_b-s、φ_p-s、φ_s 关系曲线

图 4.5 所示为不同道路情况下,制动力系数 φ_b 随滑动率 s 的变化规律。在其他条件不变时,潮湿水泥路面制动力系数 φ_b 低于干燥水泥路面的制动力系数 φ_b;冰雪路面制动力系数 φ_b 非常低;另外,小制动力系数 φ_b 路面的峰值附着系数 φ_p 相应也降低,且对应的滑动率 s 也低。

路面的宏观结构应有一定的不平度,具有自排水能力;路面的微观结构应粗糙且有一定的棱角,以穿透水膜,让路面与胎面直接接触。

增大轮胎与地面的接触面积,可提高附着能力:低气压、宽断面和子午线轮胎附着系数大,可以提高汽车行驶附着力。

滑水现象降低了轮胎与地面的附着能力,影响制动、转向。滑水现象是指轮胎在有积水的路面上行驶时随着车速的增加轮胎实际接地面积逐渐减小,而被水膜隔开的面积逐渐增加,当达到一定车速时,在胎面下的动液压升力等于垂直载荷时,轮胎将完全漂浮在水膜上面而产生与路面毫不接触的现象。

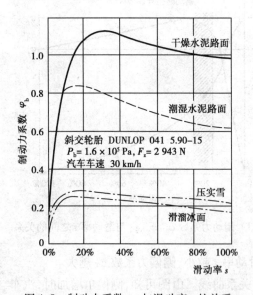

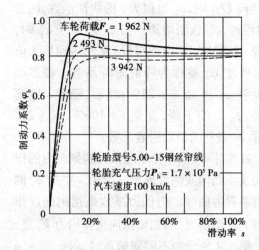

图 4.5　制动力系数 φ_b 与滑动率 s 的关系　　图 4.6　制动力系数 φ_b 与法向反作用力 F_z 之间的关系

图 4.6 所示为不同法向反作用力 F_z 对附着力系数 φ_b 的影响。在其他条件不变的情况下，F_z 的增加 φ_b 稍有下降，但影响不大。

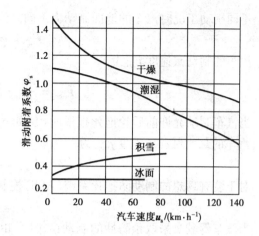

滑动附着系数 φ_s 与道路的类型与路况、汽车运动速度以及轮胎结构、花纹、材料等因素有关。

图 4.7 所示为滑动附着系数 φ_s 与汽车行驶速度的关系。无论在干燥还是潮湿路面上，随着车速的增加滑动附着系数 φ_s 明显减小；但是，在冰面上滑动附着系数 φ_s 很小，车速对其影响很小；在积雪路面上滑动，附着系数 φ_s 随车速增加稍微增加。

图 4.7　滑动附着系数 φ_s 与汽车行驶速度之间的关系

轮胎在各种路面上的滑动附着系数 φ_s 见表 4.3。

表 4.3　各种路面上的滑动附着系数 φ_s

路面种类		干　燥		潮　湿	
		≤48 km/h	>48 km/h	≤48 km/h	>48 km/h
水泥	新铺设	0.80~1.00	0.70~0.85	0.50~0.80	0.40~0.75
	交通量较少	0.60~0.80	0.60~0.75	0.45~0.70	0.45~0.65
	磨损路段	0.55~0.75	0.50~0.65	0.45~0.65	0.45~0.60
沥青	新铺设	0.80~1.00	0.65~0.70	0.50~0.80	0.45~0.75
	交通量较少	0.60~0.80	0.55~0.70	0.45~0.70	0.40~0.65
	磨损路段	0.55~0.75	0.45~0.65	0.45~0.65	0.40~0.60
	焦油过多路段	0.50~0.60	0.35~0.60	0.30~0.60	0.25~0.45
碎石		0.40~0.70	0.40~0.70	0.45~0.75	0.45~0.75
结冰		0.10~0.25	0.07~0.20		
压实积雪		0.30~0.55	0.35~0.60		
松散积雪		0.10~0.25	0.10~0.20		

4.2.3　汽车制动效能

汽车制动效能是指汽车迅速降低车速直至停车的能力。汽车制动效能的评价指标是制动距离（m）和制动减速度（m/s²）。

制动距离 S 是指汽车以给定的初速 u_{a0}，从踩到制动踏板至汽车停车所行驶的距离。

（1）制动力和制动减速度

制动距离与踏板力（或制动系管路压力）以及地面的附着情况有关，也与制动器的热工况有关。制动减速度是地面制动力的反映，而地面制动力与制动器制动力有关。

不同制动工况时汽车的地面制动力不同。汽车的地面制动力为

$$F_b = \varphi_b mg \qquad (4.10)$$

汽车的制动减速度 j_{max} 为

$$j_{max} = \frac{du}{dt} = \frac{F_b}{m} = \varphi_b g \qquad (4.11)$$

当汽车制动允许前后轮抱死拖滑时(例如,未安装制动防抱死系统或制动防抱死系统失效),汽车的最大制动减速度 j_{maxs} 为

$$j_{maxs} = \varphi_s g \qquad (4.12)$$

对于装有理想的制动防抱死系统(ABS)控制的汽车的最大制动减速度 j_{maxp} 为

$$j_{maxp} = \varphi_p g \qquad (4.13)$$

当汽车驾驶员采取预防性的制动措施时,由于制动力较小,车轮滑动率 s 尚低于 15% ~ 25%,即 $\varphi_b < \varphi_p$,此时,汽车制动减速度 j 为

$$j < \varphi_s g < \varphi_p g \qquad (4.14)$$

(2)制动效能的恒定性

汽车在繁重的工作条件下(例如高速制动或下长坡制动时),制动器就要较长时间实施高强度制动,使得制动器温度迅速上升(常在 300 ℃,山区道路甚至 600 ~ 700 ℃),摩擦力矩显著下降,这种现象通常称为热衰退现象。

制动器的结构和制动器摩擦副的材料是影响抗热衰退性能的主要因素。制动鼓或盘一般为铸铁材料,摩擦衬片或块的主要成分为石棉。正常制动时摩擦副的工作温度约为 200 ℃,摩擦系数为 0.3 ~ 0.4,但在高温条件下摩擦系数会大幅度减小。

制动器抗热衰退性能一般用一系列连续制动的制动效能保持程度进行评价。为了满足有关标准对抗热衰退性能的要求,汽车应以规定车速和规定的制动踏板力连续实施 15 次制动(制动强度为 3 m/s²),最后制动效能不低于冷试验效能(5.8 m/s²)的 60%。

热衰退现象是高速制动或山区行车不可避免的问题,有些国家规定大型货车必须装备辅助制动器。在我国一些山区,运输汽车甚至采用喷洒冷却水的措施来降低制动器温度,以保证汽车有足够的制动性能。

当汽车涉水后,因水进入制动器,短时间内制动效能的降低,称为水衰退现象。汽车应能在短时间内迅速恢复制动效能。

4.2.4 汽车制动方向稳定性

汽车制动方向稳定性是指汽车在制动过程中维持直线行驶或按预定弯道行驶的能力。汽车制动方向不稳定现象主要表现为制动跑偏,前轮失去转向能力。制动方向不稳定是造成交通事故的重要原因。据统计,冰雪道路交通事故 70% 以上与侧滑有关,而其中 50% 是由制动侧滑引发的。

制动跑偏是指汽车在制动过程中自动向左或向右偏驶的现象。制动侧滑是指制动时汽车的某轴或多轴发生横向移动的现象。严重的跑偏必然侧滑,对侧滑敏感的汽车也有跑偏的趋势。通常,跑偏时车轮印迹重合,侧滑前后印迹不重合。

前轮失去转向能力是指制动时汽车不再按原来弯道行驶,而沿切线方向驶出或汽车直线行驶时转动转向盘仍按直线行驶的现象。

（1）**制动跑偏**

汽车制动跑偏有两个主要原因：其一，因制造或调整误差造成汽车左右车轮（特别是前左右轮制动器制动力不相等）；其二，因结构设计原因，使汽车制动时悬架受力状态发生变化，造成悬架导向杆系在运动学上不协调。

如图4.8所示为汽车左右车轮制动力不相等引起跑偏的受力分析示意图。

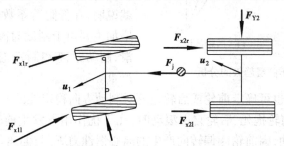

图4.8　汽车制动跑偏受力示意图

假设车速较低，跑偏不严重，且在跑偏过程中驾驶员保持转向盘不动，在制动过程中不发生侧滑，并忽略汽车圆周运动的离心惯性力及围绕汽车质心的惯性力偶矩。

若左前轮制动器的制动力大于右前轮，则地面制动力 $F_{x1l} > F_{x1r}$。这时，前后轴分别受到地面侧向反作用力 F_{Y1} 和 F_{Y2}，且存在 F_{x1l} 对转向节主销的力矩大于 F_{x1r} 绕主销的力矩。由于转向系内部存在的间隙以及零部件的变形，使转向轮产生向左偏转的角度，造成汽车轻微左转弯的跑偏。另外，主销的后倾也使 F_{Y1} 对转向轮的偏转力矩，增加了左转的角度。

悬架导向杆系与转向系杆系的运动干涉也会使汽车制动跑偏。图4.9给出了某汽车转向轮转向杆系和悬架杆系干涉的示意图。汽车制动时，前轴逆时针转过 θ 角，转向节上臂球销与纵拉杆相连接，此时，只能克服球销的配合间隙以及杆件的微小变形而移动，致使转向轮围绕转向节主销向右偏转；另外，汽车制动时，地面法向反作用力 F_{Z1} 增加，使前轴中心分别围绕纵拉杆的球销 O_2 和钢板弹簧前吊耳销 O_1 旋转，由于两者距轴心的距离不同形成运动干涉，也使车轮向右偏转，这些效应均使车轮有向右偏驶的倾向。为了避免这种现象，可采用

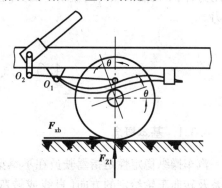

图4.9　汽车转向轮转向杆系和悬架系干涉示意图

增加悬架刚度、转向节上节球销下移接近轴心和球销 O_2，以及尽可能缩短前吊耳销 O_1 的距离等结构措施。

（2）**制动时后轴侧滑和前轴转向能力丧失的问题**

制动时发生侧滑，尤其是后轴侧滑，会引起汽车急剧的回转运动，严重时可使汽车调头，造成严重交通事故。

有人在具有2.5%横坡的洒水（低附着系数）平直混凝土路面，通过调整制动系各轴制动力进行制动实验。实验结果分析表明：制动时，若后轴比前轴先抱死拖滑，就可能发生后轴侧滑。若前后轴同时抱死，或者前轴先抱死而后轴再抱死或不抱死，则能防止汽车后轴侧滑，但是汽车丧失转向能力。

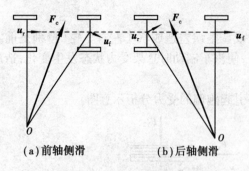

(a)前轴侧滑　　　　**(b)后轴侧滑**

图 4.10　汽车侧滑趋势的分析

在横坡 2.5% 的干燥和潮湿两种路况下,对前轮无制动力后轮抱死进行制动实验,干燥路面制动距离是潮湿路面的 70%,如图 4.10(a)所示。若以时间作为横坐标,汽车纵轴偏转角近似相等,如图 4.10(b)所示。这就说明,在低附着系数的路面上,侧滑程度的增加主要由于制动时间增加引起的。路面越滑,制动距离和制动时间越长,后轴侧滑越严重。

从受力情况分析,也可确定前轮或后轮抱死对制动方向稳定性的影响。

图 4.10(a)是当前轮抱死、后轮自由滚动时,在干扰作用下发生前轮偏离角 α(航向角)。若保持转向盘固定不动,因前轮侧偏转向产生的离心惯性力 F_c 与偏离角 α 的方向相反,F_c 起到减小或阻止前轴侧滑的作用,即汽车处于稳定状态。

图 4.10(b)为当后轮抱死、前轮自由滚动时,在干扰作用下发生后轴偏离角 α(航向角)。若保持转向盘固定不动,因后轮侧偏产生的离心惯性力 F_c 与偏离角 α 的方向相同,F_c 起到加剧后轴侧滑的作用,即汽车处于不稳定状态。由此周而复始,导致侧滑回转,直至翻车。

在弯道制动行驶条件下,若只有后轮抱死或提前一定时间抱死,在一定车速条件下,后轴将发生侧滑;而只有前轮抱死或前轮先抱死时,因侧向力系数几乎为零,不能产生地面侧向反作用力,汽车无法按照转向盘给定的方向行驶,而是沿着弯道切线方向驶出道路,即丧失转向能力。

4.3　汽车的操纵稳定性

4.3.1　基本概念

汽车操纵稳定性是指驾驶员在不感觉过分紧张、疲劳的条件下,汽车能按照驾驶员通过转向系及转向车轮给定的方向(直线或转弯)行驶,且当受到外界干扰(路不平、侧风、货物或乘客偏载)时,汽车能抵抗干扰而保持稳定行驶的性能。

汽车操纵的稳定性,需要采用较多的物理参量,从多方面来进行评价。表 4.4 给出了汽车操纵稳定性的基本内容及评价所用物理参量。

表 4.4　汽车操纵稳定性的基本内容及评价所用物理参量

基本内容	主要评价参量
①转向盘角阶跃输入下进入的稳态响应——转向特性	稳态横摆角速度增益——转向灵敏度反应时间、横摆角速度波动的无阻尼圆频率
②横摆角速度频率响应特性	共振峰频率、共振时振幅比、相位滞后角、稳态增益
③转向盘中间位置操纵稳定性	转向灵敏度、转向盘力特性、转向盘转矩梯度

基本内容	主要评价参量
④回正性	回正后剩余横摆角速度与剩余横摆角、达到剩余横摆角速度的时间
⑤转向半径	最小转向半径
⑥转向轻便性 原地转向轻便性 低速行驶转向轻便性 高速行驶转向轻便性	转向力
⑦直线行驶性能 直线行驶性 侧向风稳定性 路面不平度稳定性	转向盘转角 侧向偏移 侧向偏移
⑧典型行驶工况性能 蛇行性能 移线性能 双移线性能——回避障碍性能	转向盘转角、转向力、侧向加速度、横摆角速度、侧偏角、车速等
⑨极限行驶能力 圆周行驶极限侧向加速度 抗侧翻能力 发生侧滑时的控制性能	极限侧向加速度 极限车速 回至原来路径所需时间

在汽车操纵稳定性的研究中,常将汽车作为一个控制系统,求出汽车曲线行驶的时域响应和频域响应,并以它们来表征汽车的操纵稳定性能。

汽车曲线行驶的时域响应是指汽车在转向盘输入或外界侧向干扰输入下的侧向运动响应。转向盘输入有角输入和力输入两种形式。给转向盘作用一个角位移,称为角位移输入(简称"角输入");给转向盘作用一个力矩,称为力矩输入(简称"力输入")。在实际驾驶车辆时,驾驶员对转向盘同时加入这两种输入。外界侧向干扰输入主要是指侧向风与路面不平产生的侧向力。

横摆角速度频率响应特性是指在转向盘转角正弦输入下,频率由 $0 \rightarrow \infty$ 时,汽车横摆角速度与转向盘转角的振幅以及相位差的变化图形。

转向盘中间位置操纵稳定性是转向盘小转角、低频正弦输入下汽车高速行驶时的操纵稳定性。

转向半径是评价汽车机动性的物理参量。

转向轻便性是评价转动转向盘轻便程度的特性。

汽车直线行驶性能是评价汽车操纵稳定性的另一个重要方面。其中,侧向风稳定性与路面不平稳定性是汽车直线行驶时在外界侧向干扰输入下的时域响应。典型行驶工况性能是指汽车通过某种模拟典型驾驶操作通道的性能。它们能更如实地反映汽车的操纵稳定性。

极限行驶性能是指汽车在处于正常行驶与异常危险行驶之间运动状态下的特性。它表明了汽车安全行驶的极限性能。

汽车是一个由若干部件组成的物理系统。它具有惯性、弹性、阻尼等许多动力学的特点，是一个多自由度动力学系统。构成汽车动力学系统元件（如轮胎、悬架、转向系等），具有非线性特性，描述汽车的微分方程应是非线性微分方程，即汽车为非线性系统。

4.3.2 人-车闭环系统

假定驾驶员的任务只是机械地急速转动转向盘至某转角并维持此角度不变，而不允许对汽车转向运动作出任何操纵修正动作，即不允许驾驶员起任何反馈作用，因此，汽车的时域响应只是把汽车作为开环控制系统的控制特性。它们完全取决于汽车的结构与参数，是汽车本身固有的特性。这种开环系统的时域响应可以通过建立数学模型进行理论分析，也可用测试设备通过试验测量进行客观分析。

操纵稳定性的研究对象应把驾驶员与汽车作为统一的整体。图 4.11 概括地描述了人-车系统中驾驶员与汽车的关系。驾驶员根据需要，操纵转向盘使汽车作一定的转向行驶运动。路面凹凸不平、侧向风等干扰因素也影响汽车的行驶。驾驶员根据道路、交通等情况，通过身体器官感知到汽车运动状态，经头脑的分析、判断，对转向盘进行操纵修正。如此不断地反复循环，驾驶员操纵汽车行驶前进。由此可知，在人-车系统中，通过驾驶员把系统的输出参数反馈到输入控制中去。因此，人-车系统是一个闭环系统。驾驶员的反馈作用十分复杂，目前理论研究尚不成熟，人-车系统的汽车操纵稳定性借助试验进行测定。典型行驶工况性能就是人-车闭环系统的操纵稳定性能，是指人-车系统通过某种典型通道时的性能。

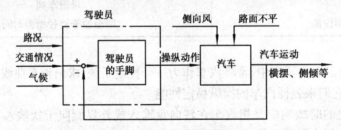

图 4.11　人-车闭环系统简图

尽管试验得到的人-车闭环系统的性能真实地反映了汽车的操纵稳定性能，由于实施试验的驾驶员的操作特性起着反馈的作用，所以客观性及再现性就不如开环系统汽车的时域响应好。人-车系统的操纵稳定性只能在已具有实际车辆的条件下通过试验求得，目前尚不能用理论分析与计算进行准确预测。

4.3.3 试验评价方法

汽车操纵稳定性试验评价有主观评价和客观评价两种方法。客观评价法是通过测试仪器测出表征性能的物理量如横摆角速度、侧向加速度、侧倾角及转向力等来评价操纵稳定性的方法。主观评价法就是让试验评价者根据试验时自己的感觉来进行评价。

汽车本身特性的开环系统只能采用客观评价法。人-车闭环系统的试验常同时采用客观评价与主观评价两种方法。

汽车是由人来驾驶的,因而主观评价法始终是操纵稳定性的最终评价方法。客观评价中采用的物理量是否可以表征操纵稳定性,就取决于用这些物理量评价性能的结果与主观评价是否一致。有经验的测试者在进行主观评价试验时,还能发现仪器所不能检验出来的现象。通常先由试验者的感觉发现问题,然后再用仪器测试。虽然开环系统试验只用客观评价法,但是其试验方法的本身及采用的评价指标,实际上均是由人们的长期实践或专门设置的主观评价试验来检验和确定的。

主观评价受到评价者个人主观因素的影响,不同评价者可能给出差别较大的评价结果。一般情况下,它不能给出"汽车性能"与"汽车结构"二者之间有何种联系的信息。而开环系统客观评价试验中的评价指标,可以通过理论分析确定它们与汽车结构参数的函数关系,因此,开环系统客观评价试验可以指出改变汽车结构及结构参数以提高性能的具体途径。

4.3.4　轮胎侧偏特性

轮胎侧偏特性是轮胎的重要力学特性。侧偏特性主要是指侧偏力、回正力矩与侧偏角间的关系,它是研究汽车操纵稳定性的基础。

(1)轮胎的坐标系

为了研究轮胎的力学特性,需要建立一个如图 4.12 所示的坐标系。垂直于车轮旋转轴线的轮胎中分平面称为车轮平面。坐标系原点 O 为车轮平面和地平面的交线与车轮旋转轴线在地平面上投影线的交点。车轮平面与地平面的交线取为 x 轴,规定向前为正。z 轴与地平面垂直,规定指向上方为正。y 轴在地平面上,规定面向车轮前进方向时指向左方为正。图中还给出了地面作用于轮胎的力与力矩,即地面切向反作用力、地面侧向反作用力、地面法向反作用力、地面反作用力产

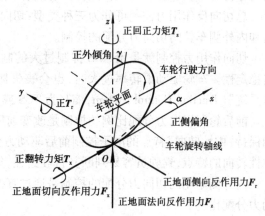

图 4.12　轮胎坐标系及地面反作用力和力矩

生绕轴的回正力矩以及侧偏角与外倾角等。它们均按轮胎坐标系规定的方向确定正、负方向。侧偏角是轮胎接地印迹中心(即坐标系原点)位移方向与轴的夹角,图示方向为正,外倾角是垂直平面(面)与车轮平面的夹角,图示方向为正。

(2)轮胎侧偏现象

汽车行驶过程中,因路面侧向倾斜、侧向风或曲线行驶时离心力等的作用,车轮中心沿轴方向将作用有侧向力,在地面上产生相应的地面侧向反作用力,也称为侧偏力[图 4.13(a)]。当有侧偏力时,若车轮是刚性的,则可以发生两种情况:

①当地面侧向反作用力未超过车轮与地面间的附着极限时($F_y < \varphi_1 F_z$),车轮与地面间没有滑动,车轮仍沿其本身平面的方向行驶[图 4.13(b)]。

②当地面侧向反作用力达到车轮与地面间的附着极限时($F_y \geq \varphi_1 F_z$),车轮发生侧向滑动,若滑动速度为 Δu,车轮便沿合成速度的方向行驶,偏离了车轮平面方向[图 4.13(c)]。

轮胎的侧偏现象是指当车轮有侧向弹性时,即使没有达到附着极限,车轮行驶方向也将偏离车轮平面的方向。

4.3.5 用地面切向反作用力控制转向特性

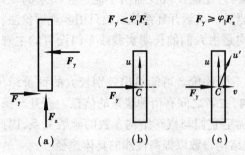

图 4.13 侧向用力下刚性车轮的滚动方向

汽车在低附着系数(如冰雪路面上)以一定初速度按圆周行驶,固定转向盘转角的稳态转向特性试验显示,前轮驱动汽车有明显不足的转向特性而后轮驱动汽车有过度的转向特性,而四轮驱动(4WD)汽车的横摆角速度则没有明显变化,即有不足转向特性。这表明,采用电子控制方式控制 4WD 汽车前后驱动轮上驱动力分配的比例,就可以改变汽车的转向特性,即控制汽车的曲线运动。

制动力对轮胎侧偏特性的影响与驱动力相仿。改变前后轴制动力分配比例,也可起到控制汽车曲线运动的作用。由于现代已广泛装用 ABS,因此改变每个车轮的制动力要比改变驱动力方便得多,利用改变制动力的方法控制汽车曲线运动更易实现。

总切向反作用力控制可分为三种类型:切向反作用力控制、前后轮间切向力分配比例的控制和内外侧车轮间切向力分配的控制。

切向作用力控制就是用 ABS 抑制过大的制动力,以保证较佳的滑动率,提高制动时的方向稳定性。车轮驱动滑转率过大时,也会丧失侧向的稳定性。为了限制总驱动力的"驱动控制系统"(Traction Control System,缩写为 TCS 或 ASR),以提高驱动时汽车的方向稳定性。

前后轮间切向力分配比例的控制是改变前后轮间切向力分配比例能改变汽车转向特性。如保持"中性转向"特点的电子控制前后驱动力分配系统(ETS)。具有 ETS 的 4WD 具有接近中性转向的特点,驾驶员容易判断其行驶路径,具有较好的操纵稳定性。

内外侧车轮间切向力分配的控制是通过直接横摆力偶矩控制系统(DYCS)改变内外侧驱动力分配比例。

稳态时横摆角速度 ω_r 为定值,即 $\omega_r = \text{const}$,$v = 0$,由二自由度汽车模型可得

$$\begin{cases} F_{Y1} + F_{Y2} = ma_y \\ F_{Y1}L_1 - F_{Y2}L_2 = I_z\omega_r \end{cases} \tag{4.15}$$

由式(4.15)可看出 F_{Y1}、F_{Y2} 两者数值大小的分配则取决于 $I_z\omega_r$,惯性阻力偶矩大一点,F_{Y1} 就变大,F_{Y2} 就变小。

假设汽车等速圆周运动,$\omega_r = 0$,则

$$F_{Y1}L_1 - F_{Y2}L_2 = 0 \quad \text{或} \quad \frac{F_{Y1}}{F_{Y2}} = \frac{L_2}{L_1}$$

若在后外轮作用 F_{Y2},后内轮作用 F_{Y2},即在汽车上作用横摆力偶矩 $F_{X2}B$,则力矩平衡方程为

$$F_{Y1}L_1 + F_{X2}B - F_{Y2}L_2 = 0 \tag{4.16}$$

式中 B——轮距,m。

F_{Y1} 减小,F_{Y2} 加大;相应的前侧偏角 α_1 减小,后侧偏角 α_2 加大,汽车的不足转向量减小。若作用一个反向横摆力偶矩,将产生相反的效果。因此,作用于汽车的横摆力偶矩可以改变前后轮地面侧向反作用力的数值、稳态转向特性以及相应的汽车稳态行驶路径。

图 4.14 所示为汽车处于稳态且前轮的地面反作用力已接近其附着力。此时,若驾驶员企图在弯道上加大油门加速行驶,汽车会产生前进加速度与相应的横摆角加速度 ω_r,这将会从纵向与侧向两个方向增加前轮的地面反作用力,因此,前轮必发生侧滑而丧失路径跟踪能力。若在加速之际,充分利用附着力有富余的后轴,给汽车施加恰当数值的横摆力偶矩 $\Delta F_X B$,如图 4.14 所示,则力矩方程为

$$F_{Y1}L_1 + \Delta F_X B - F_{Y2}L_2 = I_Z \omega_r \quad (4.17)$$

由式(4.17)可看出,若见 $\Delta F_X B$ 较大,在克服惯性阻力偶矩 $I_Z \omega_r$ 之后还有剩余,则加速过程中 F_{Y1} 不仅不会增大而且还会减小,这样就给前轮创造了一个提供更大驱动力使汽车加速的条件。

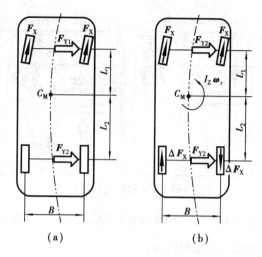

图 4.14　直接横摆力偶矩控制提高转弯行驶能力

由此可见,充分利用后轴富余的附着条件,直接横摆力偶矩控制法可以提高弯道行驶能力,进一步提高汽车的操纵稳定性。

4.3.6　提高操纵稳定性的电子控制系统

防抱死制动系统(ABS)与驱动力控制系统(TCS)都是提高操纵稳定性的电子控制系统。过去一直只限于改进轮胎、悬架、转向与传动系来(被动地)提高汽车固有的操纵稳定性。随着支持控制系统的计算机与传感器、执行机构的迅速发展,出现了多种显著改善操纵稳定性的电子控制系统。

4.3.7　电子控制系统中最主要的系统

（1）四轮转向系统(Four Wheel Steering System,简称 4WS)

电控 4WS 汽车转弯行驶时,两后轮也随着两前轮有相应的转向运动。而一般两轮转向(2WS)汽车在中、高速作圆周行驶时,车身后部甩出一点,车身以稍稍横着一点的姿态作曲线运动,增加了驾驶员在判断与操作上的困难。电控 4WS 汽车的质心侧偏角总接近于零,车厢与行驶轨迹方向一致,汽车自然流畅地作曲线运动,驾驶员能方便地判断与操作,显著地改善了操纵稳定性。

（2）**车辆稳定性控制系统**(Vehicle Stability Control System,简称 VSC)、**车辆动力学控制系统**(Vehicle Dynamics Control System,简称 VDC)**及电子稳定性程序**(Electronic Stability Program,简称 ESP)

这类系统是以 ABS 为基础发展而成的,系统主要在大侧向加速度、大侧偏角的极限工况下工作。它利用左右两侧制动力之差产生的横摆力偶矩来防止出现难以控制的侧滑现象,如在弯道行驶中因前轴侧滑而失去路径跟踪能力的驶出现象及后轴侧滑甩尾而失去稳定性的激转现象等危险工况。

ESP 主要控制处于极限工况下的汽车运动,使驾驶员可以按正常驾驶方法顺利通过原本令人难以驾驭的危急状况。ESP 根据驾驶员开车时的转向盘角度、油门踏板位置与制动系油

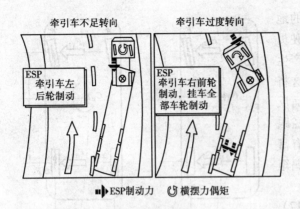

牵引车不足转向　　　牵引车过度转向

ESP
牵引车左
后轮制动

ESP
牵引车右前轮
制动，挂车全
部车轮制动

▶◀ESP制动力　↻横摆力偶矩

图 4.15　汽车电子稳定控制系统程序（ESP）工作原理

压，判断驾驶员的行车意图；又根据汽车横摆角速度、侧向加速度，判断汽车的真实行驶状况；ESP 调节发动机功率、由左右侧制动力差构成的横摆力矩及总制动力，以操控汽车，使汽车行驶状况尽可能地接近驾驶员的行车意图，如图 4.15 所示。

4WS 的有效工作范围是侧向力、纵向力较小的轮胎特性线性区域，TCS 的有效工作区是大驱动力附近的极限区域；ABS 在大制动力附近的极限区域，VSC 在大侧偏力的极限区域。

汽车侧翻是指汽车在行驶过程中绕其纵轴线转动 90°或更大的角度，以致车身与地面相接触的一种危险的侧向运动。可能引起汽车侧翻的因素很多，包括汽车结构、驾驶员和道路条件等。汽车侧翻大体上分为两类：一类是曲线运动引起的侧翻（Maneuver Induced Rollover），另一类是绊倒侧翻（Triped Rollover）。前者指汽车在道路（包括侧向坡道）上行驶时，由于汽车的侧向加速度超过一定限值，使得汽车内侧车轮的垂直反力为零而引起的侧翻；后者是指汽车行驶时产生侧向滑移，与路面上的障碍物侧向撞击而将其绊倒。

表 4.5 列出了几种汽车的侧翻阈值。

表 4.5　几种汽车侧翻阈值的范围

车辆类型	质心高度/cm	轮距/cm	侧翻阈值/g
跑车	46.51	127.154	1.2~1.7
微型轿车	51.58	127.154	1.1~1.5
豪华轿车	51.61	154.165	1.2~1.6
轻型客货两用车	76.89	165.178	0.9~1.1
客货两用车	76.102	165.178	0.8~1.1
中型货车	114.140	165.190	0.6~0.8
重型货车	154.216	178.183	0.4~0.6

4.4　汽车的被动安全性

汽车安全性一般分为主动安全性、被动安全性、事后安全性和生态安全性。

汽车主动安全性是指汽车本身防止或减少交通事故发生的性能。它主要取决于汽车的总体尺寸、制动性、行驶稳定性、操纵性、信息性、动力性以及驾驶员工作条件。

汽车被动安全性是指交通事故发生后汽车本身减轻人员伤害和货物损失的能力。其又分汽车内部被动安全性（减轻车内乘员受伤和货物受损）和外部被动安全性（减轻对事故所涉及的其他人员和车辆的损失）。

事后安全性是指汽车能减轻事故后果的性能。这是指能否迅速消除事故后果,并避免新的事故发生。

生态安全性是指发动机排气污染、汽车行驶噪声和电磁波对环境的影响。

4.4.1　车辆事故分析和被动安全性的评价方法

交通事故的统计和分析是研究汽车被动安全性的基础。根据事故统计,了解事故与气候、道路、时间与驾驶员和车外人员的年龄等的关系,并找出发生频数最多的那一部分事故(即所谓"典型事故"),便于集中力量进行研究。

在轿车和大客车撞车事故碰撞方向的分布情况研究中,轿车车速较高,前部撞车占 60%以上,后部相随撞车只占 13%,而大客车的后部相撞事故比重就大得多。由于右侧通行,所以左侧撞车的概率大于右侧。统计表明,大客车左前角与右后角两个区域最易被撞。

从撞车速度来看,前面撞车速度高于侧向撞车和后部相随撞车。有一半以上的前面撞车事故的速度高于 60 km/h,而 90% 的后部相随撞车事故的速度低于 30 km/h。

在交通事故中致死伤害的主要是头、胸、下腹和脊椎等部位。

汽车和自行车碰撞时速度多在 40~50 km/h,而与摩托车碰撞速度则高得多,往往超过65 km/h。

大多数行人是在十字路口和道路入口处从侧面被汽车前部所撞。就轿车来说,平均撞车速度不超过 35 km/h。如果超过 40 km/h,则往往导致死亡。而对于载货汽车,20 km/h 的速度已经会使行人头部受到致命伤害。

为了评价被动安全性,采用了不少指标。其中最简单的是事故的严重性因素 F:

$$F = \frac{N_\mathrm{S}}{N_\mathrm{sh}} \tag{4.18}$$

式中　N_S——事故中的死亡人数(当场死亡或事故后存活不超过 7 昼夜的),人;

　　　N_sh——事故中的受伤人数,人。

各国统计数据表明,F 一般为 1/5~1/40。

常常还用每 100 万居民、每 100 万千米行程、每 100 万部汽车的事故死伤人数来衡量交通事故的程度。

4.4.2　内部被动安全性

研究表明,事故中人体内伤和脑损伤与减速度直接有关,骨折与作用力有关,组织损伤与剪切应力有关。因此,研究内部被动安全性的重要内容是降低人体的减速度。

(1)减小惯性载荷

在轿车发生迎面碰撞或碰到固定障碍物上时,前部出现特别大的平均减速度 j_cp(300~400 g),而向后逐渐降低。其质心位置的平均减速度 j_cp 为 40~60 g,瞬时值可达 80~100 g。

为了降低迎面碰撞时的减速度,必须在轿车前部做成折叠区。这样,在撞车时可提供 500~600 mm 的变形行程,通过前部折叠区的变形来吸收撞车时的动能。

折叠区的变形力应满足梯度特性,即可分为五个区段:行人保护、低车速保护、对事故伙伴的协调保护、自身保护(针对本车乘员)以及幸存空间。变形力从前向后逐渐增加,使得撞车力较小时,变形仅限于前部零件。

后部撞车的速度较低,轿车后部折叠区的变形过程为 300～500 mm。备胎后置有助于降低冲撞加速度,而油箱位置则必须避开折叠区。

侧向撞车时,碰撞部位允许的变形行程很小,吸收能量的能力比前后部小得多。这时应保证主撞车不致侵入被撞车的乘员室,为此,车门和铰链、门锁机构承受碰撞的能力就是一个关键。另外,在翻车事故中,车门应保证不会自开。

(2)限制乘员位移

在限位装置中,最简单有效的是安全带。轿车驾驶员和前排乘客多用三点式安全带,后排乘客或载货汽车、大客车乘员也有用腰部安全带的。赛车上则用四点式,安全带的锁紧装置只要拉伸速度超过设计速度就可以把安全带紧固,腰部固定点承载能力不应低于 22.7 kN,肩部固定点则应高于 22.9 kN。在正常行驶时,安全带可以任意伸长而不妨碍驾驶员的操作和乘员的基本活动。

研究表明,无安全带时的死亡事故在使用了安全带以后可以转化为重伤或轻伤。三点式安全带可以使头部减速度降低一半。

安全带虽然简单,但毕竟对乘员的正常活动有限制,采用安全气囊就没有这个缺点。

在撞车时,传感器可以感知车身变形和减速度。也可装设雷达、激光或声波探测器,这种装置在撞车前便可预知撞车,发出信号。为保险起见,通常在车前端和车内各置一个传感器。撞车信号通过引爆装置使气体发生器产生的高压氮气或氩气进入气囊。气囊用橡胶或尼龙制成,驾驶员用的气囊为 60～80 L,而前排乘客的为 150～200 L。气囊应在 1/10 s 内充气完毕,保护乘员头部和上身。事故后经过 0.4～0.5 s,气囊内气体经过专门量孔放出,乘员可以自由活动。

安全气囊的缺点是在放气时形成 160～170 dB 的声压,但这一爆破声可以淹没在事故的撞击破裂声中。安全气囊在侧向撞车和后部跟随撞车时无效。另外,成本高也是限制其使用的一个原因。

头枕可以有效地保护头部和颈部,使之在后部跟随撞车时不致受伤。

(3)消除部件致伤因素

在乘坐区设计时必须保证在乘员幸存空间内没有致伤部件。由于人体尺寸的差异,乘员乘坐姿势的不同,幸存空间的形式也各不相同。

仪表板下部、方向盘和挡风玻璃引起伤害的事故频数较高。

仪表板下部应安装膝部缓冲垫。挡风玻璃应采用钢化玻璃或夹层玻璃。方向盘可采用弹性有波纹的结构,并且盘缘可以变形,转向柱能弯曲或伸缩。乘员室内各种部件应软化,材料的燃烧速度要低。

4.4.3　外部被动安全性

(1)轿车与行人的碰撞

在轿车与行人碰撞过程中,首先行人腿部撞到保险杠上,然后骨盆与发动机罩前端接触,最后头部撞到发动机罩或挡风玻璃上。这时,行人被加速到车速,这就是所谓的"一次碰撞",车速越高,头部撞击点越靠近挡风玻璃。

由于汽车制动使行人与汽车分离,行人以与碰撞速度相近的速度摔到路上,这是"二次碰撞"。有的事故中还发生行人被汽车碾压,这是"三次碰撞"。

决定行人伤害严重程度的主要因素是一次碰撞的部位和汽车与人体碰撞的部件形状、刚度。

保险杠是一个关键部件。设计合理的保险杠不仅应考虑到内部被动安全性,而且也要顾及外部被动安全性。为此,要求一切在公路上行驶的车辆前后均应装有保险杠,而且其离地高度相等。欧洲一些国家标准规定轿车保险杠高度为(330±13)mm;而美国则规定车内前后排座位各乘一人(按70 kg计)时,保险杠离地(432±25)mm;许多国家对此尚无规定。因此,目前各国生产的轿车(甚至同一档次的轿车)保险杠的高度差别很大。

从减轻事故中受伤程度看,行人与保险杠的碰撞部位在膝盖以下为好,希望保险杠降低。但保险杠过低,会加大头部在发动机罩或挡风玻璃上的撞击速度。保险杠高度取为330～350 mm是合适的,可以保证大部分行人的碰撞部位发生在膝盖以下。保险杠设计应没有尖角和突出部,并且适当软化。

从安全角度看,发动机罩前端圆角半径应大些,机罩高度低,挡风玻璃倾角小。在头部撞击区要求妥善软化,并且取消突出部,如雨刷在停止状态时应位于发动机罩下,不设雨沿等。

(2)载货汽车的外部被动安全性

载货汽车与轿车相比,其质量、刚度和尺寸都要大得多,在与轿车迎面相撞时,轿车损坏比载货汽车严重得多。特别是两者尺寸悬殊时,轿车往往"楔入"载货汽车下面,轿车的前部折叠区不能发挥作用,而导致乘坐区受到破坏。

特别是一般载货汽车后部不装保险杠,跟随行驶的轿车在事故中楔入的可能性大大增加。因此,对于尾部离地高度不小于0.7 m的车辆应装后保险杠,其安装高度为0.38～0.51 m。现在正在研制装于载货汽车尾部的缓冲装置,以减小尾部轿车相撞时的损坏。

载货汽车与行人相撞时造成的伤亡也远比轿车严重。这是因为一次碰撞中,无论是长头还是平头载货汽车,都不可能存在轿车事故中的行人身体在发动机罩上翻转的过程,而是在很短时间内行人被加速到货车速度,容易造成行人的伤亡。驾驶室上突出的后视镜、驾驶员踏板以及保险杠也容易使行人头部、骨盆和大腿受伤。

4.4.4　被动安全性试验

(1)新车为何进行碰撞安全性能试验

衡量新车安全性能好不好,不能由厂家自己说了算,要经过试验验证。其中"汽车碰撞安全性能试验"就是主要项目之一,也是人们最关注的试验项目。

美国、日本以及欧洲地区制定了相关的乘员碰撞保护安全法规。例如,美国国家公路交通安全管理局颁布的《乘员碰撞保护》法规、日本运输省颁布的《正面碰撞的安全基准》法规、欧盟重新修订的《正面碰撞乘员保护》法规等,定期对本国生产及进口新车进行正面碰撞或侧面碰撞安全性试验,以检查汽车内驾驶员及乘员在碰撞时的受伤害程度。

但是,这些安全法规仅是这些国家或区域国家政府管理部门对汽车产品安全性的最低要求,而汽车生产企业追求的却是行业上公认的NCAP(New Car Assessment Program),中文称为"新车评估计划"。它是一个行业性组织,定期将企业送来或者市场上出现的新车进行碰撞试验,它规定的实车碰撞速度往往比政府制定的安全法规的碰撞速度要高,从而在更严重的碰撞环境下评价车内乘员的伤害程度,根据头、胸、腿等主要部位的伤害程度将试验车的安全性进行分级。

尽管 NCAP 不是政府强制性试验,但由于它代表性广泛,标准科学,试验严格,组织公正,直接面向消费者公布试验结果,通过碰撞测试向消费者表示什么汽车是安全的或是最安全的。因此,各大汽车企业都非常重视 NCAP,将它作为汽车开发的重要评估依据。

NCAP 最早出现在美国,随后日本和欧洲地区制订了相关的 NCAP。其中欧洲的 NCAP 最具影响力和代表性。它由欧洲各国汽车联合会、政府机关、消费者权益组织、汽车俱乐部等组织组成,由国际汽车联合会牵头。欧洲 NCAP 不依附于任何汽车生产企业,所需经费由欧盟提供,不定期对已上市的新车和进口车进行碰撞试验,每年都组织几次。

欧洲 NCAP 的碰撞测试有两个基本项目,即正面和侧面碰撞。正面碰撞速度为 64 km/h,侧面碰撞速度为 50 km/h。在车辆碰撞时,邀请生产企业直接参与,以示公正性。还允许其产品有两次碰撞机会,当厂家获知初次碰撞结果不理想时,会对产品进行改进或安装安全装置,再进行第二次碰撞,以获得的最好成绩为准。

NCAP 的碰撞测试成绩通过星级(★)表示,共有五个星级。星级越高,表示该车的碰撞安全性能越好,达到 33 分为满分:"★★★★★"称为五星级,分数 33~40 分,表示乘员严重伤害的概率小于或等于 10%;"★★★★"称为四星级,分数 25~32 分,表示乘员严重伤害的概率为 11%~20%;"★★★"称为三星级,分数 17~24 分,表示乘员严重伤害的概率为 21%~35%;"★★"称为二星级,分数 9~16 分,表示乘员严重伤害的概率为 36%~45%;"★"称为一星级,分数 1~8 分,表示乘员严重伤害的概率等于或大于 46%。

另外,汽车碰撞试验不但要检验对车上乘员的安全保护程度,也要检验车辆对行人的安全保护程度。因此,近年 NCAP 也将汽车对行人保护程度划分为四星级:"★★★★"分数为 28~36 分;"★★★"分数为 19~27 分;"★★"分数为 10~18 分;"★"分数为 1~9 分。

上述这种分级只对同质量等级的车型之间进行比较才有效。

(2)汽车碰撞试验需注意的几个问题

1)汽车碰撞试验数据的有效性

实际发生的汽车碰撞形式是多种多样的,碰撞时的速度、碰撞的角度、碰撞的部位、碰撞时车内的质量分布情况等都是千差万别的。汽车碰撞试验不可能精确再现这些情况,汽车的碰撞试验又是破坏性试验,耗资不菲,只能选择一些有代表性的试验条件进行试验。这样,汽车碰撞试验的结果就只能是参考值,而不是绝对值。

2)汽车碰撞试验的权威性

为了保证汽车产品的质量,很多国家用法规形式对汽车碰撞安全性作出强制性要求。例如美国的联邦机动车安全法规 FMVSS、欧洲法规 ECE/EEC。我国也制定了相关规则。在这些法规中规定了与安全有关的部件的性能要求,汽车碰撞试验是其中的重要内容。在汽车产品的安全性能评定中,汽车碰撞试验数据的权威性是毋庸置疑的。

3)汽车碰撞试验的种类

汽车碰撞试验分为两大类,即模拟试验和实车试验。从降低成本、方便对某专项进行重复性试验、人为改变试验环境等需要出发,往往采用模拟试验方法。例如,台车、台架试验,就是在试验台上模拟汽车碰撞事故来进行试验的。

而实车碰撞是用真实汽车整体进行碰撞,这种试验方法能真实反映汽车碰撞的综合指标,是模拟试验不能取代的。

实车碰撞有如下几种方式:

①固定壁碰撞试验　将试验用汽车加速到一定的速度,然后用与固定壁(宽不小于 3 m,高不小于 1.5 m)垂直或成一定角度的方向进行碰撞。

②移动壁碰撞试验　在平台车上装载可移动的壁,加速到一定速度后撞击静止状态下的被试验汽车。常用于侧面撞击和尾部撞击。

③两车相撞　两台试验车正面、侧面、后面相撞。

④翻车试验　有下落试验(主要用于检验车顶、车身的强度)和平台翻车试验。

在汽车安全法规中,对各种试验的条件和指标都作了详细的规定。例如,FMVSS 规定,固定壁碰撞试验的试验车速为 48 km/h,碰撞后方向盘水平位移量不大于 127 mm,燃油泄漏每分钟不超过 1 盎司,假人的任何部分都不得离开车厢,假人各部分损伤不超标,等等。

4) 汽车碰撞的冲击力和伤害

汽车碰撞时产生的冲力不仅很大而且很复杂。在碰撞的瞬间冲击力的波形与碰撞的速度、相撞双方的质量分布以及接触处的形状、材料、变形等因素相关。用最简单的公式 $F = m(V' - V)/t$ 计算得到的只是名义上的平均冲击力。如果平均冲击力是 4 kN,那么最大冲击力就可能超过 10 kN。

人体能够承受的冲击力有多大,这又是一个复杂的问题。飞行员在空中进行高速俯仰运动时,脊梁承受的力超出上身质量的 10 倍。但他是训练有素的专门人员,飞行员座椅的设计又充分考虑了飞行的情况。人能够承受的力与许多因素有关,其中最重要的恐怕就是力的方向。

直立时很多人能挑起 100 kg 的担子,但同样的质量如果横向作用于他的腰部,恐怕谁也承受不起。因此,撞车时是否受伤,很大程度要看他的运气。也就是说,要看碰撞时的着力点,碰撞力能否按照设计设置的路径有效地分散,等等。相同质量、相同车型、相同的相对速度下进行的多次碰撞,对乘员的伤害程度可以有很大的差别。

(3)**汽车碰撞测试的重要性**

①了解被动安全系统对乘员的保护性,最直接有效的方法就是实车碰撞测试,可以在一次测试中同时确认所有被动安全系统的性能,通过假人于测试过程中收集到的碰撞相关信息,可计算出头、颈胸、腰、腿、膝等人体伤害值。

②实车碰撞从早期的前方碰撞慢慢发展出侧向碰撞、后方碰撞、翻滚测试、两车对撞及各种角度撞击测试;通过假人与高速摄影机系统,工程师可对碰撞发生过程作更深入的研究。目前最新的碰撞测试甚至已发展到车辆对行人的碰撞,车内乘员和车外路人都是车辆安全保护的重点。

目前实车碰撞测试之主要依据包括:a. 欧洲 ECER94 前撞、ECER95 侧撞、ECER34 后方碰撞;b. 美国 FMVSS208 前撞、214 侧撞、301 后撞;c. 欧洲新车评价规程(E-NCAP)、日本的 J-NCAP、美国的 NHTSA 和 IIHS 碰撞测试以及中国的 C-NCAP。

车辆中心揭幕的碰撞试验室可执行的项目包括:a. 欧洲 ECER94 前撞、ECER95 侧撞、ECER34 后碰撞;b. 美国 FMVSS208 前撞、214 侧撞、301 后碰撞、等速车对碰撞等测试;c. 除了不同角度的车辆互撞测试之外,其他国际间常见碰撞测试皆可依测试需求增加附加治具或装备即可执行。

天津汽车检测中心对日本大发汽车公司提供的汽车进行了碰撞试验。这是我国实施强制性产品认证制度以来第一次对汽车进行的此项试验,也是我国第一次对进口汽车实施的碰撞试验,这标志着我国强制性产品认证制度已经得到了国际上的广泛关注与认同。

据介绍,我国已经实施了新的强制性产品认证制度,并按照国际惯例发布的《第一批实施强制性产品认证产品目录》中,明确将汽车碰撞试验列入对汽车的检测之中。今后未经碰撞试验或经碰撞试验不合格的国外汽车不能进入我国市场,国产汽车未能通过强制认证试验的也不能出厂销售。

汽车被动安全性试验应尽量再现典型的公路撞车事故的现象。试验中需要测量车辆的变形、减速度及负荷。必要时在车内设置试验用假人,测定有关部位的负荷及变形情况。

(4)试验碰撞种类

1)实车碰撞法

最常用的是对固定壁撞车,碰撞速度一般为 50 km/h。根据试验目的不同,也可采用可动壁撞静止车辆的方法,或以车撞车的方法。

试验车可用无线电遥控加速,也可以用牵引车牵引加速。

2)模型撞车法

在新车方案设计阶段可以采用模型撞车法,模型与样车的尺寸比例为 1∶2。这种试验方法费用低,准备时间短,便于多方案比较。

如果仅对某些部件进行变形研究,可以采用 1∶1 的复合试验车作撞车试验,即在现在生产的车辆上作一定改动,装上被研究的部件,构成复合试验车。这种方法常用于理论研究和局部改进。

3)部件试验

常用静态加载法对车门、车顶、驾驶室后围、座椅和安全带进行强度和刚度试验,用冲击试验测定保险杠的性能,测定仪表板、方向盘等部件发生事故时对人体的伤害程度。

4)试验用模拟人

为了确定撞车试验中车内乘员所受伤害的严重程度,广泛采用专门制作的模拟人。其各部肢体在形状、运动学和动力学性能方面都与真人严格相似,头部还附有软化材料模拟肌肉和皮肤。在头、胸、背和大腿部位都装有传感器,测定减速度和负荷。

一般采用的模拟人系列至少包括 3 岁、6 岁、10 岁的小孩以及 5% 的妇女、95% 的男子。

复习思考题

4.1 什么是交通事故?

4.2 交通事故构成的要素有哪些?

4.3 预防交通事故的措施有哪些?

4.4 为减少事故造成的损失,汽车上常常采用的安全装备有哪些?

4.5 运输危险货物时有哪些注意事项?

第 **5** 章
汽车的平顺性及通过性

5.1 汽车的平顺性概述

汽车是由几个具有固有振动特性的振动系统组成的。这些振动系统相互间又有一定程度的联系而形成耦合。这些系统包括各车轮和各悬架弹簧及弹性减振坐垫等弹性元件。这些弹性元件可缓和路面对汽车的冲击,使乘坐者舒适和减少货物损坏;同时,路面不平会激起汽车的振动。当这种振动达到一定程度时,将使乘客感到不舒适和疲劳或使运载的货物损坏。振动引起的附加动载荷将会加速有关零件的磨损,缩短汽车的使用寿命。车轮载荷的波动还影响它与车轮之间的附着性能,因而也关系到汽车的操纵稳定性。

汽车的振动随行驶速度的提高而加剧。在汽车使用过程中,常因车身的强烈振动限制了汽车行驶速度的发挥,也就限制了运输生产率的提高。

汽车行驶时,对路面不平度的隔振特性,称为汽车的行驶平顺性。

近年来,汽车的平顺性有了很大的提高。不仅对于轿车,用户要求乘坐安静、平稳,作为主要运输工具的重型载货汽车,对平顺性的要求也越来越高。因此,国外的重型载货汽车不少采用浮式驾驶室悬置,即不用橡胶垫支承驾驶室,而是用刚度较小的弹簧支承。

5.2 汽车行驶平顺性的评价指标

5.2.1 汽车行驶平顺性的物理量评价指标

(1)ISO 2631 标准简介

ISO 2631 标准是国际标准协会提出的。它主要应用于通过支持表面传到人体上的振动。输入人体的振动可分为三个方向:垂直方向、纵向(即前后方向)、横向。纵向与横向均为水平方向。该标准所研究的频率为 1 ~ 80 Hz,包括汽车的主要机械振动频率。描述振动强度的物理量采用加速度均方根值,其单位为 m/s²。该标准的核心内容是,根据人体对不同方向、不同

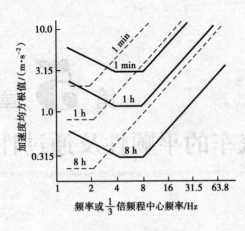

图 5.1　疲劳-降低工效界限

频率的机械振动的反应制订三个评定界限。

1)"疲劳-降低工效界限"

该界限为一组不同承受时间下的频率与加速度均方根值的界限曲线,如图 5.1 所示。(图中实线表示垂直振动的加速度 a_Z,虚线表示水平振动的加速度 a_X、a_Y)超过这个界限值,就意味着疲劳和工作效率降低。此频率范围内的振动容易引起疲劳。

2)"暴露极限"(健康及安全界限)

采取同"疲劳-降低工效界限"相同的曲线形式,只是把相应的振动强度增大一倍。该界限值大致是人的痛感阈限的一半,超过此界限就意味着不安全和有害于健康。

3)"舒适降低界限"

该界限也有同样的曲线形式,只是把加速度均方根值降低到"疲劳-降低工效界限"的1/3。人承受的振动在此界限以下时,在汽车行驶中乘坐者进行吃喝、阅读、写字等动作均没有困难,超过此界限会降低舒适性。

(2)我国试行的指标

参照 ISO 2631 的规定,根据我国的具体情况,制定了《汽车平顺性随机输入试验方法》,经过试验验证得出的结论是:

①评价指标值应主要取决于垂直振动。

②汽车平顺性评价指标:

试验证明,用某一车速下的评价指标不能如实地表征汽车的平顺性。评价指标随车速变化的关系曲线称为车速特性,而用车速特性描述汽车平顺性比较适宜。

a.轿车、客车用"舒适降低界限"车速特性。

b.货车用"疲劳-降低工效界限"车速特性。货厢后端振动强度最大,货厢中间位置的振动代表了一般振动强度。因此,用货厢底板中心和最后端垂直振动加速度均方根值车速特性来评定。

综上所述,ISO 2631 标准中的"疲劳-降低工效界限"和"舒适降低界限"用来评价货车和轿车及客车是适宜的。

(3)用车身的固有频率评价

固有频率是指弹性系统由于偶然的干扰而离开静平衡位置,在弹性恢复力作用下振动的频率,单位为次/min、Hz(次/s)。

人走路时重心在不断地振动,人们习惯于行走所引起的垂直振动频率。人们习惯于行走所用的标准步距为 0.75 m,中等步行速度为 3 ~ 4 km/h,相应的振动频率为 67 ~ 89 次/min。因此,希望车身振动的固有频率在 60 ~ 85 次/min 的范围内。车身的固有频率低于 40 次/min,会引起晕船的感觉,高于 150 次/min 会引起明显冲击的感觉,对乘客的生理反应和货物完整均有不利影响。

5.2.2　汽车行驶平顺性的感觉评价

感觉评价是根据乘坐者的主观感觉对各类汽车的平顺性作比较评价。由于汽车平顺性最终是反映在人的感觉上,所以感觉评价始终是平顺性的最终评价。各种物理量指标是否可应用,也要看这些评价指标的评价结果是否与人的感觉评价结果一致。有经验的试验人员有时能发现一些特殊的不正常现象,而这些现象有的不能完全由仪器测定的结果所发现。经常的情况是,先由人的感觉发现平顺性问题,然后使用仪器进行测定分析。

5.3　汽车的振动

汽车是一个复杂而多质量的振动系统。为了方便起见,在研究汽车车身振动时,汽车常用当量系统来代替。在一般情况下,它可视为由彼此相互联系的悬挂质量和非悬挂质量所组成,并通过减振器和悬挂弹簧同车轴、车轮相连。悬挂质量是悬挂弹簧之上的质量。非悬挂质量是悬挂弹簧之下的质量,主要指车轮及车轴。

汽车的弹性元件、导向机构的杆件、减振器等传动轴的质量部分属于悬挂质量,部分属于非悬挂质量。一般在设计时均采用折中的办法,即一半计入悬挂质量,另一半计入非悬挂质量。

设汽车的悬挂质量为 M、M 的质心到前后轴的距离分别为 a、b,将 M 分摊到前后轴弹簧上的质量,分别为 M_1、M_2,并认为 M_1、M_2 的振动互不相关。

汽车车身作为自由刚体,具有六个自由度,车身可以沿三个方向移动和绕通过质心的三根轴转动。但是,现代汽车的悬架结构沿汽车纵轴和横轴的线刚度和绕竖直轴的角刚度是很高的,因此,悬挂质量实际上沿汽车纵轴和横轴的振动及绕竖直轴的角振动是次要的,振动主要沿铅垂方向和绕纵轴、横轴发生。绕纵轴发生的振动称为横向角振动、绕横轴发生的角振动称为纵向角振动。横向角振动不仅影响汽车的平顺性,而且影响汽车的操纵性和稳定性,在进行汽车设计时可采取一些相应的措施。如增加悬架的角刚度,以减小悬架的侧倾,限制悬架的横向角振动。这样,最有实际意义的影响汽车平顺性的振动就只有悬挂质量的垂直振动和纵向角振动。

汽车在满载情况下,非悬挂质量只是悬挂质量的几分之一,而轮胎的刚度却比悬架的刚度大得多,因而车轮振动的固有频率(360～1 000 次/min)比车身的固有频率(60～150 次/min)也大得多。为分析方便,非悬挂质量和减振器对振动的影响可不予考虑,这样简化后的汽车振动,可认为汽车的悬挂质量是通过两个弹簧支承和道路相联系的,如图 5.2 所示。用刚度分别为 C_1 和 C_2 的弹簧代替串联的前后钢板弹簧和弹性车轮。C_1 和 C_2 分别为前后悬挂串联弹簧的换算刚度,其值为

$$C_1 = \frac{C_{P1} C_{t1}}{C_{P1} + C_{t1}}$$

$$C_2 = \frac{C_{P2} C_{t2}}{C_{P2} + C_{t2}} \tag{5.1}$$

式中　C_{P1}、C_{P2}——为前后轴上钢板弹簧的总刚度,等于该轴上左右钢板弹簧刚度之和,N/m;

C_{t1}、C_{t2}——为前后车轮的总刚度,等于该轴上左右车轮刚度之和,N/m。

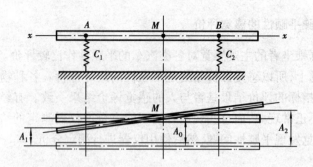

图5.2　两个自由度汽车车身振动系统简图

当汽车通过凹坑凸起时,汽车车身将作两个自由度的振动。车身在任何瞬间的位置,都可以由车身在前桥和后桥上的点 A 和 B 的垂直位移 A_1 和 A_2 来代替悬挂质量 M 的振动。这种振动是沿 z 轴的垂直振动和绕 y 轴的纵向角振动的合成。假设车身振动之前处于平衡位置,振动时车身先作铅垂运动,车身各点向上平移 A_0 的距离,然后 A、B 两点再绕质心旋转某一角度 θ,A 点和 B 点的位移分别为 A_1 和 A_2,如图 5.2 所示。汽车作两个自由度的振动时,汽车车身上各部分的振动都是由两个不同的振动频率 Ω_1 和 Ω_2 综合而成的复杂运动。Ω_1 和 Ω_2 称为主频率或联系频率,其中 Ω_1 较低,Ω_2 较高。

如果把车身的前后支点 A 或 B 固定,这样可以分别求出振动系统的振动偏频率 ω_1 和 ω_2。

对于任一复杂的振动系统,可用限制振动质量某一部分位移的办法,使其成为一个自由度的振动系统。这样求出的车身振动频率 ω_1 和 ω_2 称为偏频。一般汽车振动的主频率 Ω_1 和 Ω_2 与偏频 ω_1、ω_2 的差值不超过 5% ~ 6%;因此,通常将汽车振动的偏频作为汽车振动的固有频率。

根据上面对汽车振动的简化,可以求出汽车振动的固有频率。

以上在分析汽车的振动时,忽略了振动系统的阻尼对汽车振动的影响,即认为振动是无阻尼的自由振动。事实上,汽车振动系统中是有阻尼的。由于悬挂弹簧的阻尼比较小,通常在悬挂系统中装有液力减振器,从而使汽车的振动得到衰减,平顺性得到提高。当车身产生强迫振动时,阻尼可显著地限制车身的振幅。

图 5.3 为阻尼振动的模型和有阻尼的振动曲线。

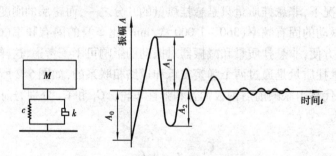

图5.3　阻尼振动的模型及衰减曲线

在现代汽车中,几乎装有液力减振器,液力减振器所能产生的阻力,通常近似地认为与振动速度成正比,即

$$P_a = Kv \qquad (5.2)$$

式中　K——减振器的阻力系数。

减振器的阻力系数 K 是减振器的一个重要参数,但它还不能反映出整个振动系统的阻尼情况。同一减振器用于不同汽车的悬架上,其阻尼效果是不同的,为此,在汽车振动中多采用相对阻尼系数来评价振动系统中的阻尼情况。

$$V = \frac{K}{2\sqrt{CM}} \qquad (5.3)$$

式中　V——相对阻尼系数,一般取 V = 0.15 ~ 0.30;

　　　C——悬架刚度,N/m;

　　　M——悬挂质量,kg。

由上式可知,振动系统的相对阻尼系数不但与减振器的阻力系数 K 值有关,而且与振动系统的参数 C、M 有关。如果减小悬架的刚度和质量,则相对阻尼系数将增大,如要保持原来的阻尼程度,则应同时减小减振器的阻力。

振动系统阻尼的选择对行驶平顺性影响很大,减振器的阻尼越大,振动的衰减越迅速。但是,减振器由于同弹性元件并联安装同时起作用,阻尼过大时弹性元件的作用不能充分发挥,使整个悬架的弹性减弱,传递较大的路面冲击。阻尼过小,振动衰减很慢,受一次冲击后振动持续的时间很长。为了解决这一矛盾,在设计时使减振器的压缩行程产生的阻力和伸张行程时产生的阻力不等;压缩时产生的阻力较小,伸张时的阻力较大。振动系统的阻尼可用振动衰减率来评价,振动衰减率是相邻两个半周期的振幅之比。

5.4　影响汽车行驶平顺性的主要因素

汽车是一个复杂的振动系统,在分析汽车的行驶平顺性时,虽然经过许多简化,但仍是十分复杂的。影响汽车行驶平顺性的因素很多,可分为结构因素和使用因素。

5.4.1　结构因素的影响

影响行驶平顺性的结构因素很多,主要是受悬架、悬架阻尼、轮胎、座椅的布置、坐垫的选择和非悬挂质量等几个方面的影响。

(1)悬架的影响

弹性元件是悬架的主要组成部分,其刚度和弹性特性是影响平顺性的主要因素。如前分析,减小悬架刚度是降低车身自振频率的一个有力措施。如用悬架的静挠度来表示其刚度,现代汽车悬架的静挠度一般为 150 ~ 200 mm(高级轿车的静挠度有达 300 mm 以上的),载货汽车的静挠度一般为 70 ~ 120 mm。悬架的刚度太小,会增加非悬挂质量的振动位移,大振幅的振动有时会使车轮离开地面,因此,过软的弹性元件也是不可取的。弹性元件的弹性特性是指作用在悬架上的载荷与其变形之间的关系。如果悬架的刚度是常数,则其变形与所受载荷成正比,其弹性特性可由一直线表示。因此,这种悬架称为线性悬架,一般钢板弹簧、螺旋弹簧悬架均属此类。

采用线性悬架的汽车往往不能满足行驶平顺性的要求。由于在使用中汽车的有效载荷,特别是公共汽车和载货汽车的有效载荷变化较大,载荷的变化将导致空载、满载的车身振动偏频发生较大的差异,空载的振动频率过高,使汽车的平顺性变差。为了改善这种状况,近代汽车的悬架常采用非线性悬架,其刚度可随载荷的变化而变化,这种悬架亦称为变刚度悬架。这种悬架可以有较大的静挠度,而在载荷较大时,刚度急剧增大,使汽车的侧倾和纵向角振动减轻,限制了悬架和车身碰撞的可能,保证汽车具有较好的行驶平顺性。

悬架的非线性弹性特性可以通过下述办法来实现:

①在线性悬架中加入辅助弹簧、复合弹簧,采用适当的导向装置。

②采用具有非线性特性的弹性元件(如空气弹簧、空气液力弹簧、橡胶弹簧等)。

(2)悬架阻尼的影响

悬架的阻尼主要来自减振器、钢板弹簧叶片之间的摩擦。悬架的干摩擦对汽车的振动产生极不利的影响,干摩擦过于严重时会使悬架心"锁住"而使汽车只在轮胎上产生振动,增加了车身的自振频率。路面的冲击也易于传给车身;因此,应及时润滑钢板弹簧的叶片来减小干摩擦。

在悬架中设置减振器对车身的自振频率影响不大,但却能使车身的振动迅速衰减,缩短振动时间。同时,采用减振器可以改善车轮和道路的接触状况,防止车轮跳离地面,从而改善了转向轮的操纵稳定性,提高了汽车的安全性。

(3)轮胎的影响

轮胎对行驶平顺性的影响主要取决于轮胎的径向刚度。减小轮胎的刚度,可使悬架的换算刚度减小,平顺性得到改善。试验证明,采用子午线轮胎之后,轮胎的静挠度增加40%以上,使得车身固有频率降低。但是,轮胎的刚度过小,会增加车轮的侧向偏离,影响汽车的操纵稳定性。因此,目前有的轮胎在减小径向刚度的同时,其侧向刚度仍较大。

(4)座椅的布置

座椅的布置对平顺性非常重要。接近车身中部的座位,其振动比较小,两端的座位振动幅度较大,因而轿车座位的布置均在前后轴距之内。载货汽车和公共汽车为了减小水平纵向振动的振幅,座位在高度方面应尽量缩小与重心间的距离。

(5)坐垫的选择

弹性坐垫的刚度要适当,并需有一定的阻尼。若汽车的悬架较硬,可采用较软的坐垫,若汽车的悬架较软,则可采用较硬的坐垫。

(6)非悬挂质量

非悬挂质量对汽车的平顺性有较大的影响。其质量 m 的大小直接影响传递到车身上的冲击力。m 越小,冲击力越小;反之,冲击力越大。减小非悬挂质量,可使车身振动频率降低,而车轮的振动频率升高,这对减小共振,改善汽车的平顺性是有利的。非悬挂质量对行驶平顺性的影响,常用非悬挂质量和悬挂质量之比 m/M 进行评价,此比值越小越佳。一般轿车的比值为 10.5% ~ 14.5%。

5.4.2 使用因素的影响

使用因素的影响主要指道路状况和汽车的技术状况等因素对汽车平顺性的影响。道路不平是引起汽车振动的主要原因,对汽车行驶平顺性的影响很大。当汽车在不平路面上行驶时,车身和前后车桥都经常承受来自道路的冲击作用。对一定类型的汽车来说,振动的强烈程度取决于道路状况和行驶速度。

当汽车沿不平度交替变化的路面行驶时,可能引起汽车的强迫振动。道路上相邻不平间的距离越短,汽车行驶速度越高,则强迫振动频率与自由振动频率相等或接近时,便发生共振。

汽车行驶的技术状况不好,对行驶平顺性的影响也是特别大的。例如,钢板弹簧各片之间的润滑不良会引起很大的摩擦阻力,可能使弹簧元件部分或全部锁住,引起车身振动频率增加,当通过不平路面时,车身就会承受更剧烈的冲击。

在悬挂装置中采用减振器,对车身的自振频率影响不大,但能使车身振动位移迅速衰减,并缩短振动时间。在使用中要注意减振器的阻力不应太大,如由于减振器中油液的黏度过大或油液冻结等原因导致减振器的阻力增大时,也会产生类似悬挂弹性元件摩擦阻力增加的现象;另一方面,要注意减振器油封是否损坏,因为当油封损坏时,减振器中的油液流失,从而导致减振器的减振能力减弱或完全丧失。当汽车经过不平路面后,车身的振动消失缓慢,并且振动持续时间延长。如果道路起伏不平的状况交替出现,当引起冲击的振动频率接近于自由振动频率时,便可能发生共振而使振动加剧,车轮开始强烈地跳动和离开路面。除了使汽车的行驶平顺性变差之外,其稳定性和操纵性也随之降低。

5.5　汽车行驶平顺性试验

汽车的平顺性主要是指保持汽车在行驶的过程中产生的振动和冲击环境对乘员舒适性的影响在一定界限之内。因此,平顺性主要是根据乘员主观感觉的舒适性来评价,对于载货汽车还包括保持货物完好的性能。它是汽车的主要性能之一。随着汽车技术的不断进步,道路交通条件的日益改善和汽车的运行速度不断提高,人们对汽车平顺性要求也越来越高,与汽车平顺性相关的评价标准也就越来越受到技术人员的重视。汽车平顺性的相关评价标准是通过汽车行驶平顺性试验进行测定及评价。汽车行驶平顺性试验是新发展起来的一种整车试验,而且还在逐步完善的过程中。根据国家标准 GB/T 4970—2009《汽车平顺性试验方法》的要求,其主要试验方法有随机输入试验方法和感觉评价试验方法。

5.5.1　汽车平顺性随机输入试验方法

（1）依据标准

国家标准 GB/T 4970—2009《汽车平顺性试验方法》规定了汽车在脉冲输入行驶和随机输入行驶工况下的平顺性试验方法。本标准适用于 M 类、N 类车辆。

（2）试验目的

本试验测定汽车在随机不平的路面上行驶时,路面不平激起的震动对驾驶员、乘员和货物的影响,评价汽车的行驶平顺性。

（3）试验条件

试验条件主要包括道路条件、风速、汽车技术状况、人-椅系统载荷、试验车速、试验仪器和装置。

1）道路条件

试验道路应平直,纵坡不大于1%,路面干燥,不平度应均匀无突变,累计的试验路面总长度不应小于试验样本个数要求的最短路面长度,并且两端应有 30～50 m 的稳速段。

脉冲输入行驶的试验道路为沥青路面或水泥路面,路面等级按照 GB/T 7031—2005 规定的 A 级路面。随机输入行驶的试验道路为沥青路面或水泥路面,具体试验路面等级根据需要确定。

2)风速

测试结果跟风速有一定的关系,为尽量减小风速对测试结果的影响,根据规定,要求风速不大于 5 m/s。

3)汽车技术状况

汽车各总成、部件、附件及附属装置(包括随车工具与备胎)应按规定装备齐全,并装在规定的位置上。调整状况应符合该车设计技术条件的规定。轮胎充气压力应符合汽车设计技术条件的规定,误差不超过规定充气压力的 ±3%。汽车的载荷为额定最大装载质量,根据需要可增作其他载荷工况的试验。载荷物均匀分布且固定牢靠,试验过程中不应晃动和颠离,亦不应因潮湿、散失等情况而改变质量。

4)人-椅系统的载荷

测试部位的载荷应为身高(1.70 ±0.05 m)、体质量为(65 ±5 kg)的真人,非测试部位的载荷应符合 GB/T 12534—1990 中表 1 的有关规定。测试部位的乘员应全身放松,佩戴安全带,双手自然地放在大腿上,其中驾驶员的双手自然地置于转向盘上,在试验过程中应保持坐姿不变。一般情况下,乘员应自然地靠在靠背上,否则应注明。

5)试验车速

试验车速应由车速仪监控,试验时应根据车速选用适当的挡位,车速偏差为试验车速的 ±4%。脉冲输入行驶:试验车速为 10、20、30、40、50、60 km/h。随机输入行驶:针对特定车的设计原则,确定试验用良好路面或一般路面。—良好路面试验车速:40 km/h 最高设计车速(不应超过试验路面要求的最高车速),每隔 10 km/h 或 20 km/h 选取一种车速为试验车速。

一般路面试验车速:

M 类车辆:40、50、60、70 km/h。

N 类车辆:30、40、50、60 km/h。

6)试验仪器和装置

试验仪器包括平顺性试验仪器系统应包括加速度传感器、放大器、数据采集仪、车速仪、滤波器、脉冲试验用凸块等。由试验仪器构成的测试系统应适宜于冲击测量,其性能应稳定、可靠。脉冲输入就采用如图 5.4 所示三角形的单凸块,根据试验条件不同,脉冲输入也可用其他高度的凸块或减速带。

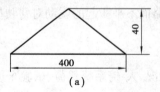

(a)

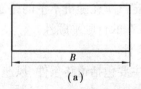

(a)

B—按需要而定,但必须大于轮宽

图 5.4　三角形凸块

（4）试验方法

1）加速度传感器安装位置

加速度传感器安装位置如图 5.5 所示，其具体要求如下：

①M 类车辆：驾驶员及同侧最后排座椅垫上方、座椅靠背、脚部地板上。

②N 类车辆：驾驶员座椅垫上方、座椅靠背、脚部地板、车厢地板中心以及与驾驶员同侧距车厢边板、车厢后板各 300 mm 处的车厢地板上。

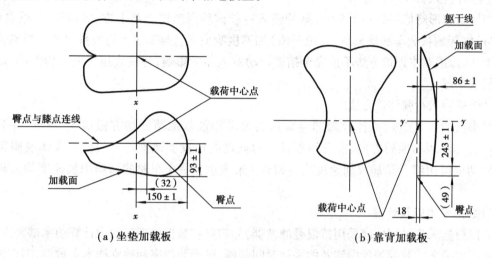

（a）坐垫加载板　　　　　（b）靠背加载板

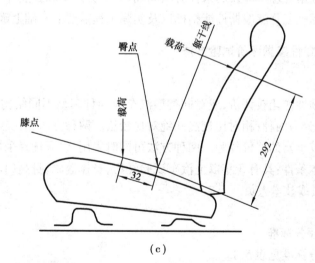

（c）

图 5.5　座位传感器布置

2）脉冲输入行驶试验方法

①将凸块放置在试验道路中间，并按汽车轮距调整好两个凸块间的距离。为保证汽车左右车轮同时驶过凸块，应将两个凸块放在与汽车行驶方向垂直的一条直线上。

②试验时，汽车以规定的车速匀速驶过凸块。在汽车通过凸块前 50 m 应稳住车速，当汽车前轮接近凸块时开始记录，待汽车驶过凸块且冲击响应消失后，停止记录。

③每种车速的有效试验次数应不少于 5 次。

3)随机输入行驶试验方法

④试验时,汽车应在稳速段内稳住车速,然后以规定的车速匀速驶过试验路段,测量各测试部位的加速度时间历程。

⑤样本记录长度应满足数据处理的最少数据量要求。

4)平顺性评价

①脉冲输入行驶评价方法

当振动波形峰值系数小于 9 时,脉冲输入行驶试验用座椅坐垫上方、座椅靠背、乘员(或驾驶员)脚部地板和车厢地板最大(绝对值)加速度响应 $Z_{\max}$ 与车速 v 的关系评价。当峰值系数大于 9 时,用基本评价方法不能完全描述振动对人体的影响,还应采用辅助评价方法,即振动剂量值来评价。

②随机输入行驶评价方法

对乘员(或驾驶员)人体及脚部地板处的振动用加权加速度均方根值 a_w 评价,并分别用 a_{w_x}、a_{w_y}、a_{w_z} 表示前后方向、左右和垂直方向振动的加权加速度均方根值。人体及脚部地板处振动也可用综合总加权加速度均方根值 i 来表示。货车车厢的振动用加速度均方根值评价。

5)数据采集以及处理

分段数据采集过程中应采用抗混叠滤波器,如需要在数据处理过程中计算功率谱密度,则必须采用窗函数。数据处理中涉及的采样时间间隔、频率分辨率和独立样本个数等,需在满足采样定理并考虑实际抗混叠滤波器性能指标以及实际工程需要的基础上确定。

5.5.2 汽车平顺性感觉评价试验方法

(1)试验目的

对各类汽车平顺性作比较评价,或对同类型汽车或同种车型不同结构方案的平顺性比较评价,这种试验方法分为两种:相对比较法和绝对比较法。两种方法相比较,后者比较简单,但要求评价人员具有较丰富的评价经验。两种方法可同时采用,也可选择采用。

评价人员的基本条件:具有 5 年以上汽车试验经历,身体健康,身高 (1.7 ± 0.1) m,体质量 (65 ± 5) kg 的驾驶员或技术人员。

(2)评分标准

1)相对比较法评分标准

相对比较法评分标准见表 5.1。

表 5.1　相对比较法评分标准表

分　值	-3	-2	-1	0	1	2	3
对象车对于基准车的平顺性差异	很差	差	稍差	相同	稍好	好	很好

2)绝对比较法评分标准

绝对比较法评分标准见表 5.2。

表5.2　绝对比较法评分标准表

分　值	0	1	2	3	4	5	6	7	8	9	10
性能水平	无法评价		非常坏		坏		一般		好		非常好
满意程度	不能用		很不满意		不满意		尚可		满意		很满意
问题程度	极严重		严重		有		稍有		很小		全无

（3）试验方法

1）相对比较法

将被评价的汽车两辆一对地组合，分别评价每个组合，按两种顺序进行评价。试验时，评价人员先乘坐（或驾驶）第一辆车（称基准车），然后乘坐（或驾驶）第二辆车（称对象车），汽车以预定车速匀速通过实验路段。按要求评价的项目（参考表5.3）按表5.1规定给出对象车对于基准车平顺性差异分值（对象车较基准车好的为"＋"，差的为"－"）。乘坐姿势要求端正自然，两次乘坐的位置、姿势、行驶车速、方向、距离要一致。行驶车速规定为：三级路面上为50（或60）km/h，四级路面上为40（或50）km/h。测定通过试验路段的时间，计算平均车速，车速误差不大于±1 km/h。

表5.3　相对比较法表

项　目 ＼ 分　值	-3	-2	-1	0	+1	+2	+3	备　注
上下震动								
左右震动								
前后震动								
胸　部								
总　评								

2）绝对比较法

评价人员分别依次乘坐（或驾驶）每辆汽车，每次乘坐者凭个人感觉按表5.2规定评分，评价项目与相对比较法基本相同，对记录数据进行处理，最后得出试验结论。

5.6　汽车的通过性概述

汽车的通过性是指汽车在一定载质量下能以足够高的平均车速通过各种烂路及无路地带和克服各种障碍物的能力。例如对松软路面、土壤、沙漠、雪地、沼泽地、坎坷不平地段、障碍物、陡坡、侧坡、台阶、壕沟等的通过能力。这一性能对农林区、矿区、建设工地用的车辆和军用车辆尤为重要。

汽车在松软路面上行驶时，车轮与地面之间的附着力要比在硬质路面上的小得多，滚动阻力要比硬路面上的大得多。因此，汽车的驱动与附着条件常得不到满足，而降低了汽车的通过能力。

表征汽车通过性能的主要参数有汽车通过性的几何参数及支承与牵引参数。汽车的通过性与汽车其他性能的关系也很密切,良好的动力性可提供足够大的驱动力,以克服越野行驶时较大的道路阻力;较好的平顺性能使汽车在坎坷不平路面上维持高的车速。

5.7　汽车通过性的几何参数

汽车通过性的几何参数在一定程度上表示了汽车可以通过高低不平地段和障碍物的能力。汽车通过性的几何参数主要有:最小离地间隙 h、接近角 α、离去角 β、纵向通过半径 ρ 与横向通过半径 ρ_1 等。

图 5.6 所示为汽车的一种简化模型,下面以它为例叙述各参数:

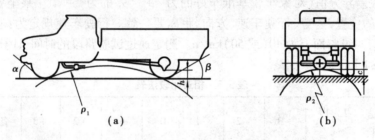

图 5.6　汽车通过性的几何参数

5.7.1　最小离地间隙 h

最小离地间隙是指汽车除车轮外的最低点与路面之间的距离。它表征了汽车越过石块、树桩之类障碍物的能力。汽车的前桥、飞轮壳、变速器壳、消声器、后桥的主减速器外壳等通常有较小的离地间隙,如图 5.6(a)所示。一般后桥壳都装有直径颇大的主减速器齿轮,故其离地间隙一般较小。

5.7.2　纵向通过半径 ρ_1

纵向通过半径是在汽车侧视图上作出的与前后车轮及两轴中间轮廓线相切的圆的半径。它表示汽车能够无碰撞地通过小丘、拱桥等障碍物的轮廓尺寸,如图 5.6(a)所示。ρ 越小,汽车的通过性越好。

5.7.3　横向通过半径 ρ_2

在汽车的正视图上所作与左右轮及与两轮中间轮廓相切的圆之半径。它表示汽车通过小丘及凸起路面的能力,如图 5.6(b)所示。

汽车越野行驶时,由于汽车与不规则地面的间隙不足,可能出现汽车被托住而无法通行的情况,称为间隙失效。车辆中间底部的零部件碰到地表面而被顶住的现象称为"顶起失效"。最小离地间隙不足,纵向和横向通过半径过大,都容易引起"顶起失效"。

5.7.4　接近角 α 与离去角 β

从汽车前端突出点向前轮引切线与路面之间的夹角称为接近角 α。它表示汽车接近障碍物(如小丘、沟洼地等)时不发生碰撞的可能性。汽车前端被顶住的现象称为"触头失效"。α 角应尽量大,以减少"触头失效"。自汽车后端突出点向后轮引切线与路面之间的夹角称为离去角 β。汽车后端被托起的现象为"托尾失效"。为减少"托尾失效",β 角应尽量大。接近角和离去角越大,则汽车的通过性越好。

汽车通过性的几何参数值见表 5.4。

表 5.4　汽车通过性的几何参数表

汽车类型	最小离地间隙 h/mm	接近角 α/(°)	离去角 β/(°)	纵向通过半径 ρ/m
4×2 轿车	150 ~ 220	20 ~ 30	15 ~ 22	3 ~ 8.3
4×4 轿车、吉普车	210	45 ~ 50	35 ~ 40	1.7 ~ 3.6
4×2 货车	250 ~ 300	40 ~ 60	25 ~ 45	2 ~ 3.6
4×4 6×6 货车 6×4	260 ~ 350	45 ~ 60	35 ~ 45	1.9 ~ 3.6
4×2 客车	220 ~ 370	10 ~ 40	6 ~ 20	4 ~ 9

5.7.5　最小转弯半径 R_H

当汽车转弯转向盘转到极限位置时,外侧前轮所滚过的轮迹中心至转向中心的距离称为最小转弯半径,如图 5.7 所示。汽车的最小转弯半径是汽车机动性的重要指标,它表明了汽车在最小面积内回转的能力。汽车的最小转弯半径还影响到汽车的通过性,因为它表征了汽车通过狭窄弯曲地带或绕过障碍物的能力。汽车的最小转弯半径可用下式确定,即

$$R_{\mathrm{H}} = A - a + R_{\mathrm{B}} - b$$

式中　A——转弯宽度,m;

　　　a、b——突伸距,m;

　　　R_{B}——后内轮转弯半径,m。

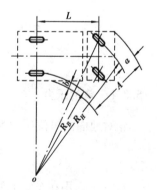

图 5.7　汽车转弯半径

当汽车拖带挂车时,其机动性差些,这是因为汽车列车转弯时挂车离回转中心较近,使汽车列车的转弯宽度大于单车的转弯宽度,如图 5.8 所示。图 5.8(a)所示为牵引车带双轴挂车的转弯简图,图 5.8(b)为牵引车带半挂车转弯简图。汽车列车拖带挂车的辆数越多,挂车的轴距越大和辕杆越长,则汽车拖挂行驶时的转弯宽度与最小转弯半径也越大。

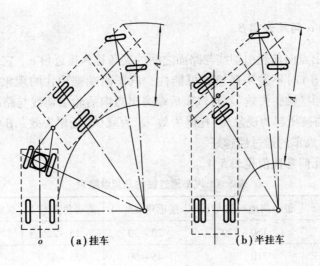

(a)挂车 　　　　　　　(b)半挂车

图5.8　汽车列车转弯半径

5.7.6　车轮半径 r

汽车在不平路面上行驶时,经常要超越垂直障碍物,汽车克服垂直障碍物(台阶、壕沟等)的能力与车轮半径 r 有关。对于后轮驱动的汽车,所能克服的垂直障碍物的最大高度可取为: $H \approx \frac{2}{3}r$,而对于双轴驱动的汽车,则 $H \approx r$,上述关系式是近似的,因为其数值不仅决定于车轮半径,而且与驱动轮和支承面间的附着力、垂直障碍物的性质及表面状况等因素有关。

如果壕沟边沿足够结实,则单轴驱动的双轴汽车所能越过的壕沟宽度可取为 $b \approx r$;而对于双轴驱动的汽车,则 $b \approx 1.2r$。

5.8　汽车通过性的支承与牵引参数

5.8.1　单位压力

车轮对地面的单位压力为作用在车轮上的径向负荷与车轮和路面接触面积之比,即

$$P = \frac{Z_\text{K}}{1\,000A}$$

式中　Z_K——作用在车轮上的径向负荷,N;

　　　A——车轮和路面的接触面积,m^2。

由于轮胎胎体有一定的刚度,车轮对地面的压力 P 一般与轮胎内部空气压力 P_w 不相等。在坚硬的路面上,当车轮承受额定载荷时,则

$$P = (1.05 \sim 1.20)P_\text{w}$$

对于胎体较厚、帘布层数较多的轮胎,应取式中较大值。

在坚硬的路面上,各式汽车的车轮对地面的单位压力的数值为

4×2 型轿车　　　　　　170.340 kPa

4×2 型载货汽车　　　180.540 kPa

4×4
6×4 型载货汽车　　　170.390 kPa
6×6

当汽车在松软路面上行驶时,降低车轮对地面的单位压力,可使车辙深度减小,从而可降低汽车的行驶阻力。同时,由于车轮与路面的接触面积增加,附着系数也可获得增大。

5.8.2　最大动力因数

前面已阐明,汽车以变速器头挡行驶时的最大动力因数是标志汽车最大爬坡能力和克服道路阻力的能力。当汽车在烂路或无路地带行驶时,行驶阻力很大,为保证汽车具有较好的通过性,除了采取减小行驶阻力的措施以外,还必须提高汽车的驱动力或动力因数。在越野汽车的传动系中,增设副变速器或具有低挡的分动器,以增大传动系的总传动比,可在驱动轮上获得足够大的驱动力。适当减小汽车的载荷,不仅可降低车轮对地面的单位压力,而且还可提高汽车的动力因数,从而可提高汽车通过松软地面的能力。

5.8.3　相对附着重力

驱动轮载荷与汽车总载荷之比称为相对附着重力。汽车的最大驱动力不仅取决于发动机和传动系的参数,还受附着力的限制。为了能获得更大的驱动力,必须增大汽车的相对附着重力和提高附着系数。

不同类型的汽车其相对附着重力一般在下列范围内:

4×2 型轿车　　　　　　0.45 ~ 0.50

4×2,6×4 型载货汽车　　0.65 ~ 0.75

4×4,6×6 型载货汽车　　1.0

四轮驱动汽车的相对附着重力可达到最大值,因此,针对军用、农用和林区使用场合的汽车,一般都采用四轮驱动,以提高其通过性。

5.9　影响汽车通过性的主要因素

汽车的通过性与汽车结构及使用条件有关。

5.9.1　结构因素的影响

影响汽车通过性的结构因素很多,但最主要的是与驱动力和几何参数有关的结构因素。

（1）**发动机的动力性**

为保证汽车的通过性,在设法减小行驶阻力的同时,必须提高汽车的动力性,提高汽车的最大动力因数。为此,越野汽车首先要有足够大的单位汽车重力发动机扭矩 M_e/G,或较大的单位重力发动机有效功率 P_e/G。

（2）**传动系的传动比**

为提高最大驱动力,需要增大传动系速比。在传动系中增加副变速器或使用两挡分动器,可以增大传动系的总传动比。高通过性汽车的总传动比往往选得比附着条件所限制的值还大,这是为了降低汽车的最低稳定车速,越野汽车的最低稳定车速值见表5.5。当汽车的行驶速度降低时,土壤的物理特性有所改善,土壤的剪切破坏和车轮滑转的几率就减小,因此,用低速行驶克服困难路段,可以改善汽车的通过性。

表5.5 越野汽车的最低稳定车速值表

汽车总重力/kN	< 19.6	< 63.7	< 78.4	> 78.4
最低稳定车速/(km·h⁻¹)	< 5	2 ~ 3	< 1.5 ~ 2.5	< 0.5 ~ 1

(3)液力传动

汽车上装有液力变矩器或液力耦合器,可提高汽车在松软路面上的通过能力。这种汽车在起步时,驱动轮的扭矩缓慢增加,可以避免汽车起步时对路面的冲击,避免土壤表层被破坏而导致车轮滑转。装有机械式传动装置的汽车起步时,驱动轮上扭矩增长急剧,数值较大,并有振动。在松软路面上起步时,这种过大的扭矩往往导致土壤破坏,增加轮辙深度。

液力传动的汽车还能消除机械传动系中经常发生的扭转振动,防止剪切力降低和土壤破坏。液力传动的汽车能维持长时间稳定地以低速度(0.5 ~ 1 km/h)行驶。装有机械式有级变速器的汽车在烂路上行驶时,常因车速低、惯性小,在换挡时动力中断,惯性力不足以克服较大行驶阻力而停车,重新起步,又可能引起土壤破坏而使起步困难。液力传动的汽车不用换挡就可提高扭矩,从而使通过性提高。

(4)差速器

在汽车传动系中安装差速器,可使左右驱动车轮能以不同的角速度旋转。但是,常用的普通齿轮式差速器由于具有在驱动轮间平均分配扭矩的特性,因此会大大降低汽车的通过性。普通差速器驱动轮上驱动力的大小取决于附着力较小的一侧车轮,驱动力的数值可能不足以克服行驶阻力,因而使汽车失去通过能力。在恶劣的路面上,这种情况是常见的,往往由于一个车轮打滑而使汽车不能前进。

差速器中机件间的摩擦作用对提高汽车的通过性能是有益的。由于有这种摩擦作用,差速器才可以较大的扭矩传给不滑转的车轮。这样,两个驱动轮上总的驱动力将有所增加。可是,一般结构的差速器内摩擦不大,所能引起的驱动力增量不大于4% ~ 6%。

越野汽车上采用的高摩擦差速器。例如,凸块或蜗杆式差速器等。其内摩擦较大,总的驱动力一般可增加10% ~ 15%。如采用强制锁止差速器,在一般所遇到的实际道路条件下,当差速器锁住时,因为在左右车轮上的附着系数差别不大,所以汽车总驱动力的增加一般不超过20% ~ 25%。

(5)前后轮距

当汽车在松软地面上行驶时,需要克服形成各个车轮轮辙的滚动阻力。如果汽车的前后轮距相等,并有相同的轮胎宽度,即前后轮辙重合,则后轮就沿着已被前轮压实的轮辙行驶,如图5.9(a)所示,因而会使汽车总的滚动阻力减小。如果前后轮距不等,如图5.9(b)所示,则总

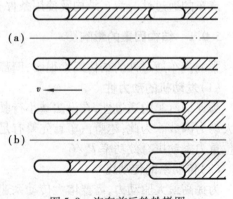

图5.9 汽车前后轮轮辙图

的滚动阻力将增加。现代越野汽车广泛采用单胎,各轴上的轮距相等,并增加了轴数,例如三轴或四轴。采用多轴数可降低车轮的载荷,从而减小单位压力,以提高汽车在松软路面上的通过能力。

(6)驱动轮的数目

增加驱动轮的数目,可增加汽车的相对附着质量,增加驱动轮胎与松软地面的接触面积,能充分利用其驱动力。因此,越野汽车均采用四轮驱动。

(7)车轮尺寸

增加车轮的直径和宽度,都能降低轮胎对地面的单位压力,从而提高通过性。但增大轮胎直径的效果较差,因为过大的车轮直径会带来许多不良后果,如车轮惯性增大,汽车的重心升高,轮胎价格较贵,要求采用传动比很大的传动系等。因此,大直径的车轮在汽车上没有得到广泛的应用。加大轮胎宽度不仅直接降低轮胎对地面的单位压力,而且因为轮胎较宽,允许胎体有较大的变形,这样既不降低轮胎的使用寿命,又使轮胎气压取得低些。因此,在近代越野汽车上,超低压的拱形轮胎得到了越来越广泛的应用。

(8)涉水能力

为了提高汽车的涉水能力,应注意发动机的分电器、火花塞、蓄电池、曲轴箱通风口、机油尺等处的防水密封,并应保证空气滤清器不进水。

5.9.2　使用因素的影响

(1)轮胎花纹

轮胎花纹对附着系数的影响很大。根据不同的使用条件正确地选用轮胎花纹,可以提高车辆的通过性。越野汽车应选用具有宽而深花纹的轮胎,汽车在松软地面上行驶时,轮胎花纹嵌入土壤,增加了土壤的剪切面积,从而增大了附着系数,汽车在潮湿的硬路面上行驶时,只有轮胎花纹的凸起部分与地面接触,轮胎对地面的单位压力增加,有利于挤出水分,增大附着系数。

(2)轮胎气压

汽车在松软地面上行驶时,降低轮胎气压,则轮胎与地面的接触面积增加,使轮胎对地面的单位压力降低,因而车轮的滚动阻力减小,附着系数增大。例如,轮胎气压从 294 kPa 降低至 49 kPa 时,附着系数从 0.17 增至 0.48。轮胎气压降低时,虽然土壤的变形阻力减小,但轮胎本身的迟滞损失却逐渐增加。因此,在一定的地面上,有一个相应的最小滚动阻力的轮胎气压。实际上采用的轮胎气压比最小滚动阻力时的轮胎气压高 20~30 kPa。此时,滚动阻力量稍有增加,但在潮湿地面上的附着系数将显著增大,因而改善了汽车的通过性。

近代越野汽车,为了使其在松软地面上具有良好的通过性,并且在坚硬的道路上行驶时又不至于有过大的滚动阻力和降低轮胎寿命,故多装有中央充气系统。驾驶员可根据道路情况,随时调整轮胎气压。越野汽车的超低压轮胎气压,其变化范围通常为 49~440 kPa。

在低压或变压条件下工作的轮胎,为了减少由于轮胎变形而引起的损失和保证轮胎的使用寿命,轮胎应该薄而坚固耐磨,胎体应富有弹性,同时帘布的层数应尽量少。但是,单纯地减少帘布层数,轮胎的负荷能力可能降低,故应全面考虑。

(3)驾驶技术

驾驶技术对汽车通过性的影响很大。为了提高汽车的通过性,在通过沙地、泥泞和雪地等松软路面时,应使用低挡速,以保证汽车具有较大的驱动力和较低的行驶速度,应避免换挡和加速,并尽量保持直线行驶,否则将难于通过。

后轮是双胎的汽车,其后轮常会夹泥而使其附着系数减小,从而导致车轮滑转。这时,应适当提高车轮转速,以甩掉夹泥。

传动系装有强制锁止式差速器时,在汽车进入车轮可能滑转地区之前,就应将差速器锁住。因为一旦滑转之后,土壤表面即被破坏,附着系数随之减小,这时再锁住差速器,就不会起显著作用。当汽车离开恶劣路段后,应迅速脱开差速器,以免转弯时差速器不起作用而引起转向困难。

在滑溜路面上,提高汽车通过性最简单的办法是在驱动车轮轮胎上套上防滑链条,以提高车轮的附着能力。

近年来,汽车的交通流量不断增大,为了确保行驶安全和减轻金属防滑链对道路的损伤,已研制出非金属轮胎防滑装置。它的附着系数比金属防滑链的略小,但是它的优点较多,如质量小、拆装方便、噪声低、振动小、对轮胎的磨损小、对路面的损伤较轻等。

5.10　汽车通过性试验

5.10.1　试验目的

测定或比较越野汽车的通过性。包括对垂直障碍、壕沟、路沟、涉水等地形的通过能力,对沙地、泥泞地、冰雪地和灌木林等地面的通过能力,汽车的自救能力及越野综合行驶性能。

5.10.2　试验条件

一般试验条件应符合 GB/T 12534 的规定,试验道路见表5.6,被试验车辆轮胎花纹的磨损量不得超过原始高度的1/5。变速器置于1挡,分动器置于低挡(涉水试验除外),汽车四轮驱动。观察并记录在该过程中汽车的运动状况及其部件与地形设施有无接触、碰撞或其部件间有无运动干涉等现象。

表5.6　汽车试验地形设施特征表

名　称	特征实例		
垂直障碍		高度 $h = \left(\frac{2}{3} \sim \frac{4}{3}\right) r_k$ 选择三种,宽度不小于 4 m,长度 L 不小于被试汽车的轴距(也可用各试验场的固定设施进行)	
凸岭		长 L/m	6	6	6
		高 h/m	0.5	1.3	2

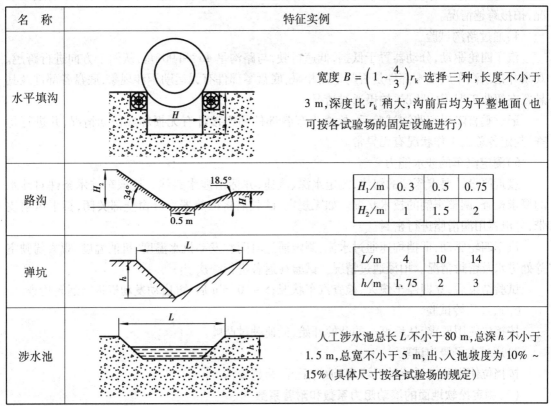

名　称	特征实例	
水平填沟		宽度 $B = \left(1 \sim \dfrac{4}{3}\right) r_k$ 选择三种,长度不小于 3 m,深度比 r_k 稍大,沟前后均为平整地面(也可按各试验场的固定设施进行)
路沟		H_1/m ： 0.3 ，0.5 ，0.75 ； H_2/m ： 1 ，1.5 ，2
弹坑		L/m ： 4 ，10 ，14 ； h/m ： 1.75 ，2 ，3
涉水池		人工涉水池总长 L 不小于 80 m,总深 h 不小于 1.5 m,总宽不小于 5 m,出、入池坡度为 10% ~ 15%(具体尺寸按各试验场的规定)

注:r_k 为汽车车轮的滚动半径。

5.10.3　试验仪器

自记式测力计(允许误差 ±3%)、负荷拖车、远程温度计、流速仪、驱动轮转数仪(准确度为总转数的 ±0.5%)、燃油流量仪、土壤坚实度仪、坡度仪、沙筛、天平、土壤湿度仪及尺或钢卷尺、照相机和录像机等。

5.10.4　试验方法

(1)地形通过性能试验

1)试验的地形种类

试验的地形要求有垂直障碍物、凸岭、水平壕沟、路沟、弹坑、涉水池等。

2)测定通过垂直障碍物的最大高度

汽车四轮驱动,分动器置于低挡,低速驶近垂直障碍物,油门踏板踩到底,翻越垂直障碍物。选择三种不同高度的障碍物,从高度最低的开始翻越,直至不能翻越为止。

观察并记录超越障碍物中时汽车的运动状况;底盘零部件与障碍物有无接触、碰撞,或底盘零部件有无干涉等现象,拍摄翻越情况,翻越以后,拍摄地面被破坏的情况。

3)测定通过水平壕沟的最大宽度

汽车四轮驱动,分动器置于低挡,低速驶近壕沟,油门踏板踩到底,驶过水平壕沟。选择三种不同宽度的水平壕沟,由最窄的壕沟开始跨越。观察并记录跨越水平壕沟时汽车的运动状况,拍摄跨越情况。

4)通过路沟试验

汽车四轮驱动,分动器置于低挡,低速行驶,与路沟呈45°和90°角,从两个方向进行跨越。观察并记录汽车底盘零部件是否与地面相碰,底盘零部件有无运动干涉现象,底盘各部件及其悬置在扭曲工况下的状况,拍摄通过情况。

通过垂直障碍和路沟试验后,检查汽车各部件和连接件有无损坏或松动情况,并进行检查,判定各总成工作状况有无异常。

5)测定汽车的涉水能力

接近原设计要求深度的河流,测定水深、流速,并标出涉水路线。按该车技术条件对涉水的要求检查,调整车辆的技术状况。如无规定,试验前将散热器百叶窗全部关闭,拆下风扇皮带,分电器用润滑脂进行密封。

汽车四轮驱动,低挡均速通过水流,测定通过时间和发动机水温度、机油温度,观察驾驶室等处进水及密封情况。拍摄通过情况。试验往返各进行一次。

试验结束后,立即停车熄火,检查汽车状况;5~10 min 后,再启动发动机进行运转检查。

6)通过凸岭试验

按挡位使用要求,从坡度小的凸岭开始,低速驶过凸岭。

7)通过水平壕沟试验

按挡位使用要求低速驶近壕沟,油门全开,跨越壕沟。

(2)测定松软地面的滚动阻力系数和附着系数

1)测定滚动阻力系数

在规定的松软地面试验区内,变速器置于空挡,用另一汽车的绞盘拖曳试验汽车,测定其拖曳力。拖曳用的钢丝绳两端高度应一致,并与汽车纵向中心线的铅直平面重合。试验往返各进行一次,每次应在未变形地面上进行,取两次拖曳力的平均值为滚动阻力,即

$$f = \frac{F}{G}$$

式中　f——滚动阻力系数;

　　　F——拖曳试验汽车所需的力,N;

　　　G——试验汽车总重力,N。

对可变气压的轮胎,用标准气压和最佳气压测定,汽车每次通过后测定车辙深度。

2)最大拖钩牵引力和附着系数的测定

在规定的松软地面试验区内,试验汽车以拖曳负荷拖车控制负荷,装置测力仪。试验时汽车用最低挡,四轮驱动,起步后,待牵引索拉直,油门踏板踩到底,使车速达到该情况下的最大车速,用负荷拖车逐渐加载至试验汽车驱动轮开始滑转以致趋于停车时,测定最大拖钩牵引力。如果发动机熄火,则于熄火前测定。试验在未变形地面上连续进行两次,取两次试验数据的平均值,误差较大时需重复试验。

附着系数按下列公式计算,即

$$\phi = \frac{F_K - F_{гр}}{KG}$$

式中　ϕ——附着系数；

　　　F_K——最大拖钩牵引力，N；

　　　F_{rp}——汽车在测定路段上的总行驶阻力，N；

　　　K——附着重力系数，其值按下式计算：

$$K = \frac{G_b}{G}$$

式中　G_b——考虑拖钩牵引力的影响后，驱动轮上的实际载荷，N。

（3）**试验报告**

试验报告一般包括下列内容：

①试验目的；

②试验内容；

③试验的地形设施描述或其结构、原理图；

④试验结果及评价；

⑤试验执行单位、参加者及报告人；

⑥报告日期。

（4）**汽车通过性各项试验记录**

测试汽车通过性试验时，应认真填写各项试验记录表。汽车通过性试验包括：地形通过性试验、垂直障碍通过性试验、凸岭通过性试验、水平壕沟通过性试验、路沟通过性试验、弹坑通过性试验和涉水通过性试验，其各项试验记录表分别见表 5.7 ~ 5.13。

表 5.7　地形通过性试验记录表

汽车型号			底盘号码		发动机号码	
出厂日期					试验车总质量	
变速器挡位			分动器挡位		里程表读数/km	
轴荷分配/kg	前		中		后	
轮胎气压/kPa	前		中		后	
试验日期					试验地点	
试验员					驾驶员	

表 5.8　垂直障碍通过性试验记录表

试验序号	障碍高度/m	通过情况	备　注

101

表 5.9　凸岭通过性试验记录表

试验序号	凸岭尺寸/m	通过情况	备　注

表 5.10　水平壕沟通过性试验记录表

试验序号	壕沟宽度/m	通过情况	备　注

表 5.11　路沟通过性试验记录表

试验序号	通过情况		路沟尺寸/m	备　注
	与路沟成 90°	与路沟成 45°		

表 5.12　弹坑通过性试验记录表

试验序号	弹坑尺寸/cm	通过情况	备　注

表 5.13　涉水通过性试验记录表

试验序号		
试验方向		
起始热状况	发动机水温/℃	
	发动机油温/℃	
终了热状况	发动机水温/℃	
	发动机油温/℃	
起始时间/s		
终了时间/s		
通过时间/s		
通过距离/m		
涉水前部件工作情况		
涉水后部件工作状况 （起动机、离合器、 电器附件、制动系）		
涉水后密封状况 （驾驶室、驱动桥、 分动器、前后轮毂）		
备　注		

复习思考题

5.1　什么是汽车行驶平顺性的感觉评价？

5.2　影响行驶平顺性的结构因素有哪些？

5.3　什么是汽车的通过性？

5.4　什么是汽车的最小离地间隙？

5.5　什么是汽车的最小转弯半径？

第 **6** 章
汽车的公害及其控制

6.1 汽车公害概述

汽车已经成为人类社会必不可少的便捷交通工具,是一个国家或地区现代化程度的重要标志。随着我国国民经济的高速发展,特别是加入世界贸易组织以来,我国的汽车工业发展速度非常惊人——公安部统计数据显示,截至 2017 年底,全年汽车销量达 2 887. 89 万辆,全国汽车保有量达 2.17 亿辆,与 2016 年相比,全国增加 2 304 万辆,增长达 11.85%。然而,汽车在给人们出行、货物运输带来便利的同时,也带来了能源供应紧张和环境公害等问题,特别是空气污染、噪声污染、电波污染、交通事故和拥堵、汽车垃圾(废弃汽车)、汽车空调泄漏的温室气体氟氯烃等越来越严重,并且随着汽车数量的迅猛增长,汽车的环境公害问题将会变得更为突出;另一方面,随着人类生活水平的不断提高,对环境的质量要求越来越高,这就迫使各国政府对汽车排放提出了越来越严格的要求和限制。近年来围绕着满足更为严格的环保要求的汽车环保技术发展异常迅速,汽车环境保护技术已成为各家汽车公司用于标榜产品先进程度的标志。

在汽车密集的城市里,汽车的公害是很严重的,它主要有三个方面:第一,汽车排放污染;第二,噪声对环境的危害;第三,汽车电气设备对无线电及电视等电波的干扰。其中排放污染对人们的生活环境影响最大,其次是噪声,而电波干扰由于不直接影响人体健康,并且是局部性的,因此在本章着重讨论前两个问题。

6.2 汽车的排放污染及控制

环境保护问题是当前世界各国所关注的五大社会问题(粮食、能源、人口、资源和环境)之一。随着汽车工业的迅速发展、汽车保有量急剧增加,汽车排放对大气的污染已成为主要公害,直接危害人类的健康,并破坏着自然界的生态平衡,已引起了各个国家的重视。

汽车排放污染,不仅是个环境保护问题,而且本身也造成能源的浪费。汽车排气中的 CO(碳氧)、HC(碳氢)化合物越多,说明燃料燃烧得越不完全,燃料浪费也越大,排放污染也更厉害。因此,研究和降低汽车排放污染的问题,对节约能源、减轻大气环境污染、造福人类有着重要意义。

6.2.1　汽车排放的主要有害成分及危害

汽车排放的有害成分是 CO、HC、NO_x 和 SO_2,另外还有铅尘飘尘(刹车蹄片和轮胎磨损所散发的石棉尘和橡胶尘等)。在这些有害成分中 CO、HC 和 NO_x 是主要的污染物质。它们大部分是由排气管排出的,但也有从其他部位窜出的。汽车排放量见表 6.1。

表 6.1　汽车排放量表

排放源	排放量/%		
	CO	HC	NO_x
排气尾管	98 ~ 99	65	98 ~ 99
曲轴箱	1 ~ 2	25	1 ~ 2
燃油系统	0	10	0

这些有害物质排放到大气中,通过呼吸系统进入人体,能使人体的神经系统、消化系统、呼吸系统受到损害。经研究表明,汽车排放物中还包含有致癌物质。

当 CO 的含量(容积浓度)在 1% 以上时,随着浓度的增加,会引起头痛、呕吐、昏厥甚至死亡,一氧化碳对人与环境的影响见表 6.2。

表 6.2　一氧化碳对人与环境的影响

浓度/10^{-6}	影响程度
10	人开始慢性中毒
30	人在 4 ~ 6 h 内中毒
100	人立即头痛、恶心
120	人在 1 h 内中毒
1 000	立即死亡

NO_x 化合物和 HC 化合物在太阳光的紫外线作用下,能反应生成一种有害的所谓"光化学烟雾"。这种光化学烟雾滞留在大气中,使人感到呼吸困难、头晕目眩、眼红咽痛,甚至引起中枢神经的瘫痪、痉挛。在英国伦敦和日本东京就曾发生过震惊世界的"光化学烟雾"事件。光化学烟雾对人与环境的影响见表 6.3。

表6.3　光化学烟雾对人与环境的影响

浓度/10^{-6}	影响程度
0.02	在5 min内,10人中有9人能觉察到
0.03	在8 h内,敏感度高的作物、树木受损害
0.2~0.3	人的肺机能减弱,胸部有闷感,眼睛红痛
0.2~0.5	3~6 h内,视力减弱
0.1~1.0	1 h,呼吸紧张,气喘病恶化
1~2	2 h内,头痛、胸痛,肺活量减少,慢性中毒
5~10	全身疼痛、麻痹、肺气肿
15~20	小动物2 h内死亡
>50	人在1 h内死亡

6.2.2　汽车排放限值及测量方法

(1)汽车排放限值

由上小节可知,控制汽车排放量是个非常重要的问题。目前美国、日本及欧洲地区对汽油车同时实行急速法、工况法、曲轴箱通风与燃料蒸发强制装置法来测量汽车排放物质,对柴油车同时实行工况法和烟度法来测定。

我国实行的《汽车排放限值》,对于汽油机实行急速法,限制CO与HC值;对柴油机实行无负荷急加速法,限制烟度值。汽油车应符合表6.4的规定,柴油车应符合表6.5的规定。

表6.4　汽油机怠速污染物排放标准表

项　目	类　别	测量方法	限　值
CO	新生产车	急速法	≤5%
	在　用　车		≤6%
	进　口　车		≤4.5%
HC	新生产车		≤2 500×10^{-6}
	在　用　车		≤3 000×10^{-6}
	进　口　车		≤1 000×10^{-6}

表6.5　柴油机排放限值表

控制项目	类　别		测量方法	限值/%
烟　度	新生产车	国产车	无负荷急加速法	≤R_B50
		进口车		50
	在用车	国产车		≤R_B70
		进口车		≤R_B50

　　上述标准包括汽车产品的排放标准和城市在用汽车的排放检查标准,但不包括海拔1 000 m以上的高原及次高原地区使用的汽车。新车注册登记领取牌照时,按新生产车限值要求,其他按在用车限值要求。

　　(2)**测量方法**

　　贯彻上述标准所采用的测量方法,应遵照 GB 18285—2005《点燃式发动机汽车排气污染物排放限值及测量方法》和 GB 3847—2005《车用压燃式发动机汽车排气烟度排放限值及测量方法》。

　　1)我国汽油车怠速污染物测量方法

　　①适用范围

　　本标准适用于汽油车怠速工况下排气中 CO、HC 化合物浓度的测量。

　　②定义

　　A.怠速工况:

　　a.发动机运转。

　　b.离合器处于接合位置。

　　c.加速踏板与手油门位于松开位置。

　　d.装机械式或半自动变速器时,变速杆位于空挡位置。当装自动变速器时,选择器在停车或空挡位置。

　　e.阻风门全开。

　　B.CO 化合物浓度、HC 化合物浓度排气中 CO 化合物浓度以容积百分数(%)表示;HC 化合物浓度以容积百分数($\times 10^{-6}$)表示。

　　③测量仪器及技术要求

　　A.测量仪器应采用不分光红外线 CO 化合物、HC 化合物气体分析仪。仪器必须经国家工业和信息化部的相关机构鉴定合格。

　　B.测量仪器的使用环境温度为 5 ~ 40 ℃。

　　C.测量仪器的最大量程:CO 不大于 10%,HC 不大于 $10\ 000 \times 10^{-6}$,量程转换不得少于两挡。

　　D.测量仪器的零位飘移及量程飘移:每小时应小于满量程的 ±3%。

　　E.测量仪器的重复性:对同一气样连续 5 次测量时,仪器指示值与平均值的最大误差应小于满量程的 ±2%。

　　F.测量仪器的响应时间:从气样进入取样管口起到仪器指示值为该气样标称值90%时止,应小于 10 s(取样软管长度不小于 3 m,取气样管长度不小于 0.6 m)。

　　G.测量仪器的指示值应不受汽车点火系统的干扰。

　　④仪器准备

　　A.按生产厂家使用手册的规定进行准备(包括仪器的预热、使用和维修仪器),要定期保养,确保精度。

　　B.每次使用或移到一新的环境,在使用仪器前应按仪器使用手册进行刻度值和零位的校正。

　　C.要确保取样管和取样头不得积存污染物和冷凝物。

⑤受检车辆准备

A. 排气系统不得有泄漏。

B. 应保证取样管插入排气管的深度不小于 0.3 m,否则排气管应加接管,但应保证接口不漏气。

C. 发动机应达到所规定的热状态:

$$四冲程 \begin{cases} 水冷 & 水温 80 \ ℃以上 \\ 风冷 & 油温 40 \ ℃以上 \end{cases}$$

D. 按汽车制造厂使用手册规定的调整法调至规定的怠速转速和点火正时。

⑥测量程序

A. 发动机由怠速加速至 70% 额定转速,维持 30% 以上,再降至怠速状态。

B. 将取样管插入排气管中,深度不小于 0.4 m。

C. 读数取最大值。

D. 若为多排气管时,则取各管测值的算术平均值。

2)我国柴油车自由加速烟度测量方法

①适用范围

本标准适用于新生产车及在用车的排气烟度测量。

②定义

A. 柴油机自由加速工况

发动机处于怠速工况,即离合器处于结合位置,加速踏板位于松开位置,装机械式或半自动变速器时,变速杆位于空挡位置;当装自动变速器时,选择器在停车或空挡位置,将加速踏板迅速踩到底,维持数秒后松开。

B. 烟度

定容量排气所透过滤纸的染黑度。

③测量仪器及技术要求

A. 采用滤纸式(BOSCH)烟度计,仪器须经国家相关机构鉴定合格。

B. 取样探头:

a. 取样探头不应受到排气动压的影响。

b. 取样探头分台架实验用和整车实验用两种形式。台架实验用取样探头按 GB 3847—2005 规定要求,整车实验用取样探头应带有散热片。

④活塞式抽气泵

A. 抽气泵应保证每次的抽气量为(330 ± 15)mL。

B. 抽气泵抽气速度不应变化过大。每一次吸气动作的时间为(1.4 ± 0.2)s。

C. 在 1 min 内,外界空气的渗入量不应大于 15 mL。

D. 应保证滤纸的有效工作面直径为 $\Phi32$ mm。

E. 滤纸夹持器应夹持可靠,保证密封。

⑤取样软管

A. 取样软管长度为 5 m。

B. 取样软管内径不得小于 4 mm。

⑥检测装置

A.光电传感器;

光电传感器工作原理如图6.1所示。

a.光源采用白炽灯珠,发光要均匀稳定。

b.灯珠光轴应位于滤纸中心并与滤纸平面垂直。

c.采用环形硒光电池作为光电元件,其输出特性应稳定,硒光电池受光面积的外径为$\Phi 32$ mm,内径为$\Phi 10$ mm。滤纸到硒光电池表面的距离为10.5 mm。

B.滤纸式烟度计;

a.指示电表的精度应不低于1.5级。

b.指示电表应按硒光电池特性刻度,用0~10的刻度表示;烟度值最小分度为满刻度的2%。

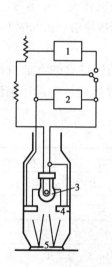

图6.1　光电传感器工作原理

1—电源;2—指示表;3—光源;
4—光电元件;5—滤纸

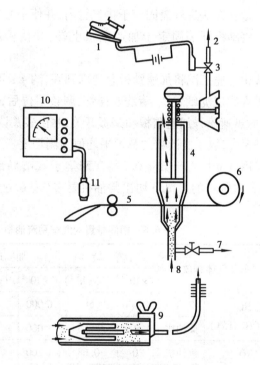

图6.2　滤纸式烟度计结构简图

1—脚踏开关;2—压缩空气;3—电磁阀;4—抽气泵;5—滤纸;
6—滤纸卷;7—清扫用压缩空气294~392 kPa;8—通取样探头;
9—取样探头;10—指示电表;11—光电传感器

c.检测装置应备有调整零位和校验刻度值的调节旋钮。

d.烟度计应备有三张供标定用的标准烟样,标定值应选为$R_B 5$左右,每张标准烟样应在明度上进行标定,精确度为0.5%。

e.控制装置,包括用脚或用手控制抽气泵开关,滤纸定位机构和压缩空气清洗机构。如图6.2所示。

⑦仪器准备

A.按生产厂使用手册的规定进行准备、使用和维护仪器,要定期保养,确保精度。

B. 每次测量之前必须注意以下几点：

a. 进行零位校正(在取样管清洗之前进行)。

b. 保证滤纸符合规定,洁白无污,保证滤纸传送装置工作状态良好。

c. 保证压缩空气清洗系统工作正常、无泄漏。

d. 保证烟度检测系统工作状态良好。

⑧受检车辆准备

A. 排气系统不得有泄漏；

B. 应保证取样管插入深度不小于 0.3 m。否则排气管应加接管,并保证接口不漏气。

C. 必须采用生产厂规定的柴油机和未添加消烟剂的柴油；

D. 发动机达到使用说明书所规定的热状态。

⑨测量规程

A. 取样探头进气流固定于排气管内,并使中心线与排气管轴线平行；

B. 将踏板开关固定于加速踏板上端,并使检测仪表上的转换开关位于与踏板结合的位置。

C. 由怠速工况将加速踏板急速踩到底,约 4 s 迅速松开,如此重复三次后可开始测量；

D. 在完成滤纸定位、清洗取样管、调整零位后,将加速踏板与踏板开关一并迅速踩到底,至 4 s 时迅速松开加速踏板和踏板开关,并由表头读数。下一次踏踩板距前一次间隔 15 s。如此重复 3 次,取 3 次读数的算术平均值为测烟度。

车用汽油机由于数量多,经常密集于城市局部区域,再加之相同排量的汽油机排出的污染物,在所有的工况下均比柴油机要多(表 6.6),因此,控制汽油机的污染远比柴油机重要得多。

表 6.6 相同排量的汽车用汽油机和柴油机排放值的比较表

机型及气体排放		惰 转		加 速		中等车速		减 速	
		$/\times 10^{-6}$	$/(g \cdot h^{-1})$	$/\times 10^{-6}$	$/(g \cdot h^{-1})$	$/\times 10^{-6}$	$/(g \cdot h^{-1})$	$/\times 10^{-6}$	$/(g \cdot h^{-1})$
HC (按 CH_3 计算)	汽油机	10 000	68	6 000	645	5 000	127	30 000	208
	柴油机	1 500	38.5	1 000	109	800	63.5	1 500	109
NO_x (按 NO_2 计算)	汽油机	30	0.68	1 200	417	650	54.5	30	0.68
	柴油机	60	5	850	295	240	59	30	0.68
汽油机 α		0.73		0.861		0.993		0.662	
排气总量/ ($m^3 \cdot min^{-1}$)	汽油机	0.192		2.88		0.707		0.510	
	柴油机	0.707		2.88		2.18		1.980	
CO/%	汽油机	5		5		0.6		5	
	柴油机	0.4		0.2		0.03		—	
CO_2/%	汽油机	9.5		10		12.5		9.5	
	柴油机	1.0		11		7.0		—	

6.2.3 对汽车排放污染的控制

控制排放污染从设计上主要采取三个措施:一是改善发动机的燃烧过程,以减少有害气体的产生;二是对发动机的燃油和空气进行预先处理,如在柴油中加入含钡的消烟添加剂、排气再循环、进气管喷水或柴油渗水等;三是对排气进行后处理,如采用各种净化、消音装置等。

控制排放污染从使用上主要措施是要保持良好的发动机技术状况,提高驾驶水平和控制燃油的蒸发。下面就使用方面来讨论这个问题。

(1)保持良好的发动机技术状况

发动机技术状况对节约燃油和控制排放污染起至关重要的作用。

保持发动机良好的技术状态主要是指:发动机汽缸的压缩压力、供油系和点火系的技术状况均达到良好的工作状态。据统计资料,这三个方面影响有害排放物的比重分别为28%、30%、26%。

1)保持正常汽缸的压缩压力

当汽缸的压缩压力低时,发动机不易启动,发动机燃烧不完全,不但使耗油增加,同时 HC和 CO 化合物的含量也增加。

试验表明:当发动机活塞磨损已接近使用极限时,不仅功率下降,CO 排放量将增加0.4～1.2倍,由于发动机机油烧损量增加,因此,发动机工作时冒黑烟。在维修中应注意检查汽缸的压缩压力,找其原因,是否是汽缸的早期磨损或气门不密封或间隙调整不当,并及时修复。

另外,还要经常清除燃烧室的积炭。因为燃烧室积炭增多会使压缩比加大,NO_x 的含量增多。积炭具有多孔状的表面,它使燃烧室的面容比(活塞到达上止点时燃烧室的表面面积与容积之比称为燃烧室的面容比)增大,对混合气的激冷效应增加,从而增加碳氢化合物的排放量。此外,由于燃烧室积炭炽热后又会引起爆燃和表面点火,这些都将引起排放污染物的增加。

2)供油系

正确调整供油系,使发动机在各种工况下混合气的空燃比尽可能地合适,在不降低发动机使用动力的前提下,注意空气滤清器的保养与维护。因滤网的堵塞增大进气阻力,从而减少空气量,导致混合气变浓,使燃烧不完全,进而增加 CO 和 HC 化合物排放量,造成燃油浪费及空气污染。

3)保持点火系良好的技术状况

点火系统应保证在各种工况下供应有足够点火能量的电火花,不应有断火或火花弱,使某缸燃烧不良,排放污染物增加。

适当地使点火延迟,可以提高排气温度,使 HC 化合物在排气过程中燃烧掉,NO 化合物的排放量也可以减少。特别在息速工况下,供给的混合气较浓,点火稍迟可以大大减少排放污染物。但点火提前角不可过小,否则会使发动机动力性和经济性明显下降,可靠性也下降。火花塞电极之间间隙大于最佳值,则 HC 化合物排放量增加12%～24%;四缸发动机若一个火花塞不工作,HC 化合物排放量增加0.5～1倍。

(2)控制汽油的蒸发

控制汽油蒸发损失,防止油箱汽油蒸发成气体溢入大气。一种方法是把油箱的通气孔连接到一个充满活性炭的收集罐里,再把罐中燃油蒸气返回管路送到发动机里;另一种方法是密封曲轴箱,由曲轴箱排出的油气经控制阀吸入进气管,控制阀是一个弹簧阀,它保证在进气管真空度很高时限制空气流量,这样既可使曲轴箱中可燃混合气和润滑油雾全部烧掉,减少 HC 化合物的排放,又可改善曲轴箱的通风,使润滑油不易变质。

(3)驾驶技术

驾驶员的驾驶技术对排放污染也不能忽视。在驾驶中应注意几点:

①驾驶员在发动之前应该对发动机的技术状况做到心中有数,特别是供油系和点火系的技术状况应该完好,尽量减少发动次数,否则会使排放污染增加。

②汽车行驶时油门开度要适当,不能过大,以保持汽车在经济速度下稳定行驶。不要突然加速,否则使排放污染增加。

③保持发动机正常工作温度,使冷却水温在 80～90 ℃的范围内。水温过低,燃烧室壁对混合气的激冷效应增加,混合气雾化不良,燃烧不完全,使排放污染增加。

6.3　汽车噪声危害及防治

6.3.1　噪声的性质及危害

在人们的生活环境中存在着各种各样的声响。它的强度通常用声强级或声压级来表示,单位为 dB(分贝)。

所谓噪声,就是指声压强度达到一定值,致使人感到不适,频率和声强杂乱的声响。噪声环境包括交通运输噪声,工厂设备生产运输噪声,建筑施工噪声以及生活噪声。其中交通运输车辆(汽车、摩托车等)是城市噪声的主要来源,约占 75% 的比例。机动车辆噪声的强度一般都达 60～90 dB,对人和环境的危害很大。例如,80 dB 以下的环境噪声一般认为不至于造成明显的永久性听力损伤,仅使人的听力产生暂时性下降;但是高于 70 dB 的噪声会使人烦躁不安,从而严重地影响到人们正常学习、工作和休息。长时间处于噪声环境的人,还会导致心脏病和胃病,以及神经官能症等。因此,控制噪声污染越来越引起人们的重视。

6.3.2　汽车噪声来源及防治

汽车噪声主要来源于发动机、传动系、轮胎等。这些噪声随着车辆和发动机形式不同而不同,还与使用过程中的车速、发动机转速、加速状态、载荷及道路条件有关。

(1)发动机噪声

发动机噪声主要包括燃烧、机械、风扇及其他部件发出的噪声。

1)燃烧噪声

燃烧噪声是可燃混合气在汽缸中燃烧时因压力急剧上升的气体冲击而产生的。这种噪声在柴油机总的噪声中占很大比例,而在汽油机中却占很次要的地位。

2)机械噪声

机械噪声包括活塞敲击声、气门机构声、正时齿轮声等。在柴油机中正时齿轮的噪声是很大的噪声源。

3)风扇噪声

风扇噪声是汽车最大噪声之一。特别是近年来,由于车内普遍装设空调系统和排气净化装置等使发动机罩内温度上升,冷却风扇负荷加大,噪声变得更为严重。风扇噪声与发动机转速有直接关系。

(2)传动机构噪声

在汽车行驶中,由于传动机构及来自路面的振动所引起的噪声,频率为 400~2 000 Hz,其中齿轮传动的机械噪声是主要部分。产生齿轮噪声的原因可分为直接原因和间接原因。属于直接原因的有:轮齿啮合时产生的撞击声,随着轮齿之间滑动的变化和由于摩擦力变化造成的摩擦声以及因齿轮误差与刚性的变化而引起的撞击声。间接原因与齿轮传动特性有关。

齿轮噪声仅为一小部分,而绝大部分则由变速器、后桥的激振并经轴、轴承、外壳使各部分产生振动产生的噪声而传播。齿轮噪声将随汽车行驶状态(如速度、负荷)的变化而变化。影响齿轮噪声的因素是十分复杂的,为减小齿轮噪声,不仅要从设计、制造精度以及加工方法等方面将因啮合而引起的撞击声和激振声控制到最低程度,而且要在维修中注意齿轮的安装精度、啮合间隙和印迹的调整。

(3)轮胎噪声

产生轮胎噪声最主要的因素是轮胎的花纹。汽车在行驶时,因轮胎胎面槽内的空气在接地时被挤压,并有规则地放出而产生噪声。花纹不同噪声也不同,因为压缩、排气的难易程度是不同的。例如,载重汽车常用的烟斗花纹轮胎要比普通花纹轮胎噪声大。此外,车速、负荷、路面状况等使用因素对轮胎噪声的影响也很大。轮胎噪声与车速具有一定的线性关系,即车速增加 10 倍时,噪声增加 30 倍。

汽车噪声的产生除了上述原因外,还有在高速行驶时产生的车身干扰空气噪声、制动噪声、贮气筒放气声、喇叭声以及各种专用车辆上的动力装置所传出的噪声等。但是这些噪声不是连续性的,因此在汽车噪声中不占主要地位。

6.3.3 噪声标准及测量方法

(1)噪声规定

根据 GB 1495—2002 噪声标准规定,对各类机动车辆(包括汽车、摩托车、轮式拖拉机)行驶时车外最大允许噪声级应符合表 6.7 规定。

表 6.7　车外最大允许噪声级 dB(分贝)表

汽车分类	噪声限值 dB(A)	
	第一阶段	第二阶段
	2002.10.1 至 2004.12.30 期间生产的汽车	2005.1.1 以后生产的汽车
M_1	77	74
M_2(GVM≤3.50 t),或 N_1(GVM≤3.50 t):		
GVM≤2 t	78	76
2 t < GVM≤3.5 t	79	77

113

续表

汽车分类	噪声限值 dB（A）	
	第一阶段	第二阶段
	2002.10.1 至 2004.12.30 期间生产的汽车	2005.1.1 以后生产的汽车
M_2（3.5 t＜GVM≤5 t），或 M_3（GVM＞5 t）： 　　P＜150 kW 　　P≥150 kW	82 85	80 83
N_2（3.5 t＜GVM≤12 t），或 N_3（GVM＞12 t）： 　　P＜75 kW 　　75 kW≤P＜150 kW 　　P≥150 kW	83 86 88	81 83 84

说明：

①M_1、M_2（GVM≤3.5 t）和 N_1 类汽车装用直喷式柴油机时，其限值增加 1 dB（A）。

②对于越野汽车，其 GVM＞2 t 时：如果 P＜150 kW，其限值增加 1 dB（A）；如果 P≥150 kW，其限值增加 2 dB（A）。

③对于 M_1 类汽车，若其变速器前进挡多于 4 个，P＞140 kW，P/GVM 之比大于 75 kW/t，并且用第三挡测试时其尾端出线的速度大于 61 km/h，则其阻值增加 1 dB（A）。

　　表6.7是机动车产品的噪声标准规定允许值，也是城市机动车噪声检查的依据。对于各类变型或改装车（消防车除外），加速行驶的车外最大允许噪声级应符合基本车型的噪声规定。

　　车内噪声是乘客和驾驶员能够直接感受到的，且不同的乘客或测试对象其对噪声的敏感度不一样，有些车内噪声因其频率问题对某些乘客特别敏感甚至难以忍受，因此，某些车辆（长途客车、轿车等）车内噪声比车外噪声具有更重要的意义。目前还没有车内噪声的标准，通常车内最大允许噪声也按表6.8的标准控制。

　　（2）噪声测量方法

　　噪声测量分车外噪声测量和车内噪声测量。车外噪声测量又分为车外加速噪声测量和匀速行驶车外噪声测量。

　　1）测量依据

　　依据 GB 1495—2002《汽车加速行驶车外噪声限值及测量方法》，对各类型汽车、摩托车、轮式拖拉机等机动车辆的内外噪声进行测量。

　　2）测量仪器及要求

　　①使用精密声级计或普通声级计和发动机转速表；

　　②声级计误差应不超过 ±2 dB；

　　③在测量前后，仪器应按规定进行校准。

　　3）车外噪声测量

　　①测量条件及要求

　　a.测量场地应平坦而空旷，在测试中心以 25 m 为半径的范围内，不应有大的反射物，如建筑物、围墙等；

b. 试验场地跑道应有 20 m 以上的平直、干燥的沥青路面或混凝土路面,路面坡度不超过 0.5%;

c. 本底噪声即背景噪声(包括风噪声)应比测车轴噪声至少低 10 dB,并保证测量不被偶然的其他声源干扰。

d. 为避免风噪声干扰,可采用防风罩,但应注意防风罩对声级计灵敏度的影响。

e. 声级计附近除测量者外,不应有其他人员,如果不可缺少时,则必须在测量者背后。

f. 被测车辆不载重。测量时发动机应处于正常使用温度,车辆有其他辅助设备也是噪声源,测量时是否开动,应按正常使用情况而定。

②测量场地及测点位置

A. 测量场地示意图如图 6.3 所示。

B. 测试话筒位于 20 m 跑道中心点 O 的两侧:各距中心线 7.5 m,距地面高度 1.2 m,用三脚架固定,话筒平行于路面,其轴线垂直于车辆行驶方向。

③加速行驶车外噪声测量方法

A. 车辆行驶按下列规定条件稳定地到达始端线:

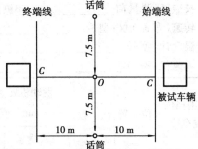

图 6.3　车外噪声测量场地示意图

a. 前进挡为 4 个挡位以上的车辆用第三挡,前进挡为 4 个挡位或 4 个挡位以下的车辆用第二挡,发动机转速为标定转速 n 的 3/4,最高车速不能超过 50 km/h,即使其标定转速 n 的 3/4 超过 50 km/h,也只能以 50 km/h 的速度稳定地到达始端线。

b. 拖拉机以最高挡位、最高车速的 3/4 稳定地到达始端线;对于自动换挡车辆,使用在试验区间加速最快的挡位;辅助变速装置应不使用。

c. 在无转速表时,可以控制车速进入测量区,以所定挡位相当于 3/4 标定车速稳定地到达始端线。

B. 从车辆前端到达始端线开始,立即将加速踏板踩到底或节气门全开,直线加速行驶,当车辆后端到达终端线时,立即停止加速。车辆后端不包括拖车以及和拖车连接的部分。

本测量要求被测车辆在后半区域发动机到达标定车速。如果车辆达不到这个要求,可将 OC 距离延长为 15 m,如果仍达不到这个要求,车辆使用挡位要降低一挡;如果车辆在后半区域超过标定转速 n,可适当降低到达始端线的车速。

C. 声级计用"A"计权网络,"快"挡进行测量,读取车辆驶过时的声级计表头最大读数。

D. 同样的测量往返进行一次。车辆同侧再次测量结果之差不应大于 2 dB,并把测量结果记入表 6.9,取每侧二次声级计的平均值中最大值作为被测车辆的最大噪声级。若只用一个声级计测量,同样的测量应进行 4 次,即每侧测量 2 次。

④匀速行驶车外噪声测量方法

a. 车辆用常用挡位、油门保持稳定,以 50 km/h 的车速匀速通过测量区域。拖拉机以最高挡位、最高车速的 3/4 匀速驶过测量区域。

b. 声级计用"A"计权网络,"快"挡进行测量,读数车辆驶过时声级计表头的最大读数。

c. 同样的测量往返进行 1 次,车辆同侧两次测量结果之差不应大于 2 dB,并把测量结果记入表 6.9。若只用一个声级计测量,同样的测量应进行 4 次,即每侧测量 2 次。

表 6.8 汽车匀速、加速行驶车外噪声测量记录表

测量日期＿＿＿＿＿＿＿＿＿ 测量地点＿＿＿＿＿＿＿＿＿ 路面状况＿＿＿＿＿＿＿＿＿

天气＿＿＿＿＿＿ 汽车型号＿＿＿＿＿＿ 出厂日期＿＿＿＿＿＿ 已驶里程(km)＿＿＿＿＿＿

额定载客人数或最大总质量(kg)＿＿＿＿＿＿ 汽车分类(M_{1-3},N_{1-3})＿＿＿＿＿＿

发动机型号＿＿＿＿＿＿ 额定功率(kW)＿＿＿＿＿＿ 额定转速(r/min)＿＿＿＿＿＿

变速器:型号＿＿＿＿＿＿ 前进挡位数＿＿＿＿＿＿ 类型(手动、自动或其他)＿＿＿＿＿＿

声级计:型号＿＿＿＿＿＿ 准确度等级＿＿＿＿＿＿ 检定有效日期＿＿＿＿＿＿

校准器:型号＿＿＿＿＿＿ 准确度等级＿＿＿＿＿＿ 检定有效日期＿＿＿＿＿＿

校准值:测量前＿＿＿＿＿＿dB测量后＿＿＿＿＿＿dB背景噪声＿＿＿＿＿＿dB(A)

转速(车速)仪:型号＿＿＿＿＿＿ 准确度＿＿＿＿＿＿ 检定有效日期＿＿＿＿＿＿

温度计:型号＿＿＿＿＿＿ 准确度＿＿＿＿＿＿ 检定有效日期＿＿＿＿＿＿

风速仪:型号＿＿＿＿＿＿ 准确度＿＿＿＿＿＿ 检定有效日期＿＿＿＿＿＿

选用挡位或车速	位 置	次 数	发动机转速或车速/(r·min⁻¹或km·h⁻¹) 入线	出线	测量结果	各侧平均值/dB(A)	中间结果/dB(A)	备注/dB(A)
匀速	左侧	1						
		2						
		3						
		4						
	右侧	1						
		2						
		3						
		4						
加速	左侧	1						
		2						
		3						
		4						
	右侧	1						
		2						
		3						
		4						

汽车加速行驶最大噪声级 dB(A)＿＿＿＿ 测量人员＿＿＿＿＿＿ 驾驶人员＿＿＿＿＿＿

其他说明＿＿＿＿＿＿＿＿＿＿＿＿＿＿＿＿＿＿＿＿＿＿＿＿＿＿

（3）车内噪声测量

1）车内噪声测量条件

①测量跑道应有足够试验需要的长度，应为平直、干燥的沥青表面或混凝土路面。

②测量时风速（指相对于地面）应不大于 3 m/s；

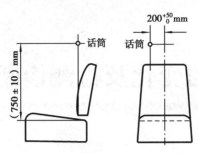

图 6.4　驾驶室内噪声测量示意图

③测量时车辆门窗应关闭，车内有其他辅助设备是噪声源。测量时是否开动，应按正常使用情况而定。

④车内本底噪声比所测车内噪声至少低 10 dB，并保证测量不被偶然的其他声源所干扰。

⑤车内除驾驶员和测量人员外，不应有其他人员。

2）车内噪声测点位置

①车内测量噪声通常在人耳附近布置测点，话筒朝车辆前进方向。

②驾驶室内噪声测点位置如图 6.4 所示。

③载客车室内噪声测点可选在车厢中部及最后排座的中间位置，话筒高度如图 6.4 所示。

3）测量方法

①车辆以常用挡位 50 km/h 以上不同车速匀速行驶，分别进行测量。

②用声级计"慢"挡测量 A、C 计权声级。分别读取表头指针最大读数的平均值。测量结果记于表内；

③作车内噪声频谱分析时，应包括中心频率为：

31.5、63、125、250、500、1 000、2 000、4 000、8 000 Hz 的倍频带声级。

复习思考题

6.1　汽车排放的主要有害成分有哪些？

6.2　对汽车排放污染的控制有哪些主要措施？

6.3　汽车噪声主要来源于哪些方面？

第 **7** 章
汽车技术状况的变化及检测诊断

汽车技术状况是指表征汽车工作能力的某一时刻汽车外观性和能参数值的总和。

汽车在使用过程中,其技术状况将随着行驶里程的增加和外界条件的变化而逐渐变差,使汽车的动力性下降,经济性降低、排气和噪声污染加剧以及可靠性降低,直至最后达到使用极限。因此,必须研究汽车技术状况变化规律以及引起变化的原因,只有掌握其变化的客观规律,才能合理地利用和组织汽车技术维护,保持汽车技术状况的完好。

7.1 汽车技术状况变化的外观症状与评价参数

汽车在使用过程中,随着行驶里程的增加,技术状况将逐渐变差,致使汽车的动力性下降,经济性及可靠性降低,并相继出现种种外观症状,其中主要有:

①汽车最高行驶速度降低;

②加速时间与加速距离增长;

③燃料与润滑油消耗量增加;

④制动迟缓、失灵;

⑤转向沉重;

⑥行驶中出现振抖、摇摆或异常声响;

⑦排烟增多或有异常气味;

⑧运行中因技术故障而停歇的时间增多。

汽车技术状况变差的原因是:相互摩擦的零部件之间产生自然磨损,与有害物质相接触的零件被腐蚀,零件长期在交变载荷作用下产生疲劳,零件在外载荷、温度、残余内应力作用下发生变形,橡胶及塑料等非金属制品零件和电器元件因长时间工作而老化,使用中由于偶然事故造成的零件损伤,等等。上述原因致使零件原有尺寸和几何形状及表面质量改变,破坏了零件之间的配合特性和正确位置,从而引起汽车(或总成)技术状况的变差。

汽车在正常使用情况下,零件的磨损是导致汽车技术状况变差以致最后失去工作能力的主要因素,这是客观存在的,也是不可避免的。然而,如果人们能够掌握零件的磨损规律,适时地采取相应措施,将可以降低零件的磨损速度,延长其使用寿命,从而提高汽车的耐久性和可靠性。这样,就需要在汽车使用过程中定期地对其技术状况进行诊断,并相应地采取紧固、润滑及调整等预防性技术措施,以保持汽车技术状况的良好。

为了使紧固、润滑及调整等技术措施有效,要通过对汽车技术状况作出确切诊断来提供正确依据。汽车技术状况的诊断,通常是按发动机和底盘两个部分来进行的。

7.1.1　评价发动机技术状况的参数

汽车发动机的工作条件很不稳定,它经常是处在转速与负荷变化的条件下运转,某些零件还要在高温及高压等苛刻的条件下工作,因此,在使用过程中其技术状况的变化也是很复杂的。发动机技术状况变化的主要外观症状有:功率下降,燃料与润滑油消耗量增加,漏水、漏油、漏气,启动困难,以及运转中有异常声响等。

可以用来评价发动机技术状况的参数有很多,其中主要有:

（1）**发动机功率**

发动机的机件磨损、点火、供油、冷却及润滑等系统工作不良,都会引起功率数值下降。因此,发动机功率可以表明发动机技术状况的优劣程度。在正常使用过程中,发动机功率下降,一般说明机件磨损,特别是汽缸活塞组零件的磨损因间隙增大、漏气量增加而致使发动机功率降低,这可通过汽缸压缩压力或曲轴箱窜气量的测定来进一步确诊。气门与气门座磨损、烧毁、密合性变差或配气相位改变,也会影响发动机功率,这可通过汽缸密封性的检查来确诊。此外,点火系及供油系失调、冷却系及润滑系工作不正常等因素引起的发动机功率不足,也可采用相应的诊断方法,测定其各自的参数来具体检验。

通过测定,功率数值属于良好范围的发动机,可继续使用;功率有所下降,但尚可使用的发动机,可按照功率数值提供的依据对发动机各系统进一步诊断,并设法排除故障,以维护发动机的技术状况,功率数值严重下降已逾可使用极限时,则对发动机要作出大修处理的决定。

（2）**燃油消耗量**

发动机燃油消耗量是一个综合评价技术参数,它不仅与发动机供油系的技术状况有关,同时还受点火系、冷却系及底盘技术状况等因素的影响。因此,燃油消耗量除了可以用来确定供油系的技术状况外,还可用来确定发动机甚至汽车整车的技术状况。

供油系技术状况不良,在发动机各种工况下,不能及时提供适当的混合气,必将造成发动机功率不足和燃油超耗。点火时刻不准、点火强度不够,致使发动机燃烧情况不良,也是引起功率下降和燃油超耗的原因。冷却系失常、过热,发动机容易爆震、过冷,燃油挥发和雾化不良,均会使油耗增加;底盘部分的传动及行走等机构运动间隙失常,润滑不良必然增大运动阻力,促使汽车油耗增加。因此,汽车在使用过程中检验燃油消耗,作为不解体诊断发动机（或汽车）技术状况的手段之一。

（3）**机油消耗量**

机油消耗量可以反映汽缸活塞组的磨损情况,从而能在一定程度上表明发动机的技术状况。在发动机润滑系无渗漏、空气压缩机工作正常及机油规格符合要求的情况下,机油消耗量增加的主要原因是汽缸活塞组及活塞环磨损过大,机油窜入燃烧室被烧掉。

发动机磨损严重时,机油消耗量可达 1 L/100 km 或更多。机油消耗量可用核算汽车行驶一定里程（如 1 000 ~ 1 500 km）后的实际消耗量（不包括更换的机油）与标准定额比较来评定。

（4）**发动机的燃烧质量**

发动机燃烧室内的燃烧质量，可用废气分析仪测定发动机排气成分来确定。混合气在燃烧室内的燃烧情况，可以反映燃油供给系、点火系及冷却系等的技术状况。燃烧质量的优劣将影响发动机的功率与油耗；同时，燃烧质量也将影响发动机排气中含有大气污染物的成分。

（5）**汽缸压力**

汽缸压缩终了时的压力（汽缸压力）与压缩比、曲轴转速、机油黏度及汽缸活塞组的技术状况有关。活塞及活塞环与汽缸壁间隙过大，活塞环弹力不足、卡滞及对口，气门与气门座不密合，气门间隙过小，汽缸垫漏气，等等，都会使汽缸压力下降。燃烧室积炭过多、汽缸垫过薄或汽缸盖磨削过多，会使汽缸压力增高。

对汽缸压力的检验，不但可以判断发动机的技术状况，同时根据诊断时出现的症状，还能判明是汽缸活塞组漏气，还是气门与气门座不密合，以及能够查明各个汽缸的磨损和漏气情况。

（6）**曲轴箱窜气量**

汽缸活塞组和活塞环等因磨损而使间隙增大后，窜入曲轴箱的燃烧废气与可燃混气将增加。虽然曲轴箱窜气量可以反映汽缸活塞组的技术状况，但是曲轴箱窜气量还与发动机负荷、转速及曲轴箱的密封性有关。因此，在作这项参数测量时，要注意密封曲轴箱和适当选择发动机的负荷与转速范围。此外，曲轴箱窜气量只能表明发动机汽缸活塞组总的技术状况，而无法指出有故障的缸位。

（7）**汽缸漏气率**

在发动机不工作时，把压缩空气通过火花塞孔或喷油器孔充入汽缸内，并测量压缩空气的漏失率，可以判断汽缸的磨损情况，从而诊断发动机的技术状况。

（8）**进气歧管真空度**

发动机进气歧管真空度随汽缸活塞组的磨损而变化，并且与配气机构零件状况以及点火系和供油系的调整有关。进气歧管真空度的测量方法比较简便，只要将量程合适的真空表接在进气歧管上，即可进行诊断。但是，进气歧管真空度只能用来判断发动机总的技术状况，而不能具体诊断出故障的确切部位。因此，进气歧管真空度的检查仅可作为发动机不解体诊断的辅助手段。

（9）**点火系工作质量**

汽油机点火系工作状况可用示波器观察，点火电压随时间变化的规律和点火系各元件或线路的状况，都能以曲线显示在荧光屏上。发动机以一定转速稳定运转时，点火系的特性保持不变，即点火波形稳定。如果点火系个别元件或电路参数改变，将导致点火系工作过程改变，即点火波形改变。因此，研究和分析点火系点火波形的变化，可以确定点火系及其元件的技术状况，从而判断发动机工作的情形。

（10）**机油压力**

在怠速时，发动机正常的机油压力不应低于 $1.0\ \text{kg/cm}^2$。润滑系工作正常而机压力不足时，是由于曲轴主轴承和连杆轴承磨损。因此，可以根据机油压力来判断发动机油道所经过各轴承的磨损情况。但是，机油压力的变化只能表明发动机曲轴轴瓦总的技术状况，不能分别诊断出某一轴瓦的磨损情况。

（11）机油中含铁（或其他元素）量

发动机工作时,润滑油不断循环地供给到各摩擦机件的表面上提供润滑并将磨损产物（各种元素微粒）带走,而磨损微粒则以悬浮状存在于润滑油之中。一般来说,润滑油中磨损微粒的含量是机件磨损的函数。测量出润滑油中磨损微粒的多少,可以用来确定机件磨损的程度;同时,润滑油中磨损微粒含量的变化速度也可反映机件磨耗的速度。因而定期测定发动机机油中磨损微粒的含量,可以辅助诊断发动机的技术状况。

机油油样测定的重点是铁、铬、铜、铝、硅等5种元素的含量,它们分别反映发动机主要机件的磨损情况是:铁表示汽缸、油泵、轴等的磨损情况,含铁量过高,说明汽缸磨损严重;铬是活塞环、气门杆等镀层磨损的产物,含铬过多,说明活塞环磨损加剧;铜含量过多,说明曲轴及凸轮轴等轴瓦磨损过大;铜主要表明活塞的磨损;硅含量的多少,表示发动机空气滤清器技术状况的良好与否（即进尘量）。

机油油样的测定和分析方法有:化学分析法、原子光谱分析法及放射性同位素分析法等。其中,原子光谱分析法和放射性同位素分析法的灵敏度高、测量范围广,得到了广泛应用。但是,这些方法只能测出各摩擦表面的磨损总量和总的磨耗速度,而无法得知磨耗量在各摩擦表面的分布情况和由磨耗造成的机件外形尺寸的变化。同时,也不能查出零件材料疲劳所引起的损坏。

（12）发动机温度

发动机温度可以作为发动机不解体诊断的辅助测量参数。发动机工作温度除表明冷却系的技术状况外,也可反映汽缸活塞组间隙是否正常、点火时刻是否适当、燃烧室是否积炭、配气相位是否失准等情况。

（13）发动机异响和振动

发动机的磨损主要是发生在各配合零件之间,例如:汽缸和活塞环、活塞销和衬套、曲轴和轴承、凸轮轴和轴承、气门和气门导管等。随着磨损的增加,零件的配合间隙变大,在零件工作时要产生冲击而发生振动和声响。发动机工作时出现异常声响和振动,是发动机技术状况不良的有力证明。依人耳听辨或使用专门诊断设备（如声级计、声压频谱分析仪和振动加速度计等）对异常声响和振动信号进行分析,可以判断故障的发生部位和程度,从而确定发动机的技术状况。

在进行发动机技术状况诊断时,可以从上述参数中重点选出与发动机功率、油耗和磨损等三方面有关参数进行检验。因为功率和油耗直接决定发动机工作特性和经济指标,而磨损情况是发动机能否继续工作或需要进行修理的重要标志。

7.1.2　评价底盘技术状况的参数

汽车底盘的技术状况不仅关系到汽车行驶中的操纵性和安全性,也影响发动机的动力传递和燃料消耗,因此,它与汽车经济性也有密切关系。

用于评价汽车底盘技术状况的参数中,有的可以表明底盘总的技术状况,也有的仅表明底盘某一部分（如传动系、操纵系或行驶系）的技术状况。其中主要有以下诸方面:

（1）驱动车轮的牵引力

测量出一定车速下驱动轮的牵引力（或功率）,可以用来判断汽车的技术状况,这是因为汽车运行时发动机的功率是用以克服汽车本身阻力（传动系摩擦阻力）和运动阻力。运动阻力包括滚动阻力、空气阻力、爬坡阻力和加速阻力,而作用在驱动轮上的牵引力即用来克服这些阻力。传动系摩擦阻力大小取决于传动系的机械效率。传动系机件磨损致使传动系技术状况恶化时,传动装置的功率损失将会增加,使得传至驱动轮上的功率降低。因此,驱动轮上的功率(或牵引力)可以表明底盘传动系总的技术状况。

(2)制动距离

制动器摩擦衬片与制动鼓磨损、油污或卡滞,液压制动系统中有空气、制动液渗漏及总泵内制动液不足,气压制动系控制阀或制动气室密封不良,空气压缩机皮带松弛导致工作效率降低,皆可使制动系工作效率降低,造成制动距离增长。因此,汽车制动距离可以综合反映制动系的技术状况。

(3)车轮制动力与制动踏板作用力

车轮制动力能分别表明各车轮的制动情况。车轮制动力可用反作用力式制动试验台来测定。在试验台上测得的制动力大小与施加在制动踏板上的作用力有关。因此,制动系的技术状况是由车轮制动力与制动踏板作用力(气压制动系中是制动气室的压力)的关系来确定,它们之间的关系如图7.1所示。车轮制动力与制动踏板作用力之间的关系曲线,不仅可以表明制动系的技术状况,而且还能显示出典型故障。例如:制动系完好的汽车,当在踏板上施加196 N力时,车轮制动力为2.352 kN[图7.2(a)];制动力不足时,如图7.2(b)所示;制动鼓失圆时,制动蹄作用在制动鼓上的力将周期变化,制动力曲线呈波纹状(图7.2(c));制动拖滞,制动踏板放松后,制动器松开迟缓,在制动踏板力减到一定数值之前,制动力保持不变,松开踏板时的曲线比踩下踏板时的曲线要陡得多[图7.2(d)]。

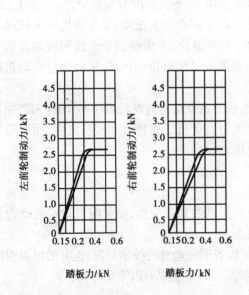

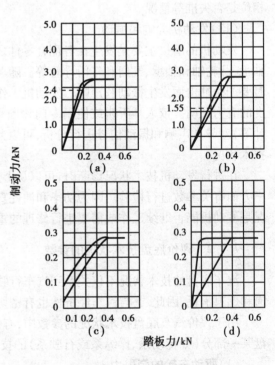

图7.1　车轮制动力与制动踏板作用力的关系　　　　图7.2　制动器完好与有故障时的制动力曲线

（4）**制动减速度**

汽车制动时车辆的减速度,可以综合反映制动系的技术状况。在汽车上安装减速仪,可通过道路制动试验求得减速度值。制动减速度的测定,尤其适用于装有防抱死装置制动器汽车的诊断。

制动减速度试验,也有轮胎磨损和受试验条件影响的缺点。

（5）**转向角及转向间隙**

转向轮转向角关系到汽车的机动性。汽车转向机构在使用过程中因机件磨损而导致自由间隙增大,可能使汽车行驶中转向轮摇摆、转向失灵,以致造成事故。

转向角及转向间隙的检查,可以确定转向系的技术状况。

（6）**转向桥车轮定位角及侧滑量**

转向桥车轮定位角与汽车行驶中的操纵性、稳定性、安全性、轮胎磨损以及燃油消耗等有直接或间接的关系。例如:前束失准,会引起轮胎偏磨;主销后倾角过小,汽车行驶不稳定,过大则转向沉重;主销内倾角过小,转向车轮不能自动回正;车轮外倾角失准,也会造成轮胎偏磨和转向沉重等故障。

车轮外倾角与车轮前束的正确配合,可以最大限度地保证车轮纯滚动,减小轮胎磨损。由于调整不当或使用原因造成两者不相"匹配"时,车轮滚动中将有侧向力存在,使车轮向某一侧滑移。用侧滑试验台可以诊断出车轮动态侧滑量,从而判断车轮定位的技术状况。

（7）**车轮不平衡质量**

车轮不平衡质量在旋转时将产生离心力,在汽车行驶中,它会引起振动和摇摆,使汽车操纵性降低,同时还会加速轮胎的磨损。不平衡质量产生的离心力,将随车速提高而加剧,其情形如图 7.3 所示。近年来,汽车性能与速度逐渐提高,因而对车轮平衡的要求也越加严格。

车轮平衡的检查,可将车轮从汽车上拆下,装在固定式车轮平衡机上检查,或者用移动式车轮平衡机进行就车诊断。

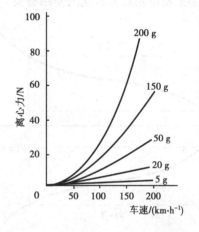

图 7.3　车轮不平衡质量产生的离心力与车速的关系

（8）**汽车前照灯光束与照度**

为保证夜间安全行驶,汽车前方照明灯的检查不容忽视。前照灯检查内容应包括:前照灯个数及安装位置、前照灯颜色、前照灯照度、主光轴照射方向、配光特性（两对前照灯）、远近光变换及照射方向等。其中,前照灯照度和光轴照射方向是主要的。

（9）**底盘异常声响与振动**

底盘的异常声响可为底盘系统技术状况的诊断提供线索。正确判明声响的部位,能把故障局限到某一总成或机构,进而能查明故障原因。底盘某总成或机构零件磨损松动后,运转产生声响的同时还可能发生振动,诊断时要区别这两种异常症状。

（10）**滑行距离**

滑行距离能够表明底盘传动系统与行走机构的配合间隙与润滑等总的技术状况。

（11）底盘某些总成的工作温度

变速器、主减速器、制动器和转向机等总成的工作温度，可作为不解体诊断时的参考。温度过高，一般是运动件（齿轮、轴承等）间隙不当或润滑条件变差（润滑油不足、黏度太低等）。

7.2　汽车技术状况的变化规律及影响因素

7.2.1　汽车技术状况变化规律

汽车技术状况变化规律是指汽车技术状况与行驶里程或时间的关系。研究汽车技术状况变化规律，就在于掌握其规律，采取相应措施降低零件磨损速度，延长其使用寿命。一部新车或大修后的汽车是否能正常行驶及其技术状况的变化规律，通常是研究汽车主要部件磨损规律的指标。两个相配合零件的磨损量与汽车行驶里程的变化规律称为磨损特性。而两者关系曲线称为磨损特性曲线，如图 7.4 所示。

由图可以看出，零件的磨损规律可分为三个阶段：

第一阶段是零件的走合期。这一段的特征是在较短的时间（或里程）内，零件的磨损量增长较快；当配合件配合良好后，磨损量增长速度开始减慢。机体在走合期的磨损量主要与机体表面加工质量及对走合期的使用有关。

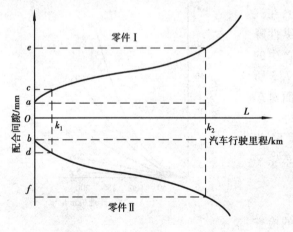

图 7.4　配合件磨损特性曲线

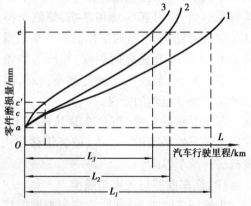

图 7.5　汽车使用不合理时对磨损的影响
1—使用合理（L_1）；2—未及时维护及驾驶不良（L_2）；
3—走合不良（L_3）

第二阶段为零件的正常工作时期（k_1，k_2）。这一段特征是零件的磨损随汽车行驶里程的增加而缓慢地增长。这是由于零件经过了初期走合阶段，工作表面凸出尖点部分已被磨掉，部分由于塑性变形已将凹陷填平，零件的表面已经磨合较光滑，而相配零件间隙仍处于正常允许限度之内，润滑条件已有相当改善，所以此阶段磨损量的增长是缓慢的。即在较长时间内相配件间隙增大不多，就整个期间的平均情况来看，其磨损强度（单位时间或里程内的磨损量）基本上是不变的。对汽车来说，这阶段的行驶里程相当于大修前的行驶里程。在正常工作阶段中机件的自然磨损取决于零件的结构、使用条件及使用情况，如果使用得合理，汽车就能经常保持良好的技术状况,自然磨损期相应延长。

第三阶段是零件的加速磨损时期。其特征是:相配零件间隙已达到最大允许使用极限,磨损量急剧增加。由于间隙增大,冲击负荷增大,润滑油膜难以维持,从而使磨损量急剧增加到一定程度,出现失去工作能力、异响、漏气等现象,若继续使用,则将由自然磨损发展为事故磨损,使零件迅速损坏。汽车的大部分机件或主要部件到达此极限时,应进行大修才能恢复汽车的使用性能。行驶里程 Ok_2 称为修理间隔里程或修理周期。

从汽车的磨损规律的分析,可以看出汽车的使用寿命与走合期和正常工作期的合理使用有很大关系。如图7.5反映了汽车使用的合理程度对汽车零件磨损的影响。

曲线1是合理使用,行驶里程直到 L_1 km 时方进行大修,而曲线2或3皆为不合理使用,加速零件的磨损,所以,大修间隔里程缩小至 L_2 或 L_3 km,两者都小于 L_1。

结论:为了使汽车降低磨损速度,延长其使用寿命,必须对汽车走合期和正常工作期进行合理使用,采取技术措施,减少故障的发生,保证汽车技术状况的完好。

7.2.2　汽车技术状况的影响因素

汽车零件的磨损和老化是汽车运行过程技术状况变化的主要原因,而影响汽车零件磨损和老化的因素很多,其中主要有:汽车的结构和使用条件。使用条件包括:载荷与速度条件、燃料和润滑材料的品质、气候条件、道路条件、驾驶技术和维修质量等。各方面因素并不是孤立存在,而是相互关联的。例如,汽车零件的承载状况在很大程度上取决于道路条件,但同时也与驾驶员的驾驶技术有关。因此,在一定的条件下,汽车技术状况的变化是上述各因素综合作用的结果,在某一特定条件下,其中某一方面的因素所引起的作用会较大。为了便于分析,下面将分别说明各因素对技术状况变化的影响。

(1)汽车的结构

汽车结构设计的合理性、制造装配质量和选用材料的优劣,是提高汽车的技术性能和寿命的重要途径。例如:有的车型某些结构设计不合理,就会加速机件局部磨损。

由于汽车结构复杂、各总成、结合件、零件的工作情况差异很大,不能完全适应各种运行条件的工作情况,使用中就会暴露出某些薄弱环节。例如,有些制造厂生产的汽车,气门弹簧经常断裂,发动机容易过热或空气压缩机容易窜油,行驶中容易摆振,等等,这些情况均属设计制造的缺陷或薄弱环节。

汽车零件和部件结构的设计合理化,可以在很大程度上改善汽车的使用性能和可靠性,国内各汽车制造厂为使各自生产的车辆有较长的使用寿命,对本厂生产的车辆采用各种方便维修的技术和组织措施,广泛设置"4S"服务维修点,对汽车销售、售后服务、汽车维修和零配件供应实施一条龙服务,不仅保证服务质量,而且同时还能了解到车辆在原设计和制造中的一些缺陷,及时反馈,为进一步改进汽车结构提供有利依据。

(2)使用条件

1)载荷与速度条件

①载质量

载质量的大小,也影响汽车零件的磨损。汽车的载质量应按制造厂规定的额定标准载质量,如果超载,零件的磨损速度迅速上升。因为载质量增加,各总成的工作负荷增加,工作状态就会不稳定,相应地要求发动机曲轴单位行驶里程的转速相应地增加,发动机处于高负荷且在不稳定的情况下工作,造成冷却水温和曲轴箱内的机油温度过高,热状况不良,这一切均使发动机磨损量增大。

汽车拖载总质量增加,磨损量增加,如图7.6所示。

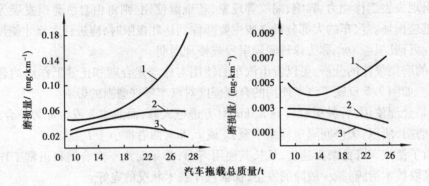

图7.6 汽车拖载总质量对各总成的影响

1—发动机的磨损;2—变速器的磨损量;3—主减速器的磨损量

从图7.6可以看出,汽车拖载总质量增加时,各总成的磨损量均增大,其中以发动机最为显著。变速器和主减速器磨损量随汽车拖载总质量增加而增加,其原因是:由于低挡使用的次数多,各总成载荷加大,其中离合器的磨损最严重。

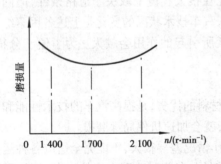

图7.7 用直接挡行驶时行驶速度
对发动机磨损的影响

②行驶速度

汽车的行驶速度对发动机磨损的影响比载质量更为明显。当载荷一定时,行驶速度对发动机的磨损的影响如图7.7所示。

当汽车行驶速度过高,发动机处在高转速状态,活塞的平均移动速度增高,汽缸磨损也相应加大;低速时,机体润滑条件不良,因而磨损同样加剧。高速行驶引起轮胎发热磨损增加,对于制动器的影响,主要是因高速行驶时汽车需要的制动力加大。因此,高速行驶汽车急速制动,使制动蹄片的磨损量迅速增加。

加速滑行行驶比以稳定速度行驶时,发动机磨损量要增加25%~30%。因此,启动次数多,并利用加速滑行驾驶时,发动机磨损量会增加。加速终了的速度越高,速度变化范围越大,发动机的磨损量也越大。为了减小机件磨损,必须控制行车速度,正确选用挡位,提倡中速行驶。

2)燃料和润滑材料的品质

在使用中为保证汽车正常工作,应该合理地选用品质合适的燃料与润滑材料,否则将促使汽车各总成和零件的磨损增加,汽车的使用性能降低,技术状况迅速变差。

①燃料品质的影响

A.汽油

对于汽油发动机而言,其燃料品质对零件磨损的影响,主要是以馏分温度、辛烷值和含硫量来评价。

a. 馏分温度。汽油终点的馏分温度越高,对发动机的磨损越大。因为终点馏分温度高表示其成分中重质馏分较多,而重质馏分是不易挥发、雾化和燃烧的。当低温启动发动机时,重质馏分不易挥发,而以油滴状态进入汽缸,冲洗缸壁上的油膜,并稀释曲轴箱的润滑油,使润滑油油性变差,缸壁和其他各部需润滑零件的润滑条件变差,从而加速零件的磨损。

b. 辛烷值。在使用中,汽油的辛烷值若选择不当,会增加发动机的磨损,因为如果压缩比较高的发动机使用辛烷值低的汽油,则易引起爆燃,不仅使发动机功率和经济性下降,而且将使曲柄连杆机构各零件受到很大的冲击负荷,严重时造成损坏。此外,由于爆燃产生高压力、高热的冲击波,把缸壁上的油膜吹散、点燃,致使润滑条件变差,增加了磨损。实验表明,由于选择辛烷值不当,发动机在爆燃情况下工作,其发动机的平均磨损比不爆燃发动机磨损增加58%,最高磨损甚至高达两倍之多,见表 7.1。

表 7.1　发动机爆燃对汽缸磨损的影响

发动机工作情况	汽缸平均磨损/%	汽缸上部平均磨损/%	汽缸上部最大磨损/%
无爆燃	100	100	100
有爆燃	158	218	303

c. 含硫量。燃料含硫量对发动机的化学腐蚀影响很大。燃料中的硫在燃烧后生成二氧化硫。当缸壁温度较低时,空气中的水蒸气在缸壁上凝结成水,与二氧化硫反应生成亚硫酸,对金属有强烈的腐蚀作用,加剧了发动机磨损。含硫量越多,发动机的磨损量就越大。国家规定国 V 标准汽油质量指标中含硫量不得超过 10 mg/kg。

B. 柴油品质

柴油品质的优劣对发动机零件磨损影响也很大,如柴油中重质馏分过多,造成燃烧不完全而形成炭粒,汽缸磨损增加,容易堵塞喷油器的喷孔,破坏发动机工作。柴油的黏度对喷油泵柱塞磨损也有影响,黏度大时,机件的工作阻力增加、柱塞偶件不能很好地润滑,磨损增大;黏度小时,柴油不能良好地存在于零件的配合间隙内,也失去润滑作用,加速零件磨损。

柴油的十六烷值影响发动机工作的平稳性,选择不当,产生工作粗暴,增加发动机的载荷,加剧机件磨损。

当柴油中含硫量为 0.1% ~0.5% 时,柴油机汽缸和活塞环的磨损量将增加 20% ~25%,柴油机的铅基铜质轴瓦也出现加速损坏。因此,规定柴油中含硫量不得超过 10 mg/kg。

②润滑材料

A. 润滑油

润滑油的品质主要表现为它的黏度、油性和抗氧化性能。

a. 黏度:润滑油随着温度升高而黏度降低的性质称为黏-温特性。润滑油黏度的高低,直接影响到润滑油的流动性。黏度大,润滑油流动困难;特别是低温启动发动机时,不易到达摩擦表面,润滑条件变差,加速了发动机的磨损。若润滑油黏度过低,使润滑系统的油压过低,造成供油不足,不能形成可靠的油膜,容易出现边界摩擦或半干摩擦,同样会加速发动机磨损。

b. 油性:油性即润滑油在零件表面的吸附能力。油性对零件的磨损影响很大,特别是要求配合间隙严格、高载荷或受冲击载荷情况下工作的零件,提高润滑油的油性,可明显降低发动机的磨损,润滑油中含有水或其他杂质时,会使油性变差。

c.抗氧化性:在使用过程中,发动机润滑油会逐渐变质,形成糊状物、胶质沉积物或积炭。积炭是热的不良导体且硬度较高,当燃烧室和活塞顶覆盖了积炭,散热不良,使零件过热,易产生爆燃,加速零件磨损。胶状沉积物是零件表面润滑膜在高温氧化时形成的,胶状物导热性能不良,黏附在活塞环上会降低其灵活性,甚至引起活塞环卡死,使汽缸刮伤,沉积物严重时,会影响润滑油在油道、油管以及机油滤清器的通过能力,破坏润滑系统的正常工作。为了提高抗氧化性、降低磨损、延长润滑油使用期限,须在润滑油中加入添加剂。试验证明,有添加剂的润滑油能减小零件磨损30%~40%。

B.润滑脂

在使用润滑脂进行润滑时,要注意合理选择不同性质的润滑脂,不可随意滥用。同时要注意清洁,不可混入灰土、沙石或金属屑等杂物,以防增加机体磨损,降低润滑脂润滑作用。目前,有些载货汽车的底盘采用自动润滑,不仅方便了维修的润滑作业,而且对机件延长其使用期限带来极为明显的效果。

3)气候条件

气候条件对汽车技术状况的影响,一般在严寒和酷热时较显著。低温时,汽油雾化条件差,加剧发动机的磨损。试验表明,在气温-15℃发动时,润滑油需要2 min才能到达主轴承,若机油滤清器由于胶状物黏度增加(1 000~5 000倍),工作能力下降,则需6 min才能出油。在气温5℃时发动并走热发动机一次,汽缸壁磨损程度相当于汽车行驶30~40 km;在气温-18℃时发动发动机一次,汽缸磨损程度相当于汽车行驶200~250 km。造成磨损原因之一是进气时冲洗缸壁润滑油,破坏了缸壁油膜。发动机低温发动及低热状况下工作,所引起的电化学腐蚀对发动机的磨损影响也很大。

对于某些非金属材料(如塑料、橡胶制品等),严寒可能使之冻裂、硬化或降低零件的结构强度。酷热一般是指日平均温度在40℃以上的气候。高温条件常影响汽车机体的受热状态,如在发动机罩下的电器元件,当外界气温为40~50℃时,罩内的工作气温常达70~75℃,这样的温度常影响点火系的正常工作,也加速导线的老化耗损。气温高时,发动机散热性能变差,发动机过热,使润滑油黏度降低,机油压力减小,并加速氧化变质,高温后产生爆燃和早燃,加速发动机的磨损。气温高易使汽油发动机的供油系统产生气阻、发生故障,可靠性下降。

气温过高对轮胎的使用寿命的影响甚为明显。许多资料认为,轮胎胎面的使用寿命是与其周围工作气温近似成反比。例如,德国小客车轮胎使用寿命,冬季使用比夏季使用平均高30%。

4)道路条件

路面材料与平坦度对汽车的行驶阻力、行驶速度、燃料消耗及汽车的磨损均有影响。

在良好的道路上行驶,行驶速度得以发挥,燃料经济性较好,零件磨损较小,汽车使用寿命就长。在烂路上行驶,汽车主要总成的使用寿命有较大幅度下降。据有关资料介绍,经常在烂路上行驶的汽车,比在一般道路上行驶的同类汽车行驶阻力增加。发动机经常在大负荷下工作,使汽缸内平均指示压力和单位路程曲轴转速提高,加剧了汽缸的磨损。因此,发动机的第一次大修前的使用期限将下降32%。由于道路条件差,行驶速度经常变化,增加换挡次数和制动次数,加剧了离合器摩擦片的磨耗和压盘弹簧的疲劳,使变速器的使用期限缩短44%,后桥与前桥的使用期限将分别缩短33%和51%,也加剧了制动鼓与制动蹄片的磨损。路面高低不平,使零件承受冲击载荷,加剧行走部分和轮胎的磨损。如悬挂片簧在干线公路上作行驶试验可行驶近 15 万 km,但在无路条件下装车行驶时,其行驶里程下降近 1.5 万 km。

5)驾驶技术

汽车技术状况的变化除取决于汽车的结构和运行条件等客观因素外,更为显著的是驾驶技术对汽车使用寿命的影响。驾驶技术高超的驾驶员,经常采用诸如预热升温、轻踩缓抬、均匀中速、行驶平稳、及时换挡、爬坡自如、正确滑行,掌握温度与避免紧急制动等一整套正确合理操作方法,使汽车各部件基本上长期处于较有利的工作状态,从而使汽车各总成均能延长其使用寿命。据资料显示,在同一路段上行驶的车辆,同类车的不同驾驶水平的驾驶员,低速挡的使用率之差可达 2~3 倍,在燃料消耗上的差可达 27%,由车轮制动器消耗去的平均功率几乎相差 25%,整个汽车的使用寿命,有时也出现显著的差异。

6)维修质量

汽车维修质量对于合理使用汽车、延长使用寿命和保持原有使用性能,是极其关键的因素。

维修及时并且保证质量就必须认真执行技术标准、操作规程和维修作业项目,特别在进行作业中的过程检验,不但能保持良好的技术性能,减小零件的磨损,而且能有效地延长车辆使用寿命,最大限度地减少故障。例如,不及时清洗空气滤清器、更换滤芯,就会出现发动机动力不足等故障;连杆轴承、曲轴轴承及配气机构的配合间隙调整不当,不仅会增加机件磨损,而且发动机工作中会发生异响。

汽车底盘各总成和机构应及时地进行润滑、检查、紧固、调整作业,这不仅能减小机件磨损,避免工作中发生异响,还会使之操作方便灵活,保证行车安全。

维修质量与配件的质量也有密切关系。如在维修中更换某些厂生产的汽缸盖,在同一缸盖下各缸的燃烧时容积差超出公差范围,装配使用后发动机工作不稳定、无力或爆燃,致使维修质量不高,影响汽车的使用质量,从而增加故障率。

近年来,先进测试技术在汽车维修中应用,采用新型电子设备诊断,在不解体条件下,迅速反映汽车各机构系统、总成、零件的技术状况,不仅能查询车辆故障原因,还能找到故障部位,能够检测该总成或车辆的技术状况,这项技术的发展将可使维修工作提高到一个新的水平。

7.3　现代汽车诊断技术概述

随着电子技术和测量技术的迅速发展,该技术目前已应用到汽车维修企业中,基本形成了汽车诊断体系,成为汽车运用科学的一部分。汽车诊断的目的就是确定在用车辆的技术状况是否正常、有无异常或故障。只有技术状况正常,汽车才能安全地行驶和经济可靠地工作,汽车技术状况不正常或有故障,必须及时进行保养或修理。

7.3.1　汽车现代诊断技术的概述

自 20 世纪 80 年代改革开放以来,我国的汽车运输业得到迅速发展,汽车维护和修理水平也有很大提高。但是,有些汽车维修行业技术水平仍然较低,检验方面还主要靠耳听、手摸、眼看,凭经验和感觉修车,维修质量不高,维修费用占整个运输成本的比重很大。随着轿车进入家庭,国内汽车保有量日益增加;性能要求不断提高,电液比重不断加大,新技术不断涌现,对汽车技术维护和修理也相应提出更高要求,因此,必须高度重视目前汽车维修行业中存在的各种问题,不断提高汽车运输生产率和运输质量并降低运输成本。

提高汽车使用可靠性、经济性和安全性与提高汽车运输生产率、降低运输成本有着密切关系,除了汽车本身质量和使用条件外,汽车的技术维护和修理更是提高这些性能的关键。

为了在使用条件下保持汽车具有较高的可靠性,必须预先发现并排除潜在的故障。为此,必须使用仪器对汽车总成或部件进行不解体检验。若为了发现隐患而将总成或部件解体检验,将会浪费许多时间和费用,也易损伤零件,同时也降低了汽车的可靠性。

所谓汽车诊断,是指在不解体汽车或总成的条件下,运用科学的方法与手段,根据汽车工作的症状来判断汽车的技术状况,诊断出故障部位及原因的技术。在实践中,汽车诊断有两种不同的目的:一种是对故障已经暴露的汽车通过诊断来寻找故障的确切部位和发生原因,从而确定排除故障的方法;另一种是对汽车技术状况进行全面检查,确定汽车技术状况与标准的程度,从而确定汽车能否继续行驶或应采取何种措施。对汽车运行中故障的诊断和汽车保修作业前的诊断,属于前一种诊断;汽车保修作业后的竣工检验是为了保证汽车行驶安全及防止公害的检验,则属于后一种诊断。汽车诊断是汽车运用全部过程中的一个重要环节。

汽车技术诊断的任务就是要预测汽车的工作能力,降低汽车维修工作量和材料消耗。技术诊断仪器可以作为一种十分客观而又足够精确的确定汽车总成、部件工作状态的工具。

近年来,我国交通运输部门、科研单位十分重视研究和推广汽车诊断技术。在各省市均建有汽车性能、汽车安全检测站,并拥有一定数量的检验设备,极大地促进我国汽车诊断技术的发展,采取汽车诊断技术来确定汽车的技术状况(或故障),具有快捷、准确、维修费用低等优点,这种诊断技术得到迅速发展。

7.3.2 汽车诊断技术的展望

(1)汽车诊断自动化

近年来,对诊断对象的技术状况已经可以比较充分地测量出来。已经制造出诊断 80～100 项或更多项目的诊断系统。汽车诊断可以在旋转滚筒式试验台或链传动的试验台(活动路面)上进行。按测量和显示仪器的要求,可以采用各种结构的传感器,检测的信号经过诊断仪器加工、分析、处理,最后得到诊断结果。

汽车诊断过程由两个阶段组成,即借助传感器得到诊断信号和由诊断仪器给出诊断结论。目前的诊断设备普遍存在的问题是辅助工时大约要消耗全部诊断工时的 60%～65%。比如车辆停放位置、必要的连接与固定、工位间移动等占去大量工时,而诊断工位实际效能得不到充分发挥。在车辆数量不断增加的情况下,关于提高诊断工位通过能力问题就越来越清楚地摆在面前。为了解决上述问题,在一些国家已经研究并采用汽车自动化诊断系统。

自动化诊断系统用于汽车技术维护过程中自动地评价汽车技术状况的成套设备。

(2)诊断传感器

目前所用诊断传感器都是可拆式,即诊断时固定在诊断客体上,诊断结束便拆下来。如检验转向装置时,传感器固定在转向轮上;油耗测量传感器是用油管串联在油路里,测量完了即行拆除等。传感器的拆装是一项很烦琐的工作,同时也增加了诊断时间,应用最广泛的是采用短时间接触式或无接触式以及敷设式诊断传感器。

安装在试验台上的属短时间接触式传感器,甚至汽车以一定速度驶过便实现检验。

无接触式传感器是指传感器不与诊断客体直接发生机械接触,而是借助光线、电磁或热场实现诊断。例如,在不解体情况下检验总成内部某处的技术状况,运用频闪效应制成频闪测试仪,可以用来检验汽车上旋转运动零部件技术状况。

近年来,国外采用在汽车总成、机构内敷设诊断用传感器,使诊断过程明显加快,并且可以更好地为自动化诊断系统服务。

(3)电子计算机在诊断中的应用

计算机技术的迅速发展,特别是微型计算机的出现,使计算机作为自动化诊断站的分析装置。自动化诊断站的特点是用敷设诊断传感器,通过多线插座拆装。而诊断用计算机和所有其余设备均为固定的。它是按诊断大纲规定的项目对汽车技术状况进行检验,并给出诊断结果,打印在卡片上,计算机一方面实现对诊断设备的控制,另一方面完成数据运算处理和给出诊断结果。

诊断自动化的出现是一项复杂的工作,比如首先要确定每种诊断客体的诊断大纲(项目、名称),然后将大纲中有关数据和诊断制度及有关参数的允许极限登记在磁盘或磁带上,由它们来控制实现事先规定的检验方法和所要求的检验工况(如:在滚筒试验台上汽车达到某一初始速度值等),否则,检验和运算系统不执行。

具有专用计算机的自动化诊断站可以按下列工作任务考虑计算程序流程:

①自动检验:每检验一项诊断参数后,所得结果与容许值比较,并打印比较结果。再按诊断大纲接通下一项参数测量电路。

②手动检验:在进行汽车诊断时,可以由操作人员动手操作对汽车个别总成、部件进行检验。

③有重点(有选择)的检验:应当允许路过某些项目进行按需要项目检验。

④重复性检验:系统全部返回初始状态,对诊断客体重新按规定项目进行检验。

由于电子学和自动控制技术迅速发展,因此在汽车诊断技术这一领域里每年都取得新的进步,诊断方法和设备将更加广泛采用电子学和自动化诊断装置。

7.4 发动机技术状况的诊断

现代车用往复活塞式发动机主要由两个机构(曲柄连杆机构、配气机构)和四个系统(点火系、供给系、冷却系、润滑系)组成(柴油发动机没有点火系)。诊断上述机构与系统故障的设备种类繁多,其中常用的有:汽缸活塞组诊断设备、点火系诊断设备、供给系诊断设备、润滑系诊断设备和发动机技术状况综合诊断用的无外载测功仪等。这里简要介绍这些设备的工作原理,具体结构与使用方法可参阅有关书籍。

7.4.1 汽缸活塞组诊断设备

汽缸活塞组的技术状况对主动机工作有着重要影响,汽缸活塞组的磨损情况往往是确定发动机总成是否需要大修的标志。诊断汽缸活塞组技术状况的常用参数是汽缸压缩压力、曲轴箱窜气量和汽缸漏气率等,测量这些参数的仪器如图 7.8 所示。

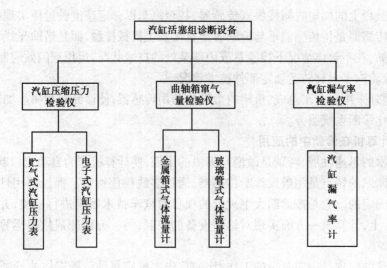

图 7.8　汽缸活塞组检验设备

(1)电子式汽缸压缩压力计

电子式汽缸压缩压力计可对发动机汽缸压缩压力进行动态测量,比传统的贮气式汽缸压缩压力计等静态测量仪测量结果更为精确。一般电子式汽缸压缩压力计为电感放电式,其基本原理是通过测量点火线圈次级电感放电电压来确定发动机各缸的压缩压力。由于发动机工作时,火花塞在跳火期间有一个持续的电感放电跳火电压,它与各缸压缩压力之间有如图 7.9 所示的近于直线的关系。为此,可取火花塞跳火电压作为汽缸压缩压力的信号。

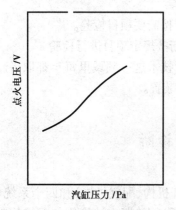

图 7.9　电感放电跳火电压与
汽缸压力的关系

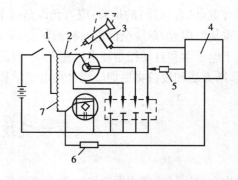

图 7.10　电感放电式汽缸压缩压力计
1—点火线圈次级接头;2—配电器高压线;3—高压传感器;
4—处理电路;5—同步信号传感器;6—低压传感器;
7—点火线圈初级接头

电感放电式汽缸压缩压力计电路原理如图 7.10 所示,高压传感器 3 串联于点火线圈次级接头 1 与配电器高压线 2 之间(图中虚线),取出点火系次级电压信号;同步信号传感器 5 从第一缸高压线外层感应出用于区分各缸压力的同步信号,低压传感器 6 由点火线圈初级接头 7 引出初级电压信号。以上三种信号输入处理电路 4 中,经变换、处理后,显示出发动机各缸的压缩压力。

此外,电子式汽缸压力计还有一种为启动电压降式。它的测量原理是依据启动机产生的扭矩与启动机电流为函数关系,而该扭矩又与汽缸压缩压力成正比,因而启动机电流与汽缸压缩压力之间存在对应关系。为此,该测量仪是测量与某只汽缸压缩压力相对应的启动机电流值,以此来确定该缸的压缩压力。

(2)玻璃管式气体流量计

发动机工作时,曲轴箱窜气量与汽缸活塞组件的磨损成函数关系。因此,可以通过测量曲轴箱窜气量的方法来评价汽缸活塞组的技术状况。图 7.11 所示为测量曲轴箱窜气量的一种玻璃管式气体流量计。测量时,将曲轴箱气体通过胶管导入流量计,使气体按图中箭头方向流动,由于流量计孔板两端存在压差,使压力计水银柱移动,直至压力与水银柱落差平衡,以水银柱高度来显示曲轴箱窜气量。

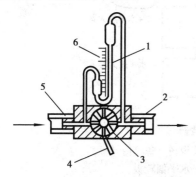 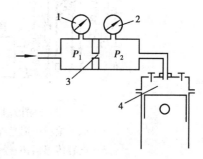

图 7.11　玻璃管式气体流量计

1—压力计;2—通大气管;3—孔板;

4—孔板手柄;5—通曲轴箱胶管;

6—刻度尺

图 7.12　汽缸漏气率计

1—进气压力表;2—剩余压力表;

3—量孔;4—汽缸

(3)汽缸漏气率计

这种仪器是在发动机熄火状态,把一定压力的压缩空气经过漏气率计(图 7.12)充入汽缸内,压缩空气可从汽缸不密封处泄漏出去,致使量孔两端形成压差,即

$$P_1 - P_2 = \Delta P = \rho \frac{V^2}{2\alpha^2 f^2}$$

令 $K = \dfrac{\rho}{2f^2}$,则上式可写成

$$\Delta P = K \frac{V^2}{\alpha^2}$$

式中　V——压缩空气漏泄量,L;

f——量孔截面积,m^2;

α——量孔阻力系数;

ρ——空气密度,kg/m^3;

P_1——进气压力,N;

P_2——通过量孔后的压力,N。

当进气压力与量孔直径一定时,压差大小取决于漏气量。通过调节,使出气管与大气相通(即气体全部漏出)时压力表值为100%;而出气管完全堵塞(即无漏气)时值为0%。测量时,

可根据压力表所示漏气率的百分数来确定汽缸活塞组的磨损伤情况。

7.4.2 点火系诊断设备

汽油机点火系技术状况,可通过专用发动机示波器(发动机分析仪)来进行诊断。发动机原理图如图 7.13 所示。

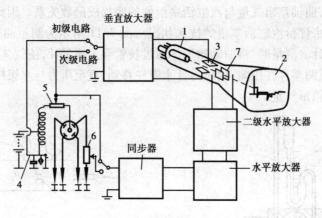

图 7.13 发动机示波器

1—电子枪;2—荧光屏;3—垂直偏转板;4—触点信号;
5—电容传感器;6—触光传感器;7—水平偏转板

发动机示波器的功能是把汽油机点火过程的电压变化用波形显示出来。荧光屏的纵坐标为点火电压值,横坐标为配电器凸轮转角表示的时间。通过标准波形与诊断波形的比较,从而分析故障原因及其所在。发动机示波器一般可显示如图 7.14 所示的三类波形。

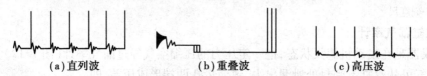

(a)直列波   (b)重叠波   (c)高压波

图 7.14 发动机示波器波形种类

①直列波:用于诊断点火系初、次级电路接触情况及电容器、低压线、高压线和火花塞的性能。

②重叠波:将多缸发动机各缸点火过程曲线重叠在同一图形上,用于诊断配电器凸轮磨损情况和断电器触点闭合角的大小与均匀情况。

③高压波:可以同时显示多缸发动机各缸点火电压波形,用于诊断点火系次级电路及元件故障。

7.4.3 供给系诊断设备

供给系技术状况直接影响发动机的动力性、经济性和排气污染等性能。发动机供给系的工作情况可用燃油消耗量、混合气质量和燃烧生成物的成分来评价,其常用设备如图 7.15 所示。

图 7.16 所示为四活塞容积式油耗计,其心轴作旋转运动,相连的四活塞作往复运动。燃油在活塞腔内被吸入和挤出,按活塞移动行程和心轴转数来计量燃油的容积。

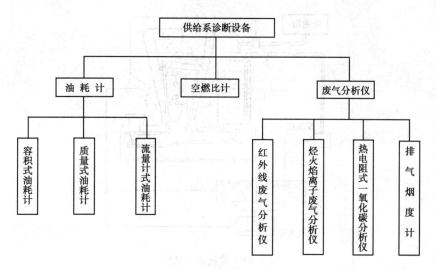

图 7.15　供给系诊断设备

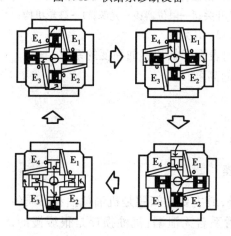

图 7.16　四活塞容积式油耗计

　　按容积测定燃油消耗时,会因燃料密度和温度的变化引起测量误差。按质量测定油耗,则可不必考虑燃料的密度,方法简便、准确。图 7.17 所示为质量式油耗计简图,它由称量装置、控制装置和记录装置等组成。燃油由储油箱经电磁阀 3、加油管注入称量装置的油杯 1 中,称量秤左端下沉,当限位器 8 到达限位开关 7 的位置时,限位开关 7 将电磁阀 3 关闭停止供油。油杯 1 中的燃油经出油管 2 供给被测发动机,由于油杯中油量逐渐减少,质量减小而使称量秤左端升起,通过杠杆机构推动指针摆动,光源 9 的光束射到光电二极管 5 上时,二极管发出信号,记录仪开始工作。当油杯 1 中燃油耗尽时,光束便射到二极管 10 上,它发出信号使记录仪停止工作,以此按质量测定油耗。

　　在发动机燃油消耗量变化缓慢的情况下或进行长时间运转测量时,用流量计测定油耗比较方便。图 7.18 所示为一种浮子式流量计,它有一个浮子在截面为锥形的圆筒中浮动,根据浮子的质量和浮子上下的压差达到平衡时的浮子高度,按下式求出燃油流量,即

$$Q = c \cdot h \sqrt{\frac{2gW}{\alpha \cdot \delta}}$$

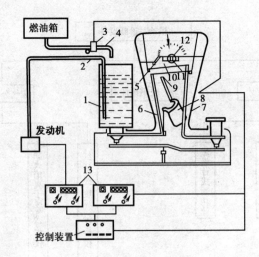

图 7.17　质量式油耗仪

1—油杯;2—出油管;3—电磁阀;4—加油管;5、10—光电二极管;
6、7—限位开关;8—限位器;9—光源;11—鼓轮机构;
12—鼓轮;13—计数器

式中　c——取决于玻璃管内表面形状和燃油黏度的系数;

　　　h——浮子皮基准线的高度,cm;

　　　W——浮子质量,g;

　　　α——浮子截面积,cm^2;

　　　δ——燃油密度,g/cm^3。

7.4.4　润滑系诊断设备

润滑系除有机械故障外,最主要的问题是机油耗损和品质劣化。正常使用的发动机润滑系若无泄漏,机油损耗是很缓慢的,机油中杂质浓度的增加也应是相对稳定的。因为进入机油的各种杂质与滤清器排除的杂质及机油烧损而减少的杂质大致平衡,所以机油杂质浓度的增加,表明发动机磨损超出正常范围、机件故障或滤清器工作性能变差。机油中金属含量的增加往往先于故障外部症状的出现,因而通过测量机油中金属含量,可以较早地诊断出润滑系的故障。为此,机油污染测定是一种润滑系技术状况的诊断手段,其常用设备与方法如图 7.19 所示。

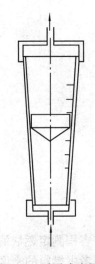

图 7.18　浮子式流量计

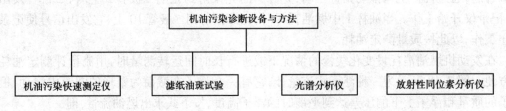

图 7.19　机油污染测定法

（1）机油污染快速测定仪

机油污染快速测定仪通过测量一定厚度的机油油膜的不透明度来反映机油的脏污程度，其仪器原理如图7.20所示。

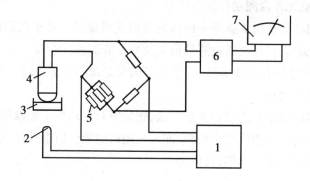

图 7.20 机油污染快速测定仪

1—稳压电源；2—光源；3—盛油样池；4—光电管电桥；

5—参比电阻；6—直流放大器；7—透光度表

稳压电源 1 为电桥 4 和光源 2 提供稳定的电源。光源 2 发出的光透过被测机油盛油样池 3 而到达电桥 4 的一个光敏电阻桥臂，电桥的输出端接直流放大器 6，直流放大器的输出端安一个指示读数的电流表——透光度表。该表采用百分刻度，当油池中放入标准油（干净油）时，表针指示为"0"；当机油污染程度达到极限值时，表针指示为"80%"。一般在表盘上用三种颜色表示大致污染范围，绿色，为机油清洁区；黄色，为机油可用区；红色，为换油区。这种仪器优点是结构简单、使用方便，其不足之处是测量精度差、使用范围窄，而且对目前所用含有各类添加剂的机油无法测出添加剂的消耗程度。

（2）滤纸油斑试验法

滤纸油斑试验法简便、易行，它不仅能测定机油污染程度，而且还可测量机油中的一种重要添加剂——清净性分散剂的消耗程度。

试验时，取一滴待测机油滴在干净的滤纸上，机油在滤纸上向四周扩散的同时还向滤纸孔隙中渗透。根据油膜层流学说，机油中一定尺寸的杂质颗粒到达离油滴中心一定距离时就会停止下来，最终在滤纸上形成界线分明的同心圆环形油迹斑痕，斑痕的杂质厚度呈阶梯形逐级下降。离中心点越远，杂质颗粒越小，每个同心圆圈的不透明度大致相同。如果机油内杂质颗粒很小，清净分散剂的性能良好，则油滴扩散面积较大；反之，若机油中杂质颗粒较大，清净性分散剂性能已经完全或大部分丧失，则分层的油迹圆环向中心集中。也就是说，随着机油内杂质的增加和颗粒变大，杂质逐渐向油迹中心集中，中心区杂质的浓度可表示机油的污染程度，以此来判定机油污染程度和是否需要更换。

此外，机油污染的程度还可用光谱分析法和放射性同位素分析法来测定，这些方法灵敏度高、测量范围广，在科研方面得到广泛应用。

7.4.5 发动机测功设备

发动机的点火系、供给系、冷却系、润滑系工作不良或机件磨损，都会导致功率数值下降。

因此,发动机功率是诊断发动机技术状况的一项综合性指标。通常,发动机功率是在有专门功率吸收装置的发动机试验台上测定的,如水力测功机、电力测功机等。然而,在进行发动机诊断时,为了方便、迅速地获得发动机的功率值,一般无须把发动机由汽车上拆下来装在台架上测定,大多采用发动机无外载测功仪就车测量。

发动机无外载测功仪实质上就是一种动态的加速测量仪。对于汽油机,是在发动机无外载荷、节气门全开的加速过程中,通过测量最大功率点的加速度值或一定转速范围内的加速时间来表示发动机功率大小;而对于柴油机,其功率通常是以各单缸运转时发动机所能达到的最大转速值来表示功率的大小。

发动机无外载测功仪是采用动态测量方法,测量时对发动机不加以外部负荷,而以发动机加速时本身内部运动部件的惯性作为负载,即在发动机的节气门全开时,发动机产生的有效功率全部用来克服加速时的惯性力矩,其值为

$$N_e = \frac{M \cdot n}{9\ 549} \tag{7.1}$$

$$M_e = J\frac{\mathrm{d}\omega}{\mathrm{d}t} = J \cdot 2\pi\frac{\mathrm{d}n}{\mathrm{d}t} \tag{7.2}$$

式中　N_e——发动机功率,kW;

　　　　M_e——发动机扭矩,N·m;

　　　　n——发动机转速,r/min;

　　　　J——换算到曲轴上的全部发动机运动件及附件的转动惯量,kg·m²;

　　　　$\frac{\mathrm{d}\omega}{\mathrm{d}t}$——曲轴的角加速度,1/s²;

　　　　$\frac{\mathrm{d}n}{\mathrm{d}t}$——曲轴的加速度,r/s²。

将式(7.2)代入式(7.1)得

$$N_e = \frac{2\pi J}{9\ 549} \cdot n \cdot \frac{\mathrm{d}n}{\mathrm{d}t}$$

对于同一型号发动机,J 为一定值,令

$$C_1 = \frac{2\pi J}{9\ 549}$$

则　　　　　　　　　　$$N_e = C_1 \cdot n \cdot \frac{\mathrm{d}n}{\mathrm{d}t}$$

上式表明,要测量某一转速 n_0 时发动机的功率,只需测出该转速时的瞬时加速度 $\left(\frac{\mathrm{d}n}{\mathrm{d}t}\right)_{n_0}$,即

$$N_{e(n_0)} = C_2\left(\frac{\mathrm{d}n}{\mathrm{d}t}\right)_{n_0}$$

式中　$C_2 = C_1 \cdot n_0$;

　　　　n_0——为测量点的转速,r/min。

由于动态测量是在变工况下进行的,其混合气形成和发动机热状态等条件不同于稳态下

的测量值,为此,设动态下功率的下降系数为 K,则

$$N_e = K \cdot C_2 \left(\frac{dn}{dt}\right)_{n_0} = C_3 \left(\frac{dn}{dt}\right)_{n_0}$$

式中,$C_3 = K \cdot C_2$。

由上式可见,诊断时测量节气门全开时曲轴加速至给定转速的瞬时加速度值,即可得知发动机的功率。瞬时加速度值越高,表示发动机功率越大。

此外,用无外载测功仪还可以测量发动机节气门全开时一定转速范围内加速时间的长短,以此来表示发动机的功率。

发动机无外载测功仪原理方框图如图 7.21 所示,它由传感器、脉冲整形装置、时间信号发生器、加速度计数器、功率表和转速表等组成。

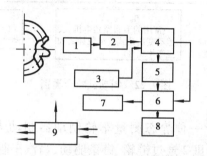

图 7.21 发动机无外载测功仪
1—传感器;2—整形装置;3—时间信号发生器;
4—计算与控制器;5—转换分析器;6—转换开关;
7—功率表;8—转速表;9—电源

用无外载测功仪测量汽油机功率时,有两种加速方法,即急速踩下油门踏板,或在发动机运转状态突然切断点火电路,待发动机转速下降后,再接通点火电路加速。

无外载测功仪既可以测量发动机的总功率,也可以测量单个汽缸的功率,方法是将被测量汽缸火花塞高压线(或柴油机高压油管)断开测量一次,已测得的发动机总功率与断开某缸火花塞高压线测得的功率之差,即为被测单只汽缸的功率。通过各缸功率的比较,可以判别各缸的技术状况(主要是磨损情况)。

7.5 底盘技术状况的诊断

汽车底盘各总成和系统的技术状况,直接影响汽车行驶的机动性和安全性。因此,对汽车底盘各主要总成及系统的诊断必须予以足够重视。底盘常用诊断设备有制动试验台、前轮定位检验设备、侧滑试验台、车轮平衡机、底盘测功机和前照灯检验仪等。

7.5.1 制动试验台

汽车制动试验台按其测量方式、测量参数和结构形式等可分为多种类型,常见的制动试验

台如图7.22所示。以下仅介绍反力式和惯性式两种试验台。

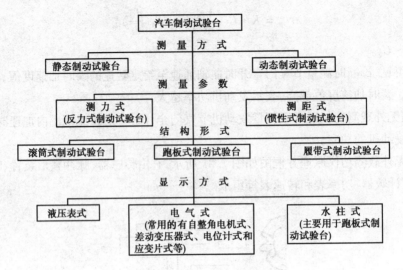

图7.22　制动试验台类别

(1)反力式制动试验台

反力式制动试验台属于一种静态测量车轮制动器制动力的检验设备,一般结构如图7.23所示。滚筒3由电动机2通过链轮、链条驱动,当汽车制动时,车轮制动器产生的摩擦力矩阻碍滚筒3转动,电动机的反作用力矩也随之增加。电动机的反作用力矩由测力传感器1测出,并在测力仪表5上显示。由于作用力等于反作用力,此时测得的电动机反作用力矩即是车轮制动器的制动力矩。测试时,车轮在滚筒上的受力情况如图7.24(a)所示,ω_k为车轮旋转角速度;M_{jk}为制动时车轮的惯性力矩;M_t为车轮制动力矩;G_k为轮负荷;F为作用在车轮中心的水平力;N_1、N_2为滚筒作用于车轮的法向反作用力;T_1、T_2为滚筒作用于车轮的切向反作用力;M_{f1}、M_{f2}为车轮旋转时滚筒对车轮产生的滚动阻力矩。为便于对车轮受力情况进行分析,可忽略M_{jk}和M_f对制动的影响(因反式制动试验台的试验车速很低,M_{jk}与M_f极小),简化后车轮受力情况如图7.24(b)所示,根据平面力系的平衡条件可列出下列平衡方程式:

$$\sum x = 0$$

$$(T_1 + T_2)\cos\alpha + (N_1 - N_2)\sin\alpha - F = 0$$

$$\sum y = 0$$

$$(N_1 + N_2)\cos\alpha + (T_1 - T_2)\sin\alpha - G_k = 0$$

$$\sum M_{ok} = 0$$

$$(T_1 + T_2)\gamma_k - M_t = 0$$

式中,α为车轮在滚筒上的安置角;γ_k为车轮滚动半径。

若支承车轮的前后两滚筒的表面状况、材料、结构尺寸完全一致时,即表面附着系数相同,即$\varphi_1 = \varphi_2 = \varphi$,则车轮制动时最大切向力$T$与法向力$N$的关系如下:

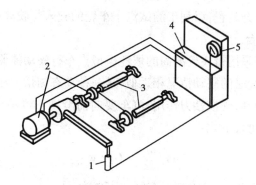

图 7.23　反力式制动试验台

1—测力传感器;2—电动机及传动链轮;

3—滚筒;4—控制台;5—测力仪表

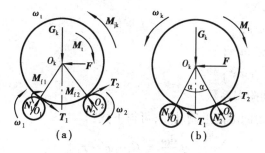

图 7.24　车轮受力分析

$$T_i = \varphi \cdot N_1$$

将此式代入 $\sum x = 0$、$\sum y = 0$ 方程后可得:

$$(N_1 + N_2)\varphi \cos \alpha + (N_1 - N_2) \sin \alpha - F = 0$$

$$(N_1 + N_2) \cos \alpha + (N_1 - N_2)\varphi \sin \alpha - G_k = 0$$

将上述方程联立求解,得:

$$N_1 = \frac{G_k(\sin \alpha - \varphi \cos \alpha) + F(\cos \alpha + \varphi \sin \alpha)}{(1 + \varphi^2) \sin 2\alpha}$$

$$N_2 = \frac{G_k(\sin \alpha + \varphi \cos \alpha) - F(\cos \alpha + \varphi \sin \alpha)}{(1 + \varphi^2) \sin 2\alpha}$$

车轮总制动力为

$$T = T_1 + T_2$$

$$= \varphi(N_1 + N_2)$$

$$= \varphi \frac{G_k + F\varphi}{(1 + \varphi^2) \cos \alpha}$$

　　为使制动试验台能够同时测量汽车左右两边车轮的制动力,试验台设置左右两套独立的测量装置。试验台滚筒表面刻有轴向沟槽或包敷摩擦系数较大的材料,以提高其附着系数。

在前后两滚筒之间设有举升装置,以利于测试汽车车轮的驶入与驶离试验台。

(2)惯性式制动试验台

惯性式制动试验台是采用带飞轮滚筒的惯性模拟汽车行驶动能原理来设计的。试验车速较高,与汽车在道路上行驶时的制动情况相近似,是一种动态测量方法。

汽车在路上行驶中制动,受惯性力作用,汽车要向前滑动一段距离,当忽略迎风阻力且不考虑车轮制动抱死情况,可得下式:

$$m_a \frac{dv}{dt} = G_a \cdot \varphi$$

上式两端乘以 ds 并积分后,可得到汽车制动距离为

$$S = \frac{v_0^2}{2g \cdot \varphi} = G_a \cdot \varphi$$

式中　m_a——汽车质量,kg;

　　　G_a——汽车重力,N;

　　　v——汽车速度,m/s;

　　　v_0——制动初速度,m/s;

　　　g——重力加速度,m/s^2;

　　　φ——车轮与路面附着系数。

当被测车轮在试验台的滚筒上制动时,可得下式:

$$J \frac{d\omega}{dt} = G_a \cdot \varphi' \cdot r_0$$

因为 $\omega = \frac{v}{r_0}$,$\frac{d\omega}{dt} = \frac{1}{r_0} \cdot \frac{dv}{dt}$,上式两端乘以 ds,经整理可得:

$$S_0 = \frac{J \cdot v_0^2}{2G_a' \cdot \varphi' \cdot r_0^2} = \frac{v_0^2}{2g\varphi'} \cdot \frac{m_0}{m_a}$$

式中　J——滚筒的转动惯量,kg·m^2;

　　　S_0——车轮在滚筒上的制动距离,m;

　　　m_0——转换到滚筒轴上的当量转动惯量,kg·m^2;

$$m_0 = \frac{J}{r_0^2};$$

　　　G_a'——轴负荷,N;

　　　φ_a'——车轮与滚筒的附着系数;

　　　r_0——滚筒半径,m。

由上式可以看出,适当选取试验台参数,即可在制动试验台上模拟道路制动情况。

图 7.25 所示为惯性式制动试验台的一种结构形式。电动机 1 通过皮带轮 4 及链轮 10 驱动滚筒 5 旋转,为保证左右滚筒组在制动试验前具有相同转速。两组滚筒间有电磁离合器 6。与滚筒相连的测速发电机 14 及第三滚筒 15 相连的光电转换器作为车速和制动距离的传感器。

试验时,被测车轮置于滚筒之上,由电机驱动达到规定的转速。汽车采取制动,与制动

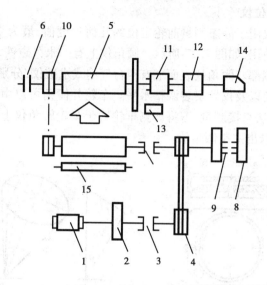

图 7.25　惯性式制动试验台

1—电动机;2—小飞轮;3—离合器;4—皮带轮;5—滚筒;6—电磁离合器;

7—滚筒离合器;8—飞轮;9—飞轮离合器;10—链轮;11—测功机;12—平衡轮;

13—光电转换器;14—测速发电机;15—第三滚筒

踏板相连的开关切断电机电源,并使左右滚筒转数计数器开始计数。当制动生效时,第三滚筒输出减速信号,使制动反应时间计数器停计;当车轮抱死时,第三滚筒停转,车轮滚动距离轮计数器停计;当车轮停转时,总制动距离轮计数器停计。于是,可以得出被测车的制动距离。

7.5.2　前轮定位检验设备

前轮定位的技术状况影响汽车行驶的操纵性、稳定性和轮胎磨损情况,因而有必要对前轮定位进行定期检验与调整。前轮定位检验设备主要用于测量车前轮(转向轮)的主销内倾角、主销后倾角、车轮后倾角和车轮前束值以及它们之间的配合情况,如图 7.26 所示。以下仅介绍水准仪式前轮定位仪和滑动式侧滑试验台。

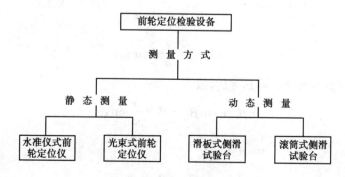

图 7.26　前轮定位检验设备类别

（1）水准仪式前轮定位仪

水准仪式前轮定位仪用于静态测量前轮定位的几何角度值,最为常见的是永久磁式倾角仪与车轮转角仪器配合使用,如图 7.27 所示。倾角仪上有一永久磁铁,检验时,用它把倾角仪吸附在被测车轮的轮毂端部。倾角仪表面上有四台气泡式水准仪,分别用于测量主销内倾角、主销后倾角和车轮外倾角以及仪器安装调整水平。车轮外倾角可以由倾角仪直接测出,而主销内倾角、主销后倾角无法直接测量,需将被测车轮置于车轮转角仪上,将车轮向左和向右回转 20°,由两侧偏斜角来求出主销倾角值。

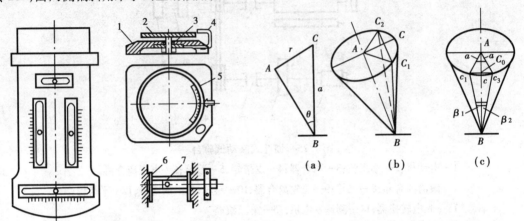

图 7.27 倾角仪与车轮转角仪

1—磁盘;2—上转盘;3—钢球;4—指针;
5—刻度尺;6—横向导轨;7—纵向导轨

图 7.28 主销内倾角测量原理

图 7.28 是主销内倾角测量原理图,AB 为主销中心线,BC 为过 B 点的铅垂线,$\angle ABC = \theta =$ 主销内倾角。由主销上 A 点作 $AC \perp AB$,且交 BC 于 C 点。在 $\triangle ABC$ 中,设 $AC = r$,$BC = a$,则 $\sin \theta = \dfrac{r}{a}$。以 AB(主销)为轴线使 $\triangle ABC$ 旋转一周,得图 7.28 中(b)所示图锥形。若车轮向右转 $\alpha(20°)$ 角,C 点将移至 C_1 点;车轮向左转 $\alpha(20°)$ 角,C 点将移至 C_2 点。由图可以看出 $\angle C_0 B C_1 = \beta_1$;$\angle C_0 B C_2 = \beta_2$;在 $\triangle A C_0 C_1$ 中,$C_0 C_1 = r \sin \beta_1$,故

$$r \sin \alpha = \alpha \sin \beta_1$$

所以

$$\sin \beta_1 = \frac{r}{a} \sin \alpha$$

同理

$$\sin \beta_2 = \frac{r}{a} \sin \alpha$$

可以看出 $\sin \beta_1 = \sin \beta_2$,即 $\beta_1 = \beta_2$,故

$$\sin \beta_1 + \sin \beta_2 = 2 \times \frac{r}{a} \sin \alpha$$

又因为

$$\sin \theta = \frac{r}{a}$$

所以

$$\sin \beta_1 + \sin \beta_2 = 2 \sin \theta \cdot \sin \alpha$$

即

$$\sin \theta = \frac{\sin \beta_1 + \sin \beta_2}{2 \sin \alpha}$$

由于 $\alpha = 20°, \sin 20° = 0.342$

所以
$$\sin \theta = \frac{\sin \beta_1 + \sin \beta_2}{2 \times 0.342} = 1.45(\sin \beta_1 + \sin \beta_2)$$

为测量方便,倾角仪的气泡式水准仪刻度已根据上式按比例刻制,测量时可直接读出主销倾角值。

主销后倾角测量原理与上述方法相同,公式推导过程从略,结论如下。

当主销后倾角为 γ 时,车轮向左转时,转向节轴相对于车身中心线垂直方向的倾角为 $a°$;车轮向右转时,该倾角为 $b°$,则

$$\gamma = \frac{a° - b°}{2\cos(\beta + \gamma)\sin \theta}$$

式中　γ——轴负荷,N;

　　　β——车轮与滚筒的附着系数;

　　　θ——滚筒半径,m。

由于前轮定位的各种角度数值都很小,用气泡式水准仪读数不够方便,因此有的检验仪在水准仪的位置上加装一只小聚光灯,该灯投射出一线光束至一定距离的有刻度的屏幕上呈现一个光点。测量时,由于车轮和主销倾角的改变,使光束投射方向发生变化,前轮定位的各参数值,由光点在屏幕上进行显示,读数十分方便。

(2)滑板式侧滑试验台

滑板式侧滑试验台是一种动态测量前轮定位的装置。如果汽车转向轮的车轮外倾角与车轮前束值配合得当,则汽车直驶时车轮轨迹为一直线;如果车轮前束与车轮外倾配合不当,车轮滚动时必向某一侧偏斜,由于左右车轮都被安装在车轴上受到约束,因而车轮将在地面上产生侧滑。滑板式侧滑试验台就是根据这一原理制成的。

滑板式侧滑试验台原理如图7.29所示。左右两块滑动板均为上下两层,上板通过滚动体可在下板上横向移动,不能纵向移动。

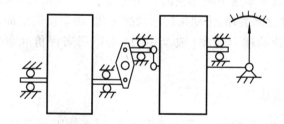

图7.29　滑板式侧滑试验台

测量时,汽车沿滑动板中心线缓慢驶过,若车轮有侧滑,将推动滑动板向反方向移动,沿板的滑动量通过杠杆带动指针旋转进行显示。为提高测量精度,侧滑量显示装置除机械杠杆指针式外,还有电位计式、差动变压器式等多种形式。

动态前轮定位检验装置除上述滑板式侧滑试验台外,还有滚筒式侧滑试验台,它利用滚筒代替路面,被测车轮在滚筒上滚动时,由于车轮侧滑力的存在,对滚筒产生轴向推力,根据该推力大小及方向,即可测出前轮定位的各参数值。

7.5.3 车轮平衡检验设备

车轮偏心是制造、翻修、装配时相对于转动中心质量分布不均匀所致,在车轮转动时,不均匀质量就会产生离心力,从而引起车轮振动。由于离心力 $F = mr\omega^2$,即离心力大小与旋转角速度平方成正比,因此在相同质量偏心的情况下,车轮转速越高,离心力越大,车轮震动也越严重。为此,在汽车速度不高的情况下,车轮平衡问题并不突出,而在高速公路上,车速大大提高,车轮平衡问题也就显得重要,对于高速汽车,车轮平衡是必要的诊断项目。

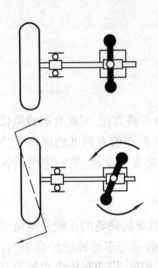

图 7.30 车轮平衡机原理

车轮平衡机原理如图 7.30 所示,被测车轮安装在平衡机主轴的一端,主轴中部用轴承支承,主轴另一端为自由端。当主轴带动车轮旋转时,若车轮质量不平衡,将引起主轴另一端振动,其振幅大小在一定转速下只与车轮不平衡质量大小成正比。如果在垂直于轮轴的两个平面内,存在两个相差180°相位的质量,则车轮旋转时,这两个质量产生的离心力将形成一个位主轴偏斜的力偶。在主轴的自由端,有一对垂直于主轴的平衡锤,主轴旋转时,它也可产生使主轴偏斜的力偶。在车轮平衡机中有两组杠杆,测试时,用一组杠杆调整平衡锤相位,使之与车轮不平衡质量相对应;用另一组杠杆调整平衡锤倾斜角,使之产生的力偶与不平衡车轮产生的力偶相抵消,使主轴不再振动。此时,两组杠杆所移动的位置,分别表示车轮不平衡质量的大小与相位。

根据上述原理制成的车轮平衡机,有固定式和移动式两种类型。

7.5.4 底盘测功机

底盘测功机(测定某一车速下驱动轮的牵引力或功率)是对技术状况的总体诊断。因为汽车运用中传动系机体逐渐磨损,传动系技术状况恶化,功率损失增加,使得传至驱动轮上的功率下降。因此,驱动轮的输出功率(或牵引力)可以用来评价底盘传动系统总体的技术状况。

7.5.5 前照灯检验仪

前照灯在使用过程中,灯泡老化,发光效率下降,反光镜脏污变暗,聚光性能变差,从而使灯光减弱、照度不足。另外,汽车行驶中的振动还会造成前照灯安装位置错动,改变光束照射方向。这些原因促使前照灯技术状况变差,影响汽车夜间安全行驶。为此,应对汽车前照灯进行定期检验,检验的主要项目是前照灯发光强度和光束照射方向。

前照灯检验仪有聚光式、屏幕式、投影式和自动追踪光轴式等多种类型,其测量原理基本相同。前照灯检验仪中测量发光强度的部分是用光电池与光度计构成的测量电路[图 7.31 (a)],按规定的距离使前照灯照射光电池,光电池可按受光强度的大小产生相应的光电流使光度计指针摆动,指示前照灯的发光强度。测量前照灯光轴偏斜量的电路是把光电池分割成4 份($S_上$、$S_下$、$S_左$、$S_右$),$S_上$ 与 $S_下$ 和上下偏斜计相连[图 7.31(b)];$S_左$ 与 $S_右$ 左右偏斜计相连。

前照灯照射后,各块光电池根据受光多少分别产生不同强度的电流,按其差值使上下偏斜计或左右偏斜计动作,依此来测出前照灯光轴的偏斜方向。

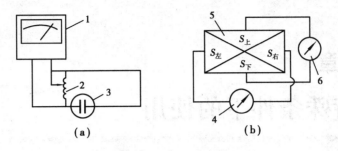

图 7.31　前照灯检验仪原理
1—光度计;2—可调电阻;3—光电池;
4—左右偏斜计;5—光电池;6—上下偏斜计

复习思考题

7.1　什么是汽车技术状况?

7.2　汽车技术状况将逐渐变坏的主要征兆有哪些?

7.3　零件的磨损规律可分为哪三个阶段?

7.4　润滑油的品质主要表现在哪些方面?

7.5　什么是汽车诊断?

第 **8** 章
汽车在特殊条件下的使用

8.1　汽车走合期的使用

走合期是指汽车通行初期改善零件摩擦表面几何形状和表面物理机械性能的过程。新车（包括大修竣工汽车）最初的使用阶段称为走合期。走合期行驶里程称为走合里程。

汽车的走合期实质上是为了使汽车向正常使用阶段过渡，而在使用中相互配合件的摩擦表面进行走合加工的过程。

走合期在汽车整个使用期中虽然是很短的，但正确使用和维护质量与否对延长汽车使用寿命，提高可靠性和经济性有极大关系。

8.1.1　汽车走合期的特点

（1）走合期磨损速度快

由图 7.4 配合件的磨损特征曲线可知，第一阶段走合期曲线较陡，即零件磨损量增加较快，主要原因是新车或大修竣工的汽车，尽管在制造、修理生产中进行了磨合，但零件的加工表面总是存在微观和宏观的几何形状偏差，尤其是受力的动配合零件间的表面粗糙度尚不适应工作要求，在总成及部件的装配过程中，也有一定的允许偏差。因此，新配合件摩擦表面的单位压力要比理论计算值大得多。此时，汽车若以全负荷工作，零件摩擦表面的单位压力则很大，润滑油膜被破坏而成半干或干摩擦，同时新装配零件间隙较小，表面凹凸部分嵌合紧密，相对运动中在摩擦力的作用下有较多的金属屑进入相配合零件之间又构成磨料磨损，使磨损加剧。由于间隙小而使磨损过程中表面热量增大，进而导致润滑油黏度降低、润滑条件变差，因此，这一阶段零件磨损量增长较快。经过走合期，又使相互配合件的摩擦表面进行一次走合加工，磨去表面不平的部分，逐渐形成了比较光滑而又耐磨的工作表面，使之较好地承受正常的工作负荷。

（2）行驶故障较多

由于零件或总成加工装配质量不佳以及紧固件松动或这个阶段使用不当，未能正确制订和执行走合规范,所以走合期故障较多。如由于装配质量不好,各部间隙过小,走合时如果速度过高,发动机润滑条件又差,发动机很容易产生过热,常出现拉缸、烧瓦等故障。又如汽车刚经过加工修理的制动摩擦片要达到全面均匀的接触是比较困难的,所以常出现制动不灵等故障。

(3)润滑油易变质

走合期因为零件表面比较粗糙,加工后的形状和装配位置都存在一定的偏差,配合间隙较小,所以,走合期零件表面和润滑油的温度都很高,同时有较多的金属屑被磨落进入配合零件间隙中,然后被润滑油带进下曲轴箱中,起着催化作用,很容易使润滑油氧化变质。因此,走合期各汽车制造厂对润滑油有换油规定,即行驶1 500 km、2 500 km等里程时分别更换发动机油底壳润滑油,如发现润滑油杂质过多或变质严重,应缩短更换里程。

8.1.2　汽车走合期的使用

(1)走合期里程的规定

根据总成或部件在这个时期的工作特点,汽车在走合期必须对其使用有专门规定。汽车走合期里程取决于零件表面加工精度、装配质量、润滑油的品质、运行条件和驾驶技术等。一般均按照汽车制造厂的规定。通常走合期里程为1 000 ~ 2 500 km,也有的进口汽车规定走合期为3 000 km或更长的里程。

走合期大致可分为三个阶段:

第一阶段为走合50 ~ 75 km,因为零件加工表面还比较粗糙,加工后的形状和装配位置都存在一定偏差,配合间隙也较小,所以,零件磨损和机械损失很大,零件表面和润滑油的温度也很高,这一阶段最好空驶。

第二阶段为走合100 ~ 200 km,在这个阶段,零件摩擦表面比较光滑了,摩擦的机械损失和产生的热量减少了。

第三阶段为零件工作表面磨合过程逐渐结束,并形成了一层防止配合表面金属直接接触的氧化膜,进入了氧化磨耗过程。发动机的动力性、经济性和传动系统的机械效率逐渐达到正常,初驶结束。

(2)走合期的使用

走合期必须遵循的主要规定:减载、限速、选择燃料及润料、供油系及点火系调整和正确驾驶等。

1)走合期减载

汽车载质量的大小直接影响机件寿命,载质量越大,发动机和底盘各部分受力也越大,引起润滑条件变差,影响磨合质量,因而在走合期内必须适当地减载。各型汽车均有减载的具体规定,一般载质量不应超过额定载荷的75%。

走合期内汽车不允许拖挂或牵引其他机械和车辆。

2)走合期限速

减载高速与重载低速,对汽车的负荷影响是一样的,载质量一定,车速越高,发动机和传动机件的负荷也越大,因此,在走合期内起步和行驶不允许发动机转速过高。换挡要及时,各挡位应按汽车使用说明书的规定控制车速。汽车维修技术标准中规定:车速一般应为各挡位最高行驶车速的70%,见表8.1。

在走合期内,不准拆除发动机的限速装置。

表8.1 走合期速度的规定

挡 位	走合速度/(km·h⁻¹)			
	北京 BJ-212	跃进 NJ130	东风 EQ140	解放 CA141
1	15	7	5	8
2	25	14	10	15
3	25	25	15	25
4	—	45	25	40
5	—	—	40	60

行驶里程/km	载 荷	车 速
0 ~ 200	空车	不超过相应发动机额定转速的50%
>200 ~ 800	不超过额定载荷的50%	不超过相应发动机额定转速的50%
>800 ~ 1 500	不超过额定载荷的75%	不超过相应发动机额定转速的75%
>1 500 ~ 2 500	满载	不超过额定的最高转速

3)选择优质燃料及润料

为了防止汽车在走合期中产生爆燃,加速机件磨损,应采用优质燃料及润料。另外,由于各部分间隙较小,应选用低黏度的优质润滑油,使摩擦工作表面得到良好润滑,还应按走合期维护规定及时更换润滑油。路试中应注意润滑油的压力和温度,有异常情况及时排除。

4)走合期的供油系和点火系的调整

走合期因装限速装置使油耗增高,为了解决这个问题应作适当调整:

①限速片对怠速调整也有影响,由于汽车走合期,小负荷运行较多,而怠速调整的恰当与否对油耗影响很大,因此,为了降低运行油耗,要十分精确地调整怠速。

②将点火提前角向前调整2°~3°,方法应用飞轮上正时点火标记进行调整。因为安装限速片后,不能达到大负荷状态,用倾听加速时有无爆燃声来调整点火正时已变得不精确了。

③走合期负荷小、车速低,可利用这一条件对火花塞进行特殊的调整。根据火花塞间隙大放电将会有助于可燃混合气的点燃和燃烧,因而能降低油耗,将火花塞间隙适当调大(冬季取0.8 ~ 1.0 mm,夏季取1.0 ~ 1.2 mm)。

④走合期负荷小,点火线圈发出的高压电容易跳过火花塞间隙,又因为车速低,点火线圈的工作特性则正处于高峰区域,二次电压可达2×10^4 V以上,所以,火花塞间隙适当调大不会产生断火现象。

5)正确驾驶

启动发动机时不要猛踩加速踏板,严格控制加速踏板行程,以免发动机高速运转。发动机启动后,应低速运转,待水温升到50 ~ 60 ℃再起步,路试中冷却水温度应控制在正常温度范围内。起步要平稳,减小传动机件冲击。行驶时,要适当换挡,注意选择路面,不要在恶劣的道路上行驶,减小振动和冲击。尽量减少汽车突然加速所引起的超负荷现象,避免紧急制动和长时间制动,在走合过程中对汽车各部技术状况要及时检查,排除故障,以减小磨损。

8.1.3 汽车走合期的维护

走合期的维护一般分为:走合前维护、走合中维护和走合后期维护。

(1)走合前维护

走合前维护是为了防止汽车出现事故和损伤,保证顺利地完成走合。其主要内容如下:

①清洗全车,检查各部位的连接及紧固情况。

②检查散热器的存水量,并检查冷却系各部位有无漏水现象。

③检查发动机、空气滤清器、变速器、后轿、转向器、制动器和各种助力器油位和油质,视需要加添或更换,并检查各部位有无漏油现象。

④检查变速器各挡能否正确接合。

⑤检查转向机构各部位有无松旷和卡滞的现象。

⑥检查电气设备、灯光和仪表工作是否正常,并检查蓄电池电液比重与液面高度。

⑦检查轮胎气压是否符合标准并调整。例如东风 EQ140 型汽车的前轮胎压为 392 kPa、后轮胎压为 520 kPa。

⑧检查制动效能(制动距离过大,有无跑偏、发抖和沉重现象),如不符合要求,应查明原因,及时排除故障。

(2)走合中维护

走合中期的维护是在汽车行驶 500 km 左右时进行的。主要是对汽车各部技术状况开始发生变化的部分进行一次及时的维护,以恢复其良好的技术状况,保证下阶段走合顺利进行。其主要内容如下:

①消除发动机润滑系故障,更换润滑油和滤芯。

②润滑全车各润滑点。最初行驶 30~40 km 时,应检查变速器、分电器、前后驱动桥、轮毂和传动轴等处是否发热或有杂音。如发热或有杂音,应查明原因,予以调整或修理。

③检查制动效能和各连接处、制动管路的密封程度,必要时加以调整和紧固。

④检查调整离合器踏板自由行程。

⑤按规定力矩和顺序拧紧汽缸盖及进、排气歧管螺栓、螺母和轮胎螺母。

⑥走合 500 km 左右后,应在热车状态更换发动机润滑油,以免因未清洗干净的铁屑、脏物等堵塞油道、刮伤轴瓦。

(3)走合后期维护

走合期结束后应结合二级维护对汽车进行全面的检查、紧固、调整和润滑作业。拆除限速装置,只有在汽车达到良好的技术状况后才能投入正常运行。其主要内容如下:

①清洗润滑油道和集滤器,更换润滑油的细滤芯。

②测量汽缸压力,清除燃烧室的积炭,视需要研磨气门。

③按规定"先中间后四周"分 2~3 次紧固汽缸盖螺栓。铝质缸盖在发动机冷态时拧紧,铸铁缸盖在发动机走热后,再检查汽缸盖螺栓的紧度,以防螺栓热膨胀后,造成汽缸盖密封不良,损坏汽缸盖衬垫。

④清洗变速器、驱动桥、转向器,并更换润滑油。

⑤紧固前后悬挂的 U 形螺母(满载时进行),检查后钢板弹簧固定端的螺栓及小 U 形螺栓的紧固螺母有无松动。

⑥检查和调整制动效能。

⑦检查调整离合器踏板自由行程。

⑧检查、紧固、调整前桥转向机构的技术状况。

⑨按规定力矩检查底盘和传动部分的各部连接。

⑩检查并紧固车身、车厢各部的连接,调整车厢拴钩。

在走合期后 1 000 ~ 3 000 km 运行中,仍应控制车速,并且不要超载行驶。

8.2 汽车在低温条件下的使用

汽车在低温条件下使用的主要问题是:发动机启动困难和总成磨损严重,此外,还存在机件损坏(汽缸体或水箱可能被冷却水冻坏,弹簧、橡胶和塑料制品也易损伤)、腐蚀(汽缸、排气管等)、总成热状况不良以及燃料润滑油消耗增大等问题。

8.2.1 发动机的低温启动

一般来说,在气温 –10 ~ 15 ℃情况下,发动机冷启动不会发生大问题,气温再低就会给冷车启动造成一定困难,而当气温在 –40 ℃时,不经预热就启动是完全不可能的。

在使用过程中,发动机的低温启动性主要受机油黏度、汽油挥发性及蓄电池工作能力的影响。

为了分析问题的方便,可以把发动机的启动和预热过程分为以下四个阶段:

①曲轴自静止状态旋转到发动机启动所必要的启动转速。

②保持这一转速至发动机启动开始。

③润滑油自油底壳进入机油泵并经油道到达工作表面。

④发动机冷却系的水温达到正常工作温度。

显然,前两个阶段与发动机的启动性有关,后两个阶段直接影响发动机的磨损问题。

发动机启动的前两个阶段与曲轴的旋转阻力和启动转速有很大关系。曲轴启动时的旋转阻力包括汽缸内压缩可燃混合气的反作用力、运动部件的惯性力、各摩擦副的摩擦阻力等。前两种阻力对于一定的发动机来说变化不大,而后者在低温条件下主要取决于机油的黏度。也就是说,发动机曲轴旋转阻力矩及启动转速主要受机油黏度的影响。在摩擦阻力中,活塞与汽缸、曲轴各轴承的摩擦力是主要的,约占启动摩擦力的 60% 以上。

随着温度的降低,发动机润滑油的黏度增大。图 8.1 表示两种 10 号机油及一种 6 号机油的黏温曲线。从图中曲线可以看出,6 号机油从 +50 ~ –20 ℃黏度几乎增大 310 倍,从而大大地增加了发动机的启动阻力矩。对于同一牌号的机油,黏温特性好的(曲线 2),低温启动的使用性能要好些。对于汽油汽车发动机,为了正常启动,机油在启动温度时的黏度不应大于 $(8\ 000 \sim 9\ 000) \times 10^{-6}\ m^2/s$,其相应的启动温度为:6 号($v_{50}/v_{100} = 4.6$),–19° ~ –21 ℃;10 号

$(v_{50}/v_{100}=7)$，$-5°\sim-6$ ℃；10 号 $(v_{50}/v_{100}=5)$，$-12\sim-14$ ℃。

　　在低温条件下,随着润滑油黏度的提高和曲轴旋转阻力矩的增大,发动机的启动转速下降,如图 8.2 所示,从而影响汽油发动机的汽油汽化过程。对于柴油机来说也因转速的降低,压缩终点的压力和温度下降,造成启动困难。

　　燃料对发动机启动性能的影响主要是其挥发性。随着温度的降低,汽油的黏度和密度增大,如图 8.3 所示。以 $+40\sim-10$ ℃ 汽油的黏度提高76%,密度提高6%,致使汽油的流动性降低,裂化也因表面张力增大而恶化。试验指出:气温 -30 ℃和进气流速为 40 m/s(相当于发动机以大功率工作)时,裂化汽油只雾化59.5%;气温为 0 ℃和进气流速为 10 m/s 时,雾化只有 31%;发动机启动时流速一般不超过 3 ~ 4 m/s,气温 0 ~ -12 ℃时,只有 4% ~10% 雾化。低温时发动机机件的吸热作用影响混合气的温度,对燃油的雾化不利,大部分燃料以液态进入汽缸,造成混合气过稀,不易启动。

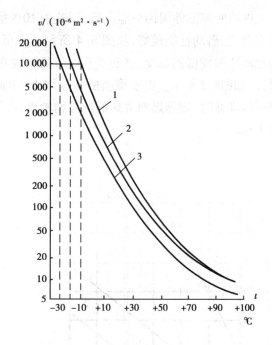

图 8.1　几种汽油机润滑油的黏温曲线
1—10 号汽油机润滑油,$v_{50}/v_{100}=7$；
2—10 号汽油机润滑油,$v_{50}/v_{100}=5$；
3—6 号汽油机润滑油,$v_{50}/v_{100}=4.6$

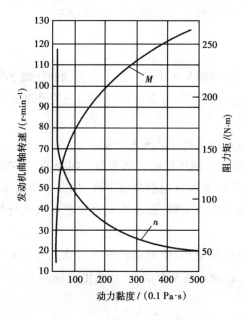

图 8.2　曲轴旋转阻力矩 M 及转速 n
与润滑油黏度的关系

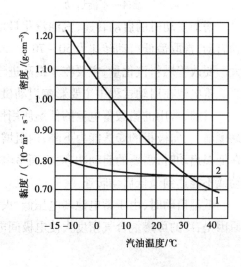

图 8.3　汽油的黏度、密度与温度的关系
1—黏度曲线;2—密度曲线

汽油的挥发性用馏分温度表示,其中10%的馏分温度影响发动机的启动性。10%馏分温度越低,启动性能越好,如图8.4所示。在低温条件下使用的柴油机需要柴油具有很好的流动性和较低的黏度,然而夏季牌号的柴油在温度降到−18 ~ −20 ℃时,黏度开始明显增大,如图8.5所示。由于柴油的黏度增大,引起柴油雾化不良,使燃烧过程变差。当温度进一步降低时,则因燃料含蜡的沉淀物析出,使燃料完全丧失了流动性,致使发动机不能正常工作。

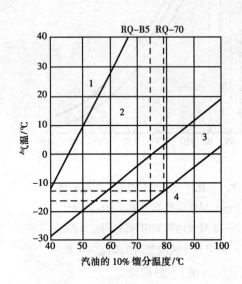

图 8.4　汽油的启动性

1—形成气阻;2—启动方便;

3—启动困难;4—不能启动

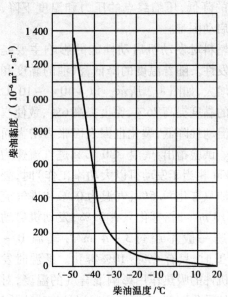

图 8.5　柴油黏度与温度的关系

增加发动机的启动转速,汽油汽化量增加不显著,如图8.6所示。为了在更低的气温下顺利启动,常取最低启动转速为50 ~ 70 r/min,但是也不必过高,否则启动时的阻力矩和磨损增大。要改善燃料汽化量,主要在于提高进气管温度。

蓄电池在启动过程中主要影响启动机的启动扭矩和火花塞的跳火能量。

目前,常用的铅酸蓄电池的低温使用性能主要受电解液的影响。随着温度的降低,电解液黏度增大,向极板的渗透能力下降,内阻增加,促使蓄电池容量与端电压下降,如图8.7所示。在低温启动时,需要的启动功率大,而蓄电池输出功率反而下降,起动机无力对发动机进行拖动或不能达到最低启动转速。

低温启动时,由于蓄电池端电压低,火花塞的跳火能量小,使发动机不易启动。火花弱的原因是:冷的可燃混合气密度大使电极间电阻增大,以及火花塞有油、水及氧化物等。

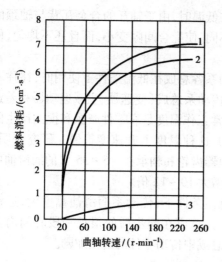

图 8.6 发动机以不同转速启动时燃料的汽化情况
1—总燃料消耗量；2—液态燃料量；
3—进入汽缸的燃料汽化量

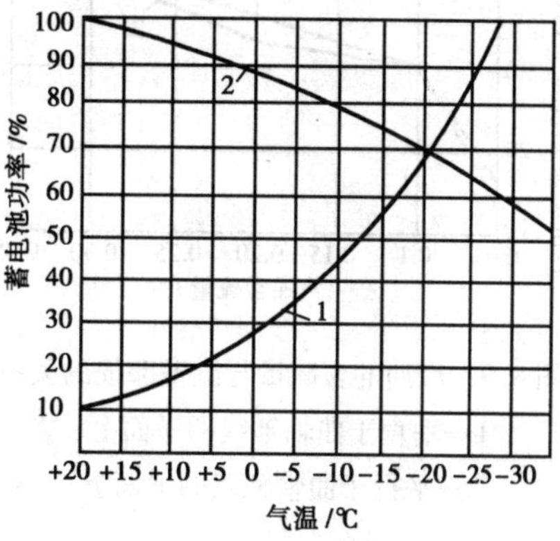

图 8.7 发动机用起动机启动时气温
对蓄电池功率的影响
1—必需的启动功率（蓄电池功率的百分数）；
2—蓄电池供给的最大功率

8.2.2 低温对汽车总成磨损的影响

研究表明：在发动机的使用周期内，50%
的汽缸磨损发生在启动过程中，而冬季启动对
发动机磨损的影响更大。图 8.8 表明汽缸壁
磨损和缸壁温度的关系。

发动机的磨损不仅在冷启动过程中严重，
而且在启动后其没有达到正常温度之前，磨损
强度一直是很大的。

低温启动发动机时，汽缸壁磨损严重的主
要原因如下：

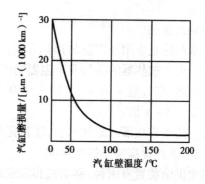

图 8.8 发动机汽缸壁磨损与缸壁温度的关系

①在启动过程中，汽缸壁得不到充分润滑。

②冷启动时，大部分燃料以液态进入汽缸，冲刷了汽缸壁的油膜。

③汽油的含硫量对汽缸壁磨损的影响也很大，这是由于汽油在燃烧过程中产生的氧化硫
与凝结在汽缸壁上的水化合成酸引起腐蚀磨损所致。因此，在低温条件下使用的汽油含硫量
不应大于 0.1%，如图 8.9 所示。

曲轴和轴瓦磨损严重的主要原因如下：

①低温启动时，润滑油黏度大，流动性差，机油泵不能及时地将润滑油压入曲轴轴颈的工
作表面，使润滑条件恶化。

②润滑油被窜入曲轴箱中的燃料稀释。燃料不完全燃烧而形成的碳化物也会同废气一起
窜入曲轴箱污染机油。

155

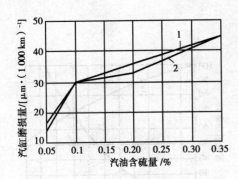

图 8.9 汽油的含硫量与缸壁磨损的关系
1—垂直于曲轴轴线的平面上；
2—平行于曲轴轴线的平面上

③在低温时,由于轴瓦的合金瓦背与轴颈的膨胀系数不同,使配合间隙变小,而且还不均匀,使磨损增大。

传动系各总成在低温条件下使用时,往往不进行预热,传动系总成(变速器、主减速动器和差速器等)的正常工作温度是靠零件摩擦和搅油产生的热量保证的,这种温度上升速度很慢。研究表明:汽车主减速器齿轮和轴承在 −5 ~ 35 ℃ 的润滑油中运转,磨损增大 10 ~ 12 倍。

在低温条件下,传动系润滑油黏度大,运动阻力增大。其总成在起步后的很长一段时间内负荷较大,使总成中传动零件的磨损加剧。

8.2.3 改善汽车低温使用性能的措施

通过前两小节对汽车在低温条件下使用情况的分析可知,从使用方面改善汽车低温使用性能应采取的主要措施如下:

(1)预热

在寒冷地区启动前预热发动机,一般采用热水、热蒸汽、热空气、电加热和红外辐射加热预热装置等。

1)热水预热

热水预热是应用最广泛的预热方式。热水由锅炉加热至 90 ~ 95 ℃,从散热器加水口灌入冷却系。由于散热器的冷却及节温器的闭塞作用,使这种加热方法的效果较差。例如,为了保证可靠启动,在气温 −10 ℃、−10 ~ −20 ℃ 和 −20 ℃ 以下时,消耗的热水量分别为冷却系容量的 1.5、2、3 ~ 4 倍。

若将热水直接灌入缸体水套,使其完全充满后再流入散热器,这种方式能充分利用热能、减少损耗,迅速提高发动机的温度。

热水供给装置有两种:移动式和固定式。移动式热水供给装置实际上是将锅炉和水箱放在小车或雪橇上,利用液体或固体燃料加热,热水通过供水枪加入发动机冷却系。固定式汽车发动机热水预加热装置如图 8.10 所示,水由锅炉产生的热蒸汽在加热器中加热,然后由供水管加入水箱,预热后的水再从水箱的下水管经回水管流入水池。供水系统的压力不应高于 40 kPa,预热装置的耗水量和水温分别由水表和温度表指示。

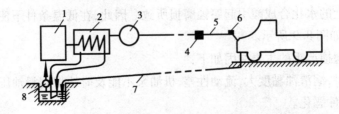

图 8.10 固定式汽车发动机热水预热装置
1—锅炉;2—加热器;3—水泵;4—水表;5—供水管;6—温度表;7—回水管;8—锅炉的供水泵

热水加热发动机的缺点是曲轴轴承与曲轴箱机油得不到充分加热。此外,在严寒条件下热水的热容量小,因而使用受一定限制。

2)蒸汽预热

固定式汽车发动机蒸汽预热装置如图8.11所示,蒸汽通过蒸汽管从水箱的下水管进入冷却系,或直接引入发动机冷却水套,后者能保证较好的加热效果,加热迅速,蒸汽浪费也少,但需在缸体或缸盖上加设蒸汽阀。为了防止蒸汽热量集中,通入的蒸汽可经带有小孔的分配板,使蒸汽能均匀地分布于水套空间内。当气温较高时,缸体放水阀应打开;当气温较低时(-30 ℃以下)时,需同时打开水箱的放水阀,使蒸汽串通。

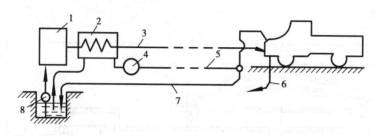

图8.11 固定式汽车发动机蒸汽预热装置

1—锅炉;2—加热器;3—蒸汽管;4—水泵;5—热水管;6—放水管;7—循环水管;8—锅炉的供水泵

在曲轴箱内加设蒸汽管或散热容器,可以同时用蒸汽加热润滑油,降低润滑油黏度,使发动机更易于启动。

蒸汽比水的热容量大,使用方便,应用广泛。预热的蒸汽压力不高于0.1 MPa。发动机经蒸汽预热后再供给热水,保证良好的启动与工作条件。

3)热空气预热

汽车发动机热空气预热装置如图8.12所示。这种预热方法是用鼓风机将空气压入热风机,加热后的空气通过热风管输送到各预热点。每个预热点设有接头开关及护风罩,护风罩对准汽车的头部,热风经散热器吹向发动机使其预热。

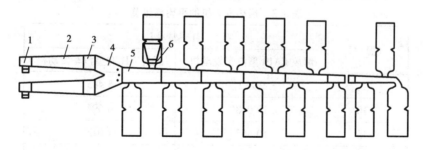

图8.12 汽车发动机热空气预热装置

1—鼓风机;2—喇叭管;3—热风机;4—喉管;5—热风管;6—接头开关

4)电加热预热

用电能加热冷却系(特别是用防冻液的汽车)和机油很方便,加热器可直接插入冷却系或机油内,或以绝缘体包住电阻丝呈封闭式。另一种管式冷却液电极加热器,它利用冷却液本身的电阻进行加热,既节约电阻丝又延长了加热器的使用期限。

预热发动机润滑油的电阻丝加热器,其功率通常为1 kW,预热时间需30~60 min,每辆汽车消耗电能 0.15~1.5 kW·h。预热冷却系的电极加热器采用 24~36 V 低压电源,电极功率为 3 kW 左右。如果电能加热利用电力网的电源时,为保证安全,发动机应接地。

蓄电池预热应用得不广泛,只有在严寒地区才予以考虑。预热方法是在蓄电池的保温箱底部安放 200~300 W 的电加热器。

5)红外辐射加热预热

红外辐射加热汽车发动机和传动系总成的装置如图 8.13 所示,红外辐射是利用煤气或液态煤气在陶瓷或金属网内燃烧时产生的。红外线有很好的穿透性,在向壳体辐射时几乎不与空气作用,也不散走热能,热效率高,煤气压力为 20~40 kPa。预热时,加热器放在发动机或传动系总成的底部。

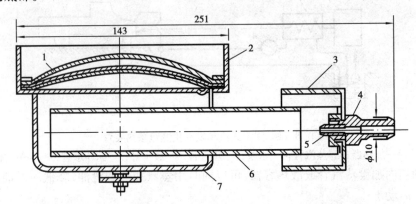

图 8.13 红外辐射加热器

1—耐热金属网;2—反射器;3—护罩;4—接头;5—喷嘴;6—混合器;7—壳体

预热一辆载重汽车的煤气消耗为 0.4~1.0 m³,气温在 -20 ℃时预热时间约 1 h。

除上述几种预热方式外,还常常采用喷灯或其他单独的预热装置。

加热发动机所需要的热量取决于气温、风速、发动机加热程度和加热方法。表 8.2 反映了在不同气温条件下,预热发动机的平均耗热量。

表 8.2 预热发动机的平均耗热量

气温/℃	耗热量/kJ	
	解放 CA10 型汽车发动机	跃进 NJ130 型汽车发动机
-5	9 232	5 485
-10	10 048	6 594
-15	10 467	7 013
-20	11 011	7 494
-25	11 514	7 955
-30	12 163	8 415

计算耗热量时,可分别按下列公式进行:

①热水或热空气预热

$$Q = cm(\Delta T)$$

式中　c——比热容，J/（kg·K），水：$c=1$，空气：$c=924$；

　　　ΔT——加水的温度，K；

　　　m——消耗在预热上的水（空气）量，kg。

②蒸汽预热

$$Q = D\lambda$$

式中　D——蒸汽消耗量，kg；

　　　λ——蒸汽热容量，$\lambda=2\,010$ J/kg。

③电能预热

$$Q = 0.24IUt = 1 \text{ J}$$

式中　I——电流，A；

　　　U——电压，V；

　　　P——电功率，W；

　　　t——时间，s。

④红外辐射预热

$$Q = V_g\theta$$

式中　V_g——消耗在预热上的煤气量，m³；

　　　θ——煤气的最低热值，4.186 8 J/m³。

（2）保温

在严寒地区使用的汽车发动机保温的目的是使发动机在一定的热状态下工作及随时可以出车。

在我国北方，一般主要对发动机保温，其次是蓄电池，只有在气温很低或某些承担特殊任务的车辆才进行油箱和驾驶室的保温。

发动机保温的方法可采用百叶窗或改良风扇参数（叶片数目或角度）和降低转速或使风扇不工作。后一种方法不但减少热量耗散，而且还降低发动机的功率损失。关闭百叶窗可减少流经散热器的空气流，但由于气流阻力大，风扇消耗的功率略有增加。

汽车发动机罩采用保温套是保持发动机温度状况的重要措施，这种常见的保温方法可以使汽车在 −30 ℃左右的气温下工作时发动机罩内温度保持在 20～35 ℃。停车后，汽车发动机各主要部位的冷却速度是无保温的1/6。

保温套材料可以是棉或毡，前者保温性能要好些。用很薄的乙烯基带密封低温下工作的汽车发动机罩，也可获得良好效果。

发动机的油底壳除了采用双油底壳保温外，还可以在油底壳内表面用一层玻璃纤维密封。

蓄电池的保温一般采用木质的保温箱。保温箱有时做成夹层的，夹层中装有毛毡等保温材料。某些试验表明：对常用的几种绝热材料进行比较，认为聚苯乙烯的效果较好。

（3）合理使用燃料和润滑油

低温下使用的燃料应具有良好的挥发性、流动性、低含硫量，以利于低温启动和减小磨损。某些国家有专门牌号的冬季汽油和柴油，供汽车在严寒地区使用。

采用低温时黏度较小的冬季润滑油，可使零件的润滑条件得到改善，并降低了启动阻力。例如，可采用"0 W""5 W"级别的冬季油或"5 W-30 等"的多级油，就能保证用油要求。

(4)改善混合气的形成条件

无论是汽油机还是柴油机,在低温启动时燃料的雾化和蒸发都不好。为了在汽缸内创造良好的点燃条件,除了可以在启动时加注易燃燃料外,还常常采用预热进气的方法。

由于汽油机的低温启动并不十分困难,因此只在启动前预热进气管。而柴油机通常在进气管装设电热装置或用火焰加热器加热空气滤清器、进气管道和吸气气流,用电能加热的方法加大了蓄电池负荷,对低温条件下使用的蓄电池不利,但方便有效。

8.2.4 其他问题

在冬季,汽车发动机冷却系可使用防冻液,以防止冻裂机件,不必每天加水、放水,减轻了劳动强度。特别是合理使用防冻液和专门的启动预热设备,大大减少了启动前的准备时间。

冷却液的使用性能用凝固点、沸点、传热性和热容量表示。为了保证冷却液在冷却系中的流动性,要求其黏度要低。冷却液还不应引起金属腐蚀、橡胶着火,并具有一定的化学稳定性。防冻液组成成分的主要性能见表8.3。

表8.3 防冻液组成成分的主要性能

成 分	凝固点/℃	沸点/℃	比热容/($J \cdot kg^{-1} \cdot K^{-1}$)	70 ℃时的热传导系数/($J \cdot cm^{-1} \cdot s^{-1} \cdot K^{-1}$)
水	0	100.0	4.23	0.006 7
甘油	−17.0	290.0	2.43	0.002 8
乙醇	−117.0	78.5	2.43	0.001 3
甲醇	−97.8	64.5	—	0.001 8
乙二醇	−11.5 ~ 17.5	197.5	2.72	0.002 5

常用的防冻液是乙二醇-水型,此外,还有乙醇-水型和甘油-水型。三种防冻液的冰点与成分比例关系见表8.4。

表8.4 三种防冻液的冰点与成分比例关系

冰点/℃	酒精-水型(酒精质量/%)	甘油-水型(甘油质量/%)	乙二醇-水型(乙二醇质量/%)
−5	11.27	21	—
−10	19.54	32	28.4
−15	25.46	43	32.8
−20	30.65	51	38.5
−25	35.09	58	45.3
−30	40.56	64	47.8
−35	48.15	69	50.9
−40	55.11	73	54.7
−45	63.39	76	57.0
−50	70.06	—	59.9

续表

冰点/℃	酒精-水型(酒精质量/%)	甘油-水型(甘油质量/%)	乙二醇-水型(乙二醇质量/%)
优点	流动性好 价格便宜 配制简单	沸点高 挥发损失小 不易产生火灾	使用中及时补充水,调整好浓度,一般可用 1~2 年
缺点	沸点低 挥发损失大 冰点易升高 易燃	甘油降低冰点的效果差 不经济	乙二醇有毒,在使用中防止吸入体内。配制时,每升要加入酸氢二钠 2.5~3.5 g 和糊精 1 g,以防护冷却系的腐蚀

防冻液在使用时应注意以下几点:

①在配制防冻液时,选用防冻液的冰点应比使用地区的最低气温低 5 ℃。

②防冻液的表面张力低于水,因而比水易泄漏。加注前,要仔细检查冷却系的密封性。

③防冻液的膨胀系数大,只能加到冷却系总容量的 95%,以免温升后防冻液溢出。

④经常用比重计检查防冻液成分。使用酒精-水型防冻液时,酒精蒸发快,应及时添加适量酒精和少量的水;乙二醇-水型和甘油-水型防冻液在使用中,只需添加适量的水。

⑤不同类型的防冻液不能混装,防冻液一般两年更换一次。

⑥防冻液对人体有毒性,使用中严防入口,废液应集中回收处理。

在低温条件下,制动液、减振液的黏度增大,甚至出现结晶,影响汽车行驶的安全性与平顺性。因此,在严寒地区,应选用适于低温使用的制动液和减振液。减振器在必要时应拆下避振杆。

零件材料在低温下物理机械性能将产生变化。例如,-30~-40 ℃ 或更低时,碳钢的冲击韧性急剧下降,硅、锰钢制造的零件(钢板弹簧、弹簧等)、铸件(汽缸盖、离合器壳、变速器壳和主减振器壳)也变脆。锡铅合金焊剂在 -45 ℃ 或更低时,容易产生裂纹或呈粉末状从接头的地方脱落。

在特别严寒的情况下,橡胶轮胎逐渐变脆,受冲击作用时易破裂。因此,在冬季行驶时,为了加热轮胎,应在汽车起步后的前几千米以低速行驶,要缓慢起步及越过障碍物。

汽车上的塑料制品在低温下也易出现裂纹,并可能从基体上脱落。

驾驶室与车厢的温度过低会影响驾驶员与乘客的舒适感,挡风玻璃结霜会影响驾驶员的视野。改善驾驶室温度的方法是将经过散热器的热空气引入驾驶室及其挡风玻璃上。小客车和舒适性要求较高的公共汽车上装有采暖设备。采暖设备一般是利用发动机冷却系的热量、发动机排气热量或独立的采暖设备(采用外来热源加热传热介质——空气或水,供车厢采暖)。

8.3　汽车在高原和山区条件下的使用

汽车在高原山区上行驶时,由于海拔高、气压低以及空气稀薄,发动机充气量减少,坡度陡而长导致发动机动力性和燃料经济性下降,行驶不安全,并经常出现其他故障。

8.3.1 海拔高度对发动机动力性的影响

随着海拔升高,气压逐渐降低,空气密度减小,使发动机充气量下降,混合气变浓,发动机的平均指示压力减小。对四冲程发动机而言,平均指示压力与发动机功率成正比关系,即

$$N_e = \frac{p_i V_h n}{900} \times 735 \times 10^{-3}$$

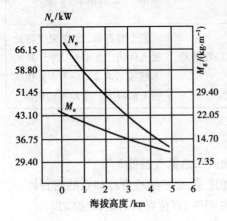

图 8.14 解放 CA10B 型发动机功率和扭矩与海拔高度的关系

式中 N_e ——发动机指示功率,kW;

V_h ——发动机总工作容积,kL;

p_i ——平均指示压力,kg/cm²;

n ——曲轴转速,r/min。

由上式可以看出,对于一定型号的发动机在转速不变的情况下,平均指示压力直接影响着发动机功率,即发动机功率随着海拔升高而下降。功率和扭矩与海拔高度的关系如图 8.14 所示。海拔高度每增加 1 000 m,大气压力下降约 11.5%,空气密度约降低 9%,功率下降 10% 左右,海拔高度与气压和空气密度的关系见表 8.5。

表 8.5 海拔高度与空气密度的关系

海拔高度 /m	大气压力 /kPa	气压比例	空气温度 /℃	空气密度 /(kg·m⁻³)	密度比
0	100	1	15	1.225 5	1
1 000	90	0.887	8.5	1.112 0	0.907 4
2 000	79	0.784 5	2	1.006	0.821 5
3 000	70	0.691 8	−4.5	0.909 4	0.742 1
4 000	61	0.608 2	−11	0.819 3	0.668 5
5 000	54	0.533	−17.5	0.736 3	0.600 8

此外,随着海拔高度的升高,大气压力减小,进气管真空度下降,发动机转速也降低,怠速的稳定性和持续性将变差。

8.3.2 海拔高度对燃料经济性的影响

在高原行驶的汽车,由于空气密度下降,充气量将明显减少。因发动机功率不足,汽车经常用低挡行驶,发动机工作温度高,引起油耗增大。图 8.15 示出一般汽油机的每小时空气耗量和燃料耗量与海拔高度有关。

此外,大气压力降低,燃料的挥发性变好。就燃料蒸气压力、蒸馏特性而言,当大气压力从 100 降至 80 kPa(高度约 2 000 m),相当于外界气温上升 8 ~ 10 ℃ 所造成的影响。因此在高原上易发生气阻和渗漏等问题,致使油耗增加。

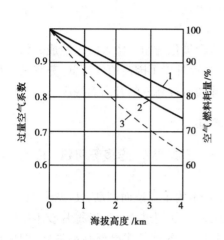

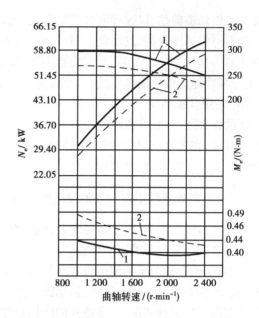

图 8.15　发动机每小时空气耗量、
燃料耗量与海拔高度的关系
1—燃料耗量;2—过量空气系数;3—空气耗量

图 8.16　解放 CA10B 汽车发动机不同压缩比
的外特性(装有全部部件)
1—发动机压缩比 6.8:1;2—发动机压缩比 6:1

8.3.3　在高原地区改善发动机性能的措施

在高原地区行驶的汽车,发动机功率下降,汽车的动力性降低,特别是发动机储备功率小的汽车或汽车列车的影响就更大。提高汽车在高原地区的动力性与经济性的措施如下:

(1)提高发动机的压缩比

提高发动机的压缩比可采用高压缩比的汽缸盖。高压缩比的缸盖可以是特制的,也可以在原缸盖上加工,缩小燃烧室提高压缩比。图 8.16 所示为解放 CA10B 汽车发动机不同压缩比的外特性。

在提高发动机压缩比时,由于燃烧室不紧凑,受热面积大,压缩终点的温度高,易于产生爆震。为此,提高发动机的压缩比应在爆震倾向小的前提下进行。铝质缸盖散热性能好,不易过热和引起爆震。

(2)采用增压设备

柴油机由于无爆震的限制,使用增压器比较合适。柴油机装增压器后(一般是废气涡轮增压),增加了充气量,压缩终点的压力和温度也相应提高,从而改善了发动机的动力性和经济性。在汽车上使用增压器,由于发动机的工况复杂以及发动机罩下空间的限制,要求增压器结构紧凑,涡轮等旋转零件的转动惯量小,而且反应敏感。此外,在使用中还应对供油量及喷油提前角进行适当的调整。

汽油机采用废气涡轮增压困难较大,主要是爆震问题和由于汽油机排气温度高而产生涡轮热负荷问题。因此,废气涡轮增压在汽油机上的应用受到一定限制。但是,作为在高原地区使用的汽车,为恢复原有的发动机功率仍是行之有效的方法。

(3)调整油电路

如前所述,随海拔升高,混合气体变浓,燃烧不完全。为此,应按海拔高度减小供油量,增大柴油机供油提前角,以改善混合气的形成,提高发动机的动力性和经济性。

随着海拔高度升高,发动机压缩终点的压力降低,火焰的传播速度减慢。为此,可将点火提前角略为提前 $1° \sim 3°$。可延长燃烧时间,增加燃烧完全的程度,还可以适当调整火花塞间隙,选择高性能的低阻值高压线,以使火花塞产生较强的火花。

（4）采用含氧燃料

所谓含氧燃料,就是在汽油中掺入酒精、丙酮及其他含氧化合物。掺入的这些成分的分子中都含有氧,在燃烧过程中,理论上必要的空气量减少,从而补偿了因高原气压低、充气量不足的问题。试验表明:采用含氧量较高的燃料,其相对效能随海拔高度的升高而提高。

8.3.4　特殊条件下制动系的使用特点及其改进措施

在山区行驶的汽车,由于地形复杂,经常会遇到上坡、下坡、路窄、弯多等问题。影响山区行驶的主要问题是汽车的制动性能。

在山区,汽车制动系的使用特点是制动频繁。汽车经常为了减速而制动,使摩擦片和制动鼓发热。特别是当汽车下长坡时,制动蹄摩擦片温度很高,往往超过了一般摩擦片技术条件所规定的范围。在这种情况下,摩擦片的摩擦系数急剧减小,严重时可能出现制动失效,即出现制动力的热衰退;同时,由于摩擦片连续高温,磨损加剧,并常有碎裂的现象。

气压制动系的汽车在山区使用时,特别是高原山区,因海拔高,空气稀薄,空气压缩机的生产率下降,供气压力不足,再加上制动次数多、耗气量大,常常不能保证汽车特别是汽车列车的安全制动。

液压制动的汽车在高原、山区使用时,由于制动系温度较高,制动管路经常发生"气阻"现象,致使制动失灵,造成事故。

汽车在山区使用条件下,解决制动问题的途径如下:

（1）采用辅助制动器

辅助制动器有三种:电涡流辅助制动器、液体涡流辅助制动器和发动机排气制动器。前两种辅助制动器由于体积较大、结构复杂,多用于山区或矿用的重型汽车上,又称电力或液力下坡缓行器。发动机排气制动是一种有效而简便的措施,实际上它是在一般发动机制动的基础上,再在发动机排气管内装一个片状阀门,在汽车使用发动机制动的同时将阀门关闭,以增大发动机的排气阻力。图 8.17 所示为黄河 JN150 型汽车排气制动装置,排气制动可保证各轮制动均匀,制动功率可达发动机有效功率的 80% ～90%。

（2）改进摩擦片材料、增大高压储气筒容量

目前国内生产的石棉制动摩擦片,其所能耐受的最高温度指标是 250 ℃,这对平原使用的汽车来说是可行的,但对山区行驶的汽车显然是不够的（即使采用制动淋水措施,摩擦片温度最高仍可达 400 ℃左右）。因此,必须提高摩擦片的耐高温性能。

制动器采用耐高温摩擦片,既简单可行,又行之有效。但当汽车下长而陡的坡道时,由于制动鼓散发的大量热量使轮辋温度升高,影响轮胎的使用寿命,因此,在采用耐高温摩擦片时,还应辅以结构上的局部改进。

（3）制动鼓淋水

为了防止制动器过热,在下坡前开始对制动鼓外圆淋水进行冷却,可以基本上防止摩擦片的烧蚀现象。采用制动鼓淋水的方法虽然效果很好,但需要有充足的水源,在缺水地区无法采

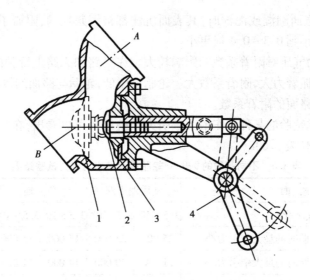

图 8.17　黄河 JN150 型汽车排气制动装置
1—壳体;2—阀杆头;3—阀门;4—臂;
A 端接发动机排气歧管;B 端接排气管

用。此外,经常停车加水,增加了驾驶员的劳动强度,降低了运输生产率。

由于高原山区空气稀薄,发动机冷却强度有时显得不相适应:低挡爬坡时,发动机易过热;下坡时,发动机又很快冷却。因此,在高原山区行驶的汽车,发动机应采取良好的冷却与保温措施。

汽车在山区使用时,换挡、制动和转弯次数多,底盘机构的载荷大,轮胎磨损快,保养周期宜缩短,特别是转向系和制动系的维护要加强。

8.4　汽车在烂路和无路条件下的使用

所谓烂路或恶劣道路,是指泥泞的土路、冬季的冰雪道路和覆盖沙土的道路等。所谓无路,是指松软土、耕地、草地和沼泽地等。

8.4.1　汽车在烂路和无路条件下的使用特点

汽车在烂路和无路条件下使用的特点是:驱动轮与路面的附着力减小;车轮的滚动阻力增大,还会有突出的障碍物影响汽车通过。

土路在烂路和临时性道路中占的比例最大。汽车在松软的土路上行驶时,支撑路面将出现残余变形,汽车车轮在路面上形成车辙,滚动阻力增大。汽车在泥泞而松软的土路上行驶时,往往由于附着系数小,引起驱动轮打滑,使通过性能降低。

土路的滚动阻力系数与土壤的强度有关。汽车在土路上的附着系数与土壤的性能和状况、轮胎花纹和气压、汽车驱动轴上的负荷及汽车的行驶速度有关。

附着程度主要取决于轮胎与路面在接触处变形后相互摩擦的情况。在干燥平坦的土路上,附着系数可达 0.5 ~ 0.6。在不平整的低级道路上,由于减小了轮胎与路面的接触面积,附着系数减小。而当路面潮湿或泥泞时,其表面坑洼都被泥浆填满,阻碍了轮胎与路面间的接触,可使附着系数减小到 0.3 ~ 0.4 或更小。

轮胎花纹和轮胎气压对附着系数的影响较大。在烂路和无路上行驶的汽车,宜用越野花纹的轮胎,它与路面抓着力大,附着系数大。轮胎气压低,轮胎与路面的接触面积大,单位压力减小,增大了轮胎与路面的附着系数。

从使用不同花纹轮胎的某种汽车最大牵引力试验结果可以看出,在较烂路面上行驶时轮胎花纹和气压的影响(表8.6)。

表 8.6　不同花纹的 900-20 轮胎最大牵引力对比试验结果

路　面	硬质泥土路		草　地		沙　地	
气压/Pa	3.5×10^5	5.5×10^5	3.5×10^5	5.5×10^5	3.5×10^5	5.5×10^5
使用越野花纹轮胎时的最大牵引力/N	25 000	23 000	17 000	15 000	8 000	6 000
使用普通花纹轮胎时的最大牵引力/N	21 500	20 000	14 000	11 000	6 000	5 000
两者差值/kg	3 500	3 000	3 000	4 000	2 000	1 000
越野胎提高/%	16.3	15.0	21.4	36.3	33.3	20.0

沙路的特点是表面松散,受压后变形大,嵌入轮胎花纹内的沙土在水平方向的抗剪切破坏能力很差,使附着系数减小,同时车轮的滚动阻力增大。干沙路和流沙地容易使汽车打滑,特别是在流沙地上,汽车车轮的滚动阻力系数可达 0.15 ~ 0.30 或更大,而驱动轮由于附着系数小而空转,影响汽车的通过性能。

雪路对汽车通过性的影响主要取决于雪的特性,即雪层的密度和硬度。雪层的密度越大,其承受的压力也越大。雪层的密度与气温和压实的程度有关,气温越低,雪层密度越小。雪层的硬度也与气温有关:气温低,雪层干而硬;气温高,雪层软而松。

当气温在 -10 ~ -15 ℃时,雪路的性能见表8.7。从表中可以看出,雪路比一般刚性路面对车轮的滚动阻力增加了,而车轮的附着系数显著减小,雪层的密度越小,汽车的行驶条件越差。

表 8.7　-10 ~ -15 ℃时雪路的主要性能

雪的状态	密度/(g·cm^{-3})	车轮的滚动阻力系数	车轮的附着系数
中等密度的雪	0.25 ~ 0.35	0.10	0.1
密实的雪	0.35 ~ 0.45	0.05	0.2
非常密实的雪	0.5 ~ 0.6	0.03	0.3

雪层的厚度对汽车行驶也有一定影响。在公路上,车轮压实的平坦而密实的雪路,雪层厚度为 7 ~ 10 cm 时,对汽车的正常行驶影响不大。随着雪层的增厚特别是疏松的雪层,汽车通过性明显下降。使用经验表明:雪层的厚度大于汽车离地间隙的 1.5 倍同时雪的密度低于 0.45 g/cm^3 时,汽车便不能行驶。

冰路上行驶的汽车,车轮与冰面的附着系数非常小,在冬季冰滑的道路上,附着系数将减至 0.1 以下。但是车轮的滚动阻力与刚性路面相差不大。为了保证行车安全,在冰路上行车时,车速要低,行车间隔要大。特别是通过河流或湖泊的冰面时,还需检查冰的厚度和坚实状况(裂缝、气泡或雪的夹层等)。

冰层除了表面有一层冰雪外,主要由两部分组成:混浊的上层和透明的下层。在检查冰层厚度时,每隔 15 ~ 25 m 测量一次这两部分的冰层厚度,并观察冰层的状况。在气温低于 0 ℃ 情况下,汽车沿冰封的渡口行驶时,冰层的最小厚度参见表8.8。

表8.8 冰层的承重能力

汽车(汽车列车)的总质量/t	冰层厚度/cm （气温 –1 ~ –20 ℃）	从渡口到对岸的最大距离/m	
		海冰	河冰
3.5	25 ~ 34	16	19
≥10	42 ~ 46	24	26
≥40	80 ~ 100	38	38

注:春天的冰层厚度标准应提高1.5 ~ 2 倍。

经常行驶在道路条件差的汽车,如军用车、农用车、林区用车和油田用车等,应使用高通过性好的汽车——越野汽车或高越野汽车。这种汽车在结构上比较适应各种路面对汽车的要求。

从使用方面改进汽车通过性的措施如下:
①增大车轮与路面的附着力或减小车轮对路面的单位压力,防止车轮滑转。
②使用能自救的汽车。
③合理使用汽车轮胎。

在汽车驱动轮上装防滑链是增大车轮与路面附着系数的有效措施,已得到广泛应用。防滑链的形式主要取决于路面状况和汽车行走系结构。防滑链有普通防滑链和履带链。

普通防滑链是带齿的链带,用专门的锁环装在轮胎上,如图8.18所示。轮胎应在装好防滑链后再充气,使其拉紧,此时用手拉链条中部,链条与胎面距离 10 ~ 20 mm 为宜。带齿的防滑链在冰雪路面和松软层不厚的土路上有良好的通过性。松软层很厚的土路上,防滑链的使用效果显著下降。

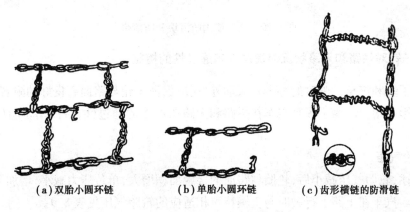

(a)双胎小圆环链　　　　(b)单胎小圆环链　　　　(c)齿形横链的防滑链

图8.18 汽车的防滑链

履带链有菱形的和直的,如图 8.19 所示。履带链能保证汽车在烂路上甚至驱动轮陷入土壤或雪内时仍可以通过,菱形履带链还具有防侧滑的能力。

防滑链的缺点是链条较重,拆装不方便,更重要的是装有防滑链的汽车动力性和经济性均下降,在硬路上行驶时冲击大,使轮胎和后桥的磨损增大,因而仅在克服困难道路时才装用。

克服短而难行的无路地段时,宜使用容易拆装的防滑块和防滑带,如图 8.20 所示。

汽车克服局部障碍或陷住时,要根据客观条件进行自救或拖出陷入的汽车。一般自救的方法是去掉松软的泥土或雪层,在驶出(或倒出)的路面上撒沙、石块、木板或树枝等,然后将汽车开出。也可以用绳索绑在树干(或木桩)和驱动车轮上,如同绞盘那样驶出汽车。利用汽车上的绞盘或加装绞鼓驶出汽车。

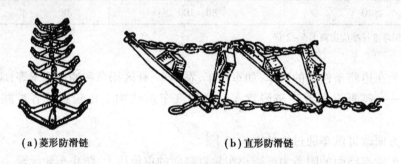

(a)菱形防滑链　　　　　　　　(b)直形防滑链

图 8.19　汽车用履带式防滑链

(a)防滑块　　　　　　　　(b)防滑带

图 8.20　汽车使用防滑块和防滑带

8.4.2　针对烂路和无路状况时提高汽车通过性的措施

轮胎除了缓和汽车行驶时的冲击和振动外,还应保证车轮与路面有良好的附着性,这对汽车的通过性影响很大。为了提高汽车在烂路和无路条件下的通过性,对汽车轮胎应采取如下措施:

(1)轮胎气压

如上所述,轮胎气压减小后,轮胎与路面的接触面积增大,单位压力减小,增加了轮胎和地面的附着力。汽车在土路上行驶时与土壤特点相适应的轮胎气压见表 8.9。

表 8.9　道路条件与轮胎气压

土壤的形变模量 /MPa	土壤特点	最合适轮胎气压 /MPa
0.5 ~ 2.5	非常松软的沙路、新翻耕地、沼泽地	0.05 ~ 0.10
2.5 ~ 5.0	填土、没翻的耕地	0.10 ~ 0.20
5.0 ~ 10.0	车辆压实的填土	0.20 ~ 0.30
10.0 ~ 15.0	自然形成的坚固层	0.30 ~ 0.40
10.0 ~ 20.0	压实过的道路	0.40 ~ 0.45

轮胎气压降低后,使轮胎变形加大,使用寿命降低,因此,不能使轮胎长期处于低压工作状态。

（2）轮胎花纹

按轮胎胎面花纹分类,载重汽车轮胎可分为:混合花纹轮胎、普通花纹轮胎和越野花纹轮胎。不同的花纹适用于不同的路面条件。

混合花纹轮胎适于各种路面上使用。这种轮胎的胎面花纹通常在行驶面的中间为菱形或纵向锯齿形花纹,而行驶面两边为横向大块越野花纹,有良好的自行清除泥土的能力,不仅适合于硬路面,而且在泥雪路上行驶时仍具有较大的抓着力(图 8.21(a))。

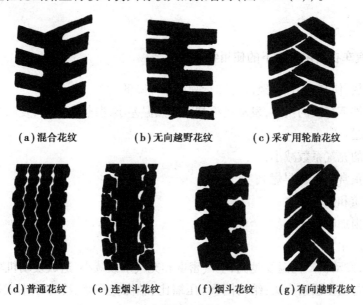

（a）混合花纹　（b）无向越野花纹　（c）采矿用轮胎花纹

（d）普通花纹　（e）连烟斗花纹　（f）烟斗花纹　（g）有向越野花纹

图 8.21　几种轮胎胎面花纹

普通花纹轮胎适合于在硬面路上行驶,花纹形式有普通花纹(图 8.21(d)),连烟斗花纹(图 8.21(e))、烟斗花纹轮胎(图 8.21(f))等。

越野花纹轮胎的特点是:花纹沟槽深,凸出面积小,与路面抓着力大。适宜在泥雪地、松软路面以及一般轮胎不易通行的烂路上行驶。

矿山和工程机械上用的轮胎,其花纹形式和越野花纹相似,但花纹沟槽比较窄(图8.21(c))。这种类型的轮胎适用于工地、矿山以及泥泞路面。

(3)高越野性轮胎

外直径与普通轮胎大致相等而断面宽的特种轮胎——拱形轮胎和宽断面轮胎,可以提高汽车的通过性。

拱形轮胎的断面宽比普通轮胎宽1.5~2.5倍。行驶面宽度的显著增大,使拱形轮胎在松软地面上具有较高的抓着力。拱形轮胎的断面宽大、气压低,使其在地面上的接触面积大、压强低,因此,车辙浅,滚动阻力小。适合在无路情况下行驶,特别是在春秋季节的泥泞道路上,安装普通轮胎的汽车不能行驶时才使用。

宽断面轮胎比普通轮胎宽0.5~1倍。与拱形轮胎不同,它具有和普通轮胎一样的胎侧,因而显著地改善了轮胎在烂路上的工作条件。

为高越野性汽车研制的椭圆形断面轮胎可提高汽车在雪地、沙漠和沼泽地带的行驶性能。椭圆形轮胎的结构特点是:在外直径比较小和着合直径非常小(为直径的25%~33%)的情况下,增大了断面宽。椭圆形轮胎和普通轮胎不同,它具有宽而比较平的行驶面,增大了轮胎和路面的接触,提高了汽车在松软地面上的通过能力。

8.5　汽车在高温条件下的使用

8.5.1　汽车在高温条件下的使用特点

发动机过热,使其动力性、经济性和行驶可靠性降低。

在高温条件下行驶的汽车,发动机冷却系散热温差小,散热能力差,发动机易于过热,往往会出现下列问题:

①发动机的充气系数减小;

②燃烧不正常(爆震、早燃);

③机油变质和烧损;

④零件磨损加剧;

⑤供油系产生气阻。

气温越高,发动机罩内温度越高,空气密度和充气系数减小,造成发动机功率下降。

爆震燃烧与很多因素有关:结构因素(压缩比、燃烧室形状、冷却系形式等)、燃料的抗爆性、气候条件(气温和空气湿度)以及海拔高度等。

气温高,进入汽缸的混合气温度也高,发动机整个工作循环的温度也高。而散热器的效率又低,使发动机处于过热状态,增加了爆震倾向。

爆震是汽油机的一种不正常的燃烧现象,其外部特征是出现由汽缸内产生的金属敲击声,排气管冒出浓重的油烟,发动机功率下降,汽缸温度升高。强烈和经常的爆震除了会使发动机功率下降外,燃料消耗增大,零件烧坏(活塞、活塞环、排气门和汽缸垫等),甚至使发动机损坏。

早燃是发生在正常火花点火之前的表面点火现象。汽油机由于燃烧室内局部机件过热或积炭的高温将混合气点燃而引起的燃烧现象,均称为表面点火。早燃同样会使发动机汽缸内的最高压力和压力升高速率增大,有时会引起爆震,此外,还会引起气门头扭曲,气门伸长,缸盖裂纹及火花塞烧坏等现象。但是,一般的汽车发动机的工作温度不高,早燃问题不突出。对于某些高功率的小客车,一方面压缩比高、转速高、充气系数也增大,使发动机工作强度增大很多;另一方面由于功率高而工作时常在低负荷工况下,致使积炭概率增加,结果增加了早燃倾向。

发动机中的机油在高温高压下工作的同时,还与空气、燃料不完全燃烧时的产物、凝结的水蒸气以及进入发动机中的灰尘接触,此外还与零件的表面和磨损产物接触,结果使机油的物理-化学性质发生变化,并在机油中聚集各种污垢物,从而破坏了发动机润滑条件,并引起发动机早期磨损。

发动机的燃烧室、活塞和活塞环区域以及油底壳是引起机油各种性质变化的主要区域。在高温条件下,发动机过热使上述区域的温度升高,加剧了机油的热分解、氧化和聚合过程。发动机燃烧不正常所形成的不完全燃烧产物窜入了曲轴箱,既升高了油底壳温度,又污染了机油。因此,发动机工作温度越高,机油的变质越快。

在我国西北高原,夏季炎热而干燥,空气中的灰尘很多,而湿热带的南方地区,空气中的水蒸气浓度高。这些灰尘和水蒸气通过进气系统或曲轴箱通风口等处进入发动机污染机油。

高温条件下使用的汽车,发动机在启动过程中的磨损减小了。但是长时间行驶,特别是超载爬坡或高速行驶,机油温度高,黏度下降,油性变差,再加上机油易变质,加速了零件的磨损。

供油系的气阻现象是由于供油系受热后部分汽油蒸汽呈气体状态存在于油管及汽油泵中,增加了汽油的流动阻力;同时,由于气体的可压缩性,使之存在于汽油泵出油管中的油蒸汽随着汽油泵的脉动压力不断地被压缩和膨胀,而存在于汽油泵进油管中的气体破坏了汽油泵在吸油行程中所形成的真空度,造成发动机供油不足甚至中断。这种现象在夏季或汽车满载爬坡以及低速长时间行驶时会经常遇到。

影响产生气阻现象的因素是:汽油的品质(汽油的挥发性)、供油系在发动机上的布置、汽油泵的使用性能以及大气温度与压力等。就使用因素而言,主要是大气温度与气压。

大气温度直接影响发动机的罩内温度,气温越高,发动机罩内温度越高,越容易产生气阻现象。气压越低,汽油越容易挥发,使产生气阻的趋势增大。

8.5.2　提高在高温条件下汽车使用性能应采取的措施

(1)提高发动机冷却系的冷却强度

冷却系性能首先决定于冷却系统与发动机所需散出的热量是否相适应,同时也取决于整个冷却系统是否匹配合适及设计是否合理。在使用中,可以在结构方面进行某些改进来增加冷却系的冷却强度。例如:增加风扇叶片数,加大直径或增大叶片角度;采用电控风扇、硅油风扇离合器,提高风扇转速;采用形状过渡圆滑的护风圈,增大水箱容量;等等。

(2)加强技术保养

在例行保养中,要注意冷却系的检查:冷却系的密封情况,散热器盖上的通风口和通气孔是否畅通;风扇皮带的张紧度及冷却水是否加满等。

水垢对冷却系的散热强度影响很大,试验证明:铸铁的导热性能是水垢的10倍,铝的导热性能是水垢的30~100倍。加强冷却的清洗对提高散热能力有着重要作用。此外,还应定期检查节温器的工作情况。

为了改善润滑条件,减小零件磨损,在技术保养中要注意机油平面的检查,适当缩短换油周期。在灰尘大的地区,应加强空气滤清器的保养。在条件允许的情况下,对于在酷热天连续行驶的车辆,要加装机油散热器或选用优质机油。

(3)防止爆震

为了防止爆震,应根据发动机的压缩比选用相应辛烷值的汽油。当使用的汽油牌号低于要求时,需要保持发动机的正常工作温度;适当推迟点火提前角,加浓混合气;调整点火系,使火花塞产生较强的火花;及时清除积炭;等等。

(4)防止气阻

对于使用中的汽车,防止气阻的措施是在原车的基础上如何改善发动机的散热和通风,以及隔开供油系的受热部分。其办法有:在汽油泵周围加隔热罩,装有不受安装位置限制的电动汽油泵,汽车的汽油泵与发动机缸体连接处的金属垫改用绝热材料,减少缸体传给汽油泵的热量。

在高温地区运行的汽车,除了上述一系列问题外,还会出现蓄电池过充电、电解液蒸发快、极板易损坏等故障。需要经常检查电解液平面,及时加注,并适当调小调节器充电电流。点火系的火花强度也会因气温高、点火线圈发热而减弱,宜将点火线圈放在空气流通处。

大型载重汽车、大客车变速器和差速器的油温在高负荷连续行驶的条件下逐渐升高,在炎热的夏季和发动机机油一样往往超过120 ℃,如图8.22所示。由于高温将引起传动系机油的早期变质,应适当缩短换油周期。滑脂在高温下易流失(熔点温度一般在70 ℃),特别是对轮毂润滑的滑脂要按规定周期进行检查和保养。

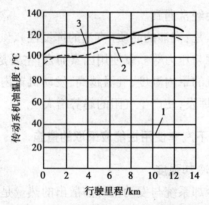

图8.22 汽车连续爬坡时,传动系机油的温度

1—大气温度;2—差速器机油温度;

3—变速器机油温度

制动液在高温下可能产生气阻。在经常制动情况下,制动液温度可达 80 ~ 90 ℃甚至到 110 ℃。为了保证行车安全应采用沸点高的(不低于 115 ~ 120 ℃)制动液。

高温、强烈的阳光、多尘和多雨均影响驾驶员的劳动强度和乘客的舒适性,因此,应保持遮阳板能正常使用,加强驾驶室、车厢的通风和防漏雨,保障空调设备完好。

复习思考题

8.1　什么是汽车走合期? 其实质是什么?

8.2　汽车走合期有何特点?

8.3　走合期中的汽车应怎样维护?

8.4　汽车在低温条件下使用的主要问题有哪些?

8.5　改善汽车低温使用性能的主要措施有哪些?

□□□□□上□□□□□。（发动机□□□□□，□□□□减小□□，80~90 ℃之□
10 ℃为宜。□□□气□□□□□□□□温□冷却液温度下降135~150 ℃，□□□□

□□□□□□□□，□□□□□□□□□□，□□□□□□□□□□□，□□□□□
□□□□使用，□□□□□□□，不□□□□□□□□，□□□、□□□□□。

第 9 章
汽车使用寿命

9.1 汽车使用寿命的定义与分类

汽车使用寿命是指从技术状态和经济方面分析汽车使用的时间是否达到使用极限。可以用累计使用时间或累计行驶里程表示,根据汽车终止使用的原则不同,汽车使用寿命主要可分为:技术使用寿命、经济使用寿命和合理使用寿命。

9.1.1 汽车技术使用寿命

汽车技术使用寿命是指汽车从开始使用直至其主要机件到达技术极限状态而不能再继续修理时为止的总工作时间或总行驶里程。这种极限的标志,在结构上是零部件的工作尺寸、工作间隙,在性能上常表现为车辆总体的动力状况或燃、润料的极度消耗。

汽车的技术寿命,主要取决于各部分总成的设计水平、制造质量和合理使用与维修。汽车到达技术寿命时,应对车辆进行报废处理,其零部件也不能再作为备件使用。汽车维修工作做得越好,汽车的技术寿命越会延长,但一般随着汽车使用时间的延长,汽车维修费也日益增加。

9.1.2 汽车经济使用寿命

汽车经济使用寿命是指汽车使用到相当里程对其进行全面经济分析之后得出汽车已到达不经济合理、运输成本较高的寿命时刻。

所谓全面经济分析,就是从汽车运输总成本出发,分析汽车制造成本、使用与维修费用、企业管理开支、车辆当前的折旧以及市场价格可能变化等一系列因素,经过分析作出综合的经济评定,并确定其经济是否合理,能否继续使用。

9.1.3 汽车合理使用寿命

汽车合理使用寿命是以汽车经济使用寿命为基础,考虑整个国民经济的发展和能源节约等因素,制定出符合我国实际情况的使用期限。也就是说,汽车已经到达了经济寿命,但是否要更新,还要视国情而定,如更新汽车的来源、更新资金等因素。为此,国家根据上述情况制定出汽车更新的技术政策,再考虑国民经济的可能并加以修正,规定车辆更新期限。

汽车技术使用寿命、经济使用寿命和合理使用寿命三者的关系可用下式表达:

技术使用寿命 > 合理使用寿命 > 经济使用寿命

9.2　汽车经济使用寿命

9.2.1　概述

汽车经济使用寿命是在汽车经济效益最佳时机时能合理使用、及时更新。企业在更新车辆时,要在国家政策允许的情况下,应根据最佳经济原则,以经济使用寿命为依据。因此,研究汽车的使用寿命,主要研究汽车的经济使用寿命。

国外对汽车经济使用寿命进行了大量的研究工作,据资料表明,在一辆汽车的整个使用时期内,汽车的制造费用平均约占其全部使用期内总费用的15%,而汽车的使用、维修费用则占总费用的85%左右。现代汽车的经济使用寿命的长短,关键在于在汽车设计制造时必须充分预测到车辆今后可能达到的使用维修费用。如果汽车在长期使用中能保持其使用、维修费用低,则其经济使用寿命较长;反之,则缩短。

许多国家的汽车使用期限完全按经济规律确定,除考虑车辆本身的运行费用增长外,还考虑新车型性能的改进和价格下降等因素。

9.2.2　汽车经济使用寿命的指标

汽车的经济使用寿命的主要指标有年限、行驶里程、使用年限和大修次数。

（1）年限

年限是指汽车从开始投入运行到报废的时间作为使用寿命的量标。这种方法除考虑运行时间外,还考虑车辆停驶期间的自然损耗问题。这种计量方法虽然比较简单,但是不能真实地反映汽车的使用强度和使用条件,造成同年限的车辆差异很大。

（2）行驶里程

行驶里程是汽车从开始投入运行到报废期间总的累计行驶里程作为使用期限的量标。这种方法反映了汽车的真实使用强度,但不能反映出运行条件和停驶期间的自然损耗。

对于专业运输车辆,由于其运行条件差异较大,所以年平均行驶里程相差很大。这样,虽然使用年限大致相同,但累计行驶里程悬殊,而且大多数汽车运输企业以行驶里程作为考核车辆各项指标的基数。

（3）使用年限

使用年限是把汽车总的行驶里程与年平均行驶里程之比所得的年限作为使用年限的量标,即

$$T_折 = \frac{L_总}{L_年} \tag{9.1}$$

式中　$T_折$——折算年限,a;

　　　$L_总$——总的累计行驶里程,km;

$L_年$——年平均行驶里程,km/a;

年平均行驶里程是用统计方法确定的,与车辆的技术状态、完好率、平均技术速度和道路条件等因素有关。我国城市和市郊运输车辆年平均行驶里程一般为4万km左右,长途货运为5万km左右。对于营运汽车在使用过程中,由于车辆的技术状况、平均技术速度和道路条件等因素的不同,年平均行驶里程的差异较大,但车辆的年平均使用强度基本相同。因此,按折算年限基本上可以在全国范围内取得一致的统一指标。这对于社会专业运输和社会零散运输车辆也是适用的。但由于使用强度相差太大,年平均行驶里程也不相同,其使用年限也不相同。社会零散车辆的管理水平、使用水平、维修水平一般都比较低,这些车辆又不能按专业运输车辆的指标要求,应相对于专业运输企业车辆的使用寿命作适当的修正。这种(使用年限)表示方法既反映了车辆的使用情况和强度,又包括了运行条件和某些停驶时间较长的车辆的自然损耗。

(4)大修次数

汽车在使用过程中,当动力性和经济性下降到一定程度,已无法用正常维护和小修方法使其恢复正常技术状况时,就要进行大修。

运输企业部门除用里程为量标外,也可用大修次数作为量标。汽车报废之前,截至第 n 次大修最为经济,需权衡买新车的费用加旧车未折完的损失和大修费用加经营费用的损失,来预测截至哪次大修最经济合算。

对我国来说,采用使用年限这个量标比采用行驶里程更为合理,因为我国地域辽阔,地理、气候、道路条件差异较大,管理水平也有高有低。对于有些省市,即使是相同的使用年限,而车辆总行驶里程有长有短,车辆技术状况也大不相同。为此,采用使用年限作为主要考核指标更为确切。

鉴于上述情况,对于交通专业运输车辆,以使用年限和行驶里程作为汽车使用寿命的考核指标,而以使用年限为主。对于社会专业运输车辆和社会零散运输车辆,以使用年限作为使用寿命的考核指标。

9.3 更新理论

在设备管理工程学中,更新问题普遍划分为两大类:一类为效率不变型设备的更新,另一类为效率递减型设备的更新。汽车因使用效率随着行驶里程的增加而降低,属于效率递减型设备,在整个工作期限(即寿命)内,其使用性能及经济指标均有明显下降,这种现象可称为"劣化"。因而有"劣化理论"作为这类设备更新的理论依据,通过大量的在用车辆调查可以看出,汽车经济使用寿命的劣化过程,主要受车辆有形磨损和无形磨损的影响。

9.3.1 有形磨损

汽车和其他设备一样,经过一段时间使用而产生故障,导致性能下降,这些故障往往都是可以看到或测到的。如汽车动力下降、油耗增加、振动加大等,都是有形磨损的表现。

汽车的有形磨损主要发生在使用过程中,称为第一种磨损。产生原因主要是机件配合副的机械磨损、基础零件的变形、零件的疲劳破坏等。汽车这类有形磨损发展到一定程度,就会呈现故障,使维修费用、运行材料费用增加,运输效率降低,若继续使用,经济上是不合算的。

有形磨损也发生在汽车的闲置过程中,称为第二种磨损。如长期不用而生锈,日晒雨淋而使车身漆面及橡胶件老化,或因其他管理不善和缺乏正确的管理制度而引起的其他损失。这类磨损所造成的损失往往是非常惊人的。

第一种有形磨损与使用时间和使用强度成正比,而第二种有形磨损在一定程度上与闲置时间成正比。

若按能否修复来分,汽车的有形磨损又可以分为两部分:一部分是通过相应的维修措施可以周期性地消除,如汽车通过各级维护作业及小修可以消除各种因失调或损伤而造成的运行故障,通过大修可以恢复各总成及整车的使用性能;另一部分是不能通过同样的方法消除,如一些零件的老化和疲劳。前者称为能消除性的有形磨损,后者称为不能消除性的有形磨损。

有形磨损增加到使车辆的技术状况变差,而不能继续作为运输工具使用时,可以认为车辆已到了完全磨损的程度,这就要用同样用途的新车来替代。

汽车的有形磨损反映了其使用价值降低,当采用修理方法消除这种磨损时,相应地又要支出一定的费用。一般来说,修理费用不应超过一定的限度。

车辆的有形磨损发展到完全磨损,受到很多因素影响:一方面,技术进步可大大推迟有形磨损的期限。这是因为材料的抗磨性、零部件加工精度的提高和粗糙度的降低,以及结构可靠性的改善,可使设备的耐久性得到提高,同时采用正确的预防维护与计划修理可避免零件出现过度磨损。另一方面,与现代科学技术有关的一系列措施,又会加快有形磨损的速度,提早发展到完全磨损的期限。这是因为采用车辆调度的自动化管理系统、机械化装卸设备,都将大大减少车辆的停歇时间,提高行程利用率,因而在提高车辆使用效率的同时,大大增强了车辆的使用强度,因而促使车辆的有形磨损加快。

9.3.2　无形磨损

汽车的无形磨损就是在科学技术进步的影响下不断出现更加完善、效率更高的车辆,相比之下,使现有车辆的原有价值降低,或者是使该种车型的价值降低。车辆同其他设备一样,其价值并不取决于最初的生产耗费,而是取决于再生产时所用的生产耗费,在技术进步的同时,这种耗费也是不断下降的。因此,无形磨损又可分为两种形式:因相同结构(同车型)车辆再生产价值的降低,而产生现有车辆价值的贬值,称为第一种无形磨损;不断出现更完善、效率更高的车辆(新车型),而使现有车辆贬值,称为第二种无形磨损。

第一种无形磨损是指车辆的结构、动力性能和经济性能不变,但由于技术进步的影响,在生产厂家中,由于生产工艺不断改进,成本不断降低,劳动生产率不断提高,而使生产该车辆的社会必要劳动耗费相应降低,从而使车辆发生贬值,也就是它的原始价值遭到损失。这种无形磨损的结果是反映生产领域中现有车辆的部分贬值,但是车辆本身的技术特性和运输效能并不受到影响,也就是不涉及它的使用价值。因此,车辆遭到第一种无形磨损时,不产生提前更换现用车辆的需要,也就是车辆的使用寿命没有受到实质性影响。由于技术进步既影响生产部门,也影响修理部门,但是对这两个部门的影响往往前者大于后者,车辆本身价值降低的速度比修理价值降低速度快,因此,有可能出现修理费用超过合理限度的情况,这样从修理角度分析,有可能使车辆的使用寿命缩短。

第二种无形磨损系指新的车型出现使原有车型显得落后,如继续使用原车型的车辆,就会降低运输生产的经济效果。第二种无形磨损的主要特征是:它引起旧车型的局部或全部使用价值的损失,其结果使旧车型在有形磨损发展到完全磨损之前,就出现用新车型代替现有的比较陈旧的车辆的必要性,即产生车辆更换问题。但是,这种更换的经济合理性不取决于出现相同技术用途的新型车辆这一事实,而是取决于现有旧型车辆的贬值程度以及在生产中继续使用旧型车辆时其经济效果下降的程度。

通过以上车辆劣化过程的分析,可以看出车辆有形磨损和无形磨损在经济效果上既有相同之处,又有不同之处。两种磨损都同时引起设备原始价值的降低,但有形磨损严重时常常在修复之前就可使车辆不能正常运行而被迫停驶,而任何形式的无形磨损均不影响车辆的正常运行。

研究车辆更新时,首先遇到的问题是如何分析有形磨损期和无形磨损期长短及其相互关系。从表面上看,推迟有形磨损总是有效的,从这点出发,提高车辆耐久性有重要的国民经济意义。但是必须注意到,增加耐久性是有经济界限的,这个界限取决于车辆的无形磨损期。通常将车辆或设备的理想方案设计为有形磨损期和无形磨损期相互接近,即当车辆达到应该大修的期限,也同时达到了应该更换的期限。这种理想方案可称为"无维修设计",只是技术性的理想目标,实际上难以做到。经常遇到的是两种情况:一种是车辆已遭到完全有形磨损,而它的无形磨损期还未到来,这时只需研究对该车进行大修是否合理,否则,可进行同车型更换新车;另一种是无形磨损期早于有形磨损期,使运输企业遇到的具体问题是,继续使用原有车辆,还是用更先进的新型车更新尚未折旧完的现用车,这个问题还需将经济性和可能性相结合进行分析,才能得出正确结论。

9.3.3 更新时刻的确定

确定车辆的更新期限是企业及各级经济组织管理决策中的重要问题之一。当一辆车已磨损到不能使用且不宜大修时,换一辆相同性能的车辆,这是一种简单的替换,我国各运输企业中车辆的更新,长期以来多采用这种简单的替换方法。这种替换没有明确的技术经济分析做依据,无所谓"最佳更新时机"。在当前新技术快速发展的条件下,我国汽车运输企业应该更多地以效能更高、结构更完善的先进车型代替物理上不能使用和经济上不宜继续使用的陈旧车型。更换的规模越大、时间越快,汽车运输业的劳动生产率也就越高。但是,要在提高生产率的同时,取得车辆最大的使用经济效益,就必须研究车辆"最佳更新时机"的确定方法,并以此制订更新方案。

汽车使用寿命和更新期限采用的计量指标通常有两种:一种是使用年限,按年平均行驶里程折算的汽车使用年限;另一种是行驶里程,车辆开始使用到更新时的累计行驶里程。交通系统的专业运输车辆,在以使用年限作为计量指标的同时,还常把行驶里程作为参考性指标。

按这种使用年限或行驶里程计量的汽车,最佳更新时机确定方法的核心问题是计算汽车的经济使用寿命。主要的计算方法有低劣化数值法、应用现值及资本回收系数估算法、面值法及最低计算费用法(判定大修与更新界限法)等。

(1)低劣化数值法

低劣化数值法的目标是保证设备一次性投资和各年经营费用总和为最小。

假定汽车已使用 L_{km},该车原价为 K_0,汽车出厂价为 K_n,轮胎购置费为 C_t,汽车残值为 C_z。

若令 $K_0 = K_n - C_t - C_z$，则里程的折旧率为 K_0/L，随着汽车行驶里程的延长，每千米折旧费不断减少，但由于车辆的有形磨损和无形磨损的加剧，因而车辆的经营费用(保修、燃料、大修费用)增加，称为低劣化。设 b 为车辆低劣化的增加强度[元/(1 000 km)²]，则在行驶里程 L 内的平均低劣化数值为 $b \cdot L/2$。使用费用按下式确定，即

$$y = b \cdot L/2 + K_0/L + C_0 \tag{9.2}$$

式中　y——车辆使用费用，元；

C_0——固定费用(指汽车运输成本中与行驶里程无关的费用)，元。

若要使车辆按里程计算的平均使用费用最小，则需要 $dy/dL = 0$，由此，求得汽车经济寿命为

$$L_G = \sqrt{\frac{2K_0}{b}} \tag{9.3}$$

可换算成按年限计算的经济寿命为

$$T_G = \frac{L_G}{L} \tag{9.4}$$

式中　$\bar{L}$——年平均行驶里程，km。

表示低劣化程度的 b 值可通过将营运费用(燃料费 + 保修费 + 大修均摊费)与行驶里程进行回归计算后求得。由于回归计算所用的数据是以所取得的一个样本去推断总体，因此，还应采用区间估计的方法推算出 b 值的置信区间，再由式(9.3)确定其经济使用寿命的变化范围。

在数理统计中，对于回归值 b 有如下结论：

①回归值 b 若是独立正态变量 $y_1, y_2, \cdots, y_n$ 的线性组合，则仍为正态随机变量。

②回归值 b 的方差为

$$\sigma^2 / \sum_{i=1}^{n} (X_i - \bar{X})^2 \tag{9.5}$$

③方差 σ^2 的无偏估计为 SSD$/(n-2)$，其中 SSD 称为离差平方和，即

$$\text{SSD} = \sum_{i=1}^{n} (y_i - \bar{y}_i)^2 \tag{9.6}$$

式中　$\bar{y}_i$——任一 $\bar{x}_i$ 处的回归值。

④若线性回归的效果显著，则 b 值的置信区间为

$$\left(b \pm t_{\alpha/2(n-2)\delta} \sqrt{\frac{1}{\sum_{i=1}^{n} (X_i - \bar{X})^2}} \right) \tag{9.7}$$

式中　$t_{\alpha/2}$——表示 t 分布，置信水平为 α；

N——样本数；

$\bar{X}$——平均数。

例9.1　某运输公司曾对解放 CA10B 汽车使用数据进行统计分析见表9.1，将里程与总费用进行回归后得出回归方程式为 $\bar{y} = 249.77 + 0.218L$，已知低劣化数值的增长强度 $b = 0.218$元/(1 000 km)²，设 $K_0 = 10\ 500$ 元，试用低劣化计算公式分别计算经济寿命里程和经济寿命年限。

179

解 经济寿命里程 $L_C = \sqrt{\dfrac{2 \times 10\,500}{0.218}}$ km $= 310 \times 10^3$ km

表9.1

里程段 D /1 000 km	平均累计里程 X /1 000 km	维修费 y_1 /[元· (1 000 km)$^{-1}$]	大修费 y_0 /[元· (1 000 km)$^{-1}$]	燃料费 y_2 /[元· (1 000 km)$^{-1}$]	燃料折算 系数 C /t	总费用 $Y = y_1 + y_0 + y_2$ /(元· 1 000 km)$^{-1}$
0 ~ 10	90	91.77	0	49.510 5	3.33	256.4
10 ~ 15	117.65	91.79	0	48.780 8	3.33	254.3
20 ~ 25	244.11	94.2	47.15	51.882 9	3.33	314.4
25 ~ 30	268.76	97.34	47.15	53.210 2	3.33	321.8
30 ~ 35	340.88	105.42	52.16	56.180 2	3.33	344.6
45 ~ 50	486.67	115.66	58.13	52.300 3	3.33	347.3
50 ~ 55	529.33	127.33	60.46	55.309 3	3.33	371.7
55 ~ 60	575.55	128.06	60.46	58.510 5	3.33	383.6
60 ~ 65	625.69	124.24	68.15	60.708 7	3.33	394.5
65 ~ 70	676.37	123.19	68.15	59.588 6	3.33	389.7
70 ~ 75	726.59	128.67	73.48	60.270 3	3.33	402.5
75 ~ 80	776.29	130.27	73.48	60.900 9	3.33	406.5
$\sum X$	5 457.89				$\sum Y$	4 187.5
$\sum X^2$	3 097 781.612				$\sum Y^2$	1 492 372.150

注:燃料费的折算系数是将1 000 t·km 燃料费折算成1 000 km 燃料费。

当年平均行驶里程 $\overline{L} = 3.4 \times 10^4$ km 时,经济寿命年限为

$$T_C = \frac{310 \times 10^3}{3.4 \times 10^4} \text{ a} \approx 9.12 \text{ a} \approx 9 \text{ a}$$

b 的置信区间求法如下:

已知 $b = 0.218, n = 12$,求得

$$\sum_{i=1}^{n} (x_i - \overline{x})^2 = \sum x_i^2 - \frac{\left(\sum x_i\right)^2}{n} = 615\,400.443$$

$$\sum_{i=1}^{n} (y_i - \overline{y})^2 = \sum y_i^2 - \frac{\left(\sum y_i\right)^2}{n} = 31\,109.236$$

$$\text{SSD} = \sum_{i=1}^{n} (y_i - \overline{y}_i)^2 - b^2 \sum_{i=1}^{n} (x_i - \overline{x})^2 = 1\,862.945$$

$$\sigma^2 = \text{SSD}/(n-2) = 186.295$$

查 t 分布表当置信水平 α 为 0.05 时,可得 $t_{\alpha/2(n-2)} = t_{0.025(10)} = 2.228\,1$,则 b 值的置信区间按式(9.6)计算可得

$$0.179 \leqslant b \leqslant 0.257$$

当设 $K_0 = 10\,500$ 元不变时,经济寿命里程的上下限

上限 $$L_G = \sqrt{\frac{2 \times 10\,500}{0.179}}\ \text{km} = 342.5 \times 10^3\ \text{km}$$

下限 $$L_G = \sqrt{\frac{2 \times 10\,500}{0.257}}\ \text{km} = 285.9 \times 10^3\ \text{km}$$

当置信水平 α 为 0.05 时,经济寿命的变化范围为

$$285.9 \times 10^3\ \text{km} \leqslant L_G \leqslant 342.5 \times 10^3\ \text{km}$$

故 $$8\ \text{a} \leqslant T_G \leqslant 10\ \text{a}$$

(2)应用现值及资本回收系数估算法

在进行汽车经济寿命计算时,年使用费用若考虑到利率的影响,必须把已发生的费用或预期将要发生的费用作现值计算,这样才能将在同一时间基点上,将所涉及的各项费用按现在的价值折算出总的费用,称为年使用费用现值。折算公式为

$$P = S \frac{1}{(1+i)^T} \tag{9.8}$$

式中　P——现值,元;

　　　S——未来值,第 T 年付出的费用,元;

　　　i——利率,%;

　　　$\dfrac{1}{(1+i)^T}$——现值系数。

设汽车使用过程中,平均每年陆续付出的费用为 R(称为年当量使用费用),每年陆续付出费用的总和为 P(以现在的费用值表示,称为现值),则 R 与 P 之间存在下述关系:

$$P = \frac{R}{(1+i)} + \frac{R}{(1+i)^2} + \cdots + \frac{R}{(1+i)^{(T-1)}} + \frac{R}{(1+i)^T}$$

$$= \frac{R}{(1+i)^T} \left[(1+i)^{(T-1)} + \cdots + (1+i) + 1 \right]$$

$$= \frac{R}{(1+i)^T} \cdot \frac{(1+i)^T - 1}{i} \tag{9.9}$$

即 $$R = P \frac{i(1+i)^T}{(1+i)^T - 1} \tag{9.10}$$

式中　$\dfrac{i(1+i)^T}{(1+i)^T - 1}$——资本回收系数;

　　　T——汽车使用年限,a。

年当量使用费用 R 是为使支出的现值可与每年有更新而获得的效益进行比较而提出的,当列表计算后,选出与年当量使用费用 R 最小的使用年限 T 时,即为经济寿命年限。

例 9.2　请用式(9.10)列表计算表 9.1 所列各数据对应的年当量使用费用及年使用费用。求当年利率为 10% 时,其经济寿命为多少年?

解　根据式(9.10)分别计算,见表 9.2。由表中可知,当利率 $i = 10\%$ 时,经济寿命 $T = 11\ \text{a}$。

表9.2

年限 T (1)	年使用费用/元 (2)	现值系数 (3)	年使用费用现值/元 (4) = (2) × (3)	现金合计 (5) = K_0 + (4) 的累计	资本回收系数 (6)	年当量使用费用/元 (7) = (5) × (6)
1	8 752	0.909	7 955.57	18 455.57	1.100	20 301.13
2	9 004	0.826	7 437.3	25 892.87	0.576	14 914.29
3	9 256	0.751	6 951.26	32 844.13	0.402	13 203.34
4	9 508	0.683	6 493.96	39 338.09	0.316	12 430.84
5	9 760	0.621	6 060.96	45 399.05	0.264	11 985.35
6	10 012	0.565	5 656.78	51 055.83	0.230	11 742.84
7	10 264	0.513	5 265.43	56 321.26	0.205	11 545.86
8	10 516	0.467	499.97	61 232.23	0.187	11 450.43
9	10 768	0.424	4 565.63	65 797.86	0.174	11 448.83
10	11 020	0.386	4 253.72	70 051.58	0.163	11 418.41
11	11 272	0.351	3 956.47	74 008.05	0.154	11 397.24
12	11 524	0.319	3 676.16	77 684.21	0.147	11 419.58

(3)面值法

面值法是一种仅以账面数字作为分析基础的经济分析法。用低劣化数值比较,面值法可避免数据统计上的困难,因而适于在实际生产中用于分析和预估本单位的经济使用寿命。

假定以 3 000 美元购一辆新车,其价值将随着使用年限的增加而降低,而运行成本则增加。将这些有关的数据列表,并计算其总使用成本和在使用期间的每年平均使用成本,则可以得到年平均使用成本最低的使用年限,见表9.3。

表9.3

使用年限(1)	1	2	3	4	5	6	7
汽车残值(2)	2 000	1 333	1 000	750	500	300	300
折旧(3)	1 000	1 667	2 000	2 250	2 500	2 700	2 700
运行成本(4)	600	700	750	800	900	1 000	1 500
累计运行成本(5)	600	1 300	2 100	3 000	4 000	5 200	6 700
总使用成本(6) = (3) + (5)	1 600	2 967	4 100	5 250	6 500	7 900	9 400
每年平均使用成本(7) = (6) ÷ (1)	1 600	1 483	1 367	1 312	1 300	1 317	1 342

面值法通常列表进行,由表9.3中数据看出,第5年末为最经济的寿命周期,因为与其他几年比较,这年的年平均使用成本最低。

(4)判定大修与更新界限法

汽车在使用一个时期后,在是否需要更新或值得进行大修两种方案之间要作出判断。可修而不修,过早地更新,会因未达到折旧期而造成未折旧完的部分价值的损失。该更新而未更新,过多地依靠大修使车辆重新工作,则又将增加保修费用,而且生产效率降低。因此,对一辆汽车而言,在大修与更新两个方案之间需要进行判别分析后再行决策。

大修有更新,如何选取更合理,常采用的判别式如下:

$$R_i + S_e < K_n\alpha\beta + S_a \tag{9.11}$$

式中　R_i——车辆第 i 次大修费用,元;

　　　S_e——使用成本损失,其大小等于大修后车辆与新购置车辆的运输成本差值乘以至下次大修期间的运输生产量(即经营损失),元;

　　　K_n——新车的原始价值,元;

　　　α——反映大修过的车辆运输生产率与新车辆至第一次大修之间运输生产率的比例关系;

　　　β——反映大修后车辆至下次大修前的行驶里程与新车第一次大修前行驶里程间的比例关系;

　　　S_a——因更新而引起旧车未折旧完所造成的损失,元。折旧损失 = 折旧余值 - 残值。

若符合式(9.11)的关系,则进行大修是合理的;当与式(9.11)关系相反,即大修费用与经营费用损失之和超过新车的修正价值与旧车未折旧完所造成的损失之和时,更新是合理的。

若令更新与大修两方案耗费之差为 B,则

$$B = (K_n\alpha\beta + S_a) - (R_i + S_e) \tag{9.12}$$

设 E_τ 为大修耗费效果系数,则

$$E_\tau = B/(K_n\alpha\beta + S_a) = 1 - \frac{R_i + S_e}{K_n\alpha\beta + S_a} \tag{9.13}$$

当 $E_\tau < 0$ 时,说明更新在经济上是合理的。

例9.3　某汽车运输公司提供数据见表9.4,试根据表中提供的数据判断该车是否应该进行第三次大修或及时更新?

表9.4

大修次数	大修间隔里程 /10^3 km	大修费用 /元	大修间隔里程内的平均成本 /[元·(1 000 km)$^{-1}$]	大修间隔里程内的平均完好率/%
0			159.49	89
1	180	3 000	—	—
2	100	4 000	—	82
3	100	5 000	180.61	—
4	80		183.1	74.18
5	80			

注:1. 新车价值 $K_n = 14\,500$ 元;

　　2. 汽车残值定为 500 元;

　　3. 单车折算吨位为 3.33 t(考虑到实载率、里程利用率、拖挂率等因素,由统计数据求出)。

解　1)先判定是否需要进行第二次大修

已知条件可由表9.4直接或间接得到:

$$R_i = R_2 = 4\,000 \text{ 元}$$

$$K_n = 14\,500 \text{ 元}$$

$$S_e = (180.61 - 159.49) \times 3.33 \times 100 \ 元 = 7\ 032.96 \ 元$$

$$\alpha = 82 \div 89 \approx 0.921\ 3$$

$$\beta = 10 \div 18 \approx 0.56$$

$$S_a = [14\ 500 - (14\ 500 \div 800) \times 380 - 500] \ 元 = 7\ 112.5 \ 元$$

大修耗费效果系数 E_τ 计算如下：

$$E_\tau = 1 - \frac{R_i + S_e}{K_n \alpha \beta + S_a} = 1 - \frac{4\ 000 + 7\ 032.96}{14\ 500 \times 0.56 \times 0.92 + 7\ 112.5} \approx 0.243\ 4$$

根据 $E_\tau (= 0.243\ 4) > 0$ 可知，进行第二次大修在经济上是合理的。

2)再判定是否需要进行第三次大修

计算过程同前。

$$R_i = R_3 = 5\ 000 \ 元$$

$$K_n = 14\ 500 \ 元$$

$$S_e = [(183.1 - 159.49) \times 3.33 \times 80] \ 元 = 6\ 289.7 \ 元$$

$$\alpha = 74.18 \div 89 \approx 0.83$$

$$\beta = 8 \div 18 \approx 0.44$$

$$S_a = [14\ 500 - (14\ 500 \div 800) \times 460 - 500] \ 元 = 6\ 662.5 \ 元$$

大修耗费效果系数 E_τ 计算如下：

$$E_\tau = -0.03$$

根据 $E_\tau (= -0.03) < 0$ 可知，进行第三次大修在经济上是不合理的，应在第三次大修时进行更新。

9.4 影响汽车经济使用寿命的因素

在确定汽车经济使用寿命时，应以提高经济效益来进行分析，找出影响汽车经济使用寿命的主要因素。

首先从汽车的有形损耗和无形损耗两个方面进行分析。无形损耗是指由于技术进步、生产的发展、出现了性能好且生产效率高的新型车或原车型价格下降等情况，促使在用车辆提前更新。实际上是旧车型相对新车型的贬值。有形损耗是指车辆在使用或闲置过程中本身的消耗。有形损耗主要与运输成本有关。

汽车运输成本一般包括：

$$C = C_1 + C_2 + C_3 + C_4 + C_5 + C_6 + C_7 + C_8 + C_9 \tag{9.14}$$

式中 C_1——燃料费用，元；

C_2——维护、小修费用，元；

C_3——大修费用，元；

C_4——基本折旧费用，元；

C_5——轮胎费用，元；

C_6——驾驶员工资费用，元；

C_7——管理费用，元；

C_8——养路费用,元;

C_9——其他费用,元。

其中,$C_5 \sim C_6$ 是与汽车经济使用寿命无关的因素。当 C_4 使用寿命确定后,基本是一个定值。只有 C_1、C_2、C_3 是随行驶里程(或使用年限)的增长,车况的下降而增加。因此,对 C_1、C_2、C_3 与汽车经济使用寿命有关的因素进一步分析,从而可以按最佳经济效益确定经济使用寿命。

9.4.1　汽车燃料及维修费用

随着汽车使用年限的增长和行驶里程的增加,汽车的技术性能下降,其经营费用主要因燃料和维修费的增加而增加。汽车燃料消耗量、维修费与使用年限的关系分别如图9.1和图9.2所示。

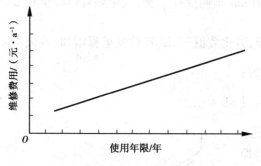

图9.1　维修费用与使用年限的关系

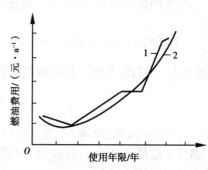

图9.2　燃料消耗与使用年限的关系曲线
1—实际油耗曲线；
2—理论油耗曲线

9.4.2　大修费用

汽车在使用过程中,当动力性和经济性下降到一定程度,已无法用正常的维护和小修方法使其恢复正常技术状况时,就必须进行大修,随着行驶里程(或年限)的增长,大修费用也逐渐增加。另外,大修间隔里程在逐渐缩短。

在计算大修费用时,要把某次的大修费用均摊在此次大修至下次大修的间隔里程段内,即相当于对大修后间隔里程段的投资。

9.5　汽车经济使用寿命的计算方法

汽车经济使用寿命的计算方法大致为六种:低劣化数值法、判定大修与更新界限法、应用现值及资本回收系数估算法、面值法、模式法和折算法。

根据汽车经济使用寿命影响因素的理论分析和各种计算方法的实际验算,选用低劣化数值计算方法。低劣化数值法的目标是保证设备一次性投资和各年经营费用总和为最小。

在使用中,随着行驶里程的增加,汽车的有形损耗和无形损耗越加剧,其主要技术性能下降,燃料费、维修费、大修费也随之增加,这种现象称为汽车的低劣化。低劣化值为每1 000 km以 b 的幅度增加,b 称为低劣化的增长强度。第 1 000 km 时为 bL,而从 0 ~ 1 000 km 内,平均低

劣化值为 $\frac{1}{2}bL$。低劣化值随 L 的增加呈线性关系增长。

b 值的求法,将成本中随使用期限变化的因素作为一个变量来考虑,即燃料费用 + 维修费用 + 大修均摊费用,所得值与行驶里程进行回归计算后求出 b 值(单位为元/1 000 km)。

汽车的整个使用过程是性能不断地下降、消耗上升的一个低劣化过程。从低劣化理论可知,在低劣化过程中总是存在着一个经济效益最佳点,以此来确定汽车的经济使用、寿命和更新期限。

车辆最佳更新时机是车辆使用费用的最小值。以行驶里程为量标,计算得出最佳的更新里程,经过折算确定其最佳使用年限,即得出经济使用寿命。

车辆使用费用包括两部分:一部分每 1 000 km 车辆投资 $\frac{K_0}{L}$ 费,式中随着行驶里程 L 的增加,$\frac{K_0}{L}$ 值不断减小;另一部分则为车辆的平均低劣化数值 $\frac{bL}{2}$,随着行驶里程增加,其值不断增大(图 9.3)。因此,车辆的使用费用的方程式为:

$$C_y = \frac{K_0}{L} + \frac{1}{2}bL + C_0 \qquad (9.15)$$

式中 C_0——固定费用(即与行驶里程无关),元。

曲线 3 最低点相应的行驶里程(或时间)即为确定的经济使用寿命。

令 $\dfrac{\mathrm{d}C_y}{\mathrm{d}l} = 0$,得出经济使用寿命里程,即

$$L = \sqrt{\frac{2k_0}{b}} \times 10^3$$

式中 L——经济使用寿命,1 000 km;

b——各影响因素的费用低劣化增长强度,元/1 000 km。

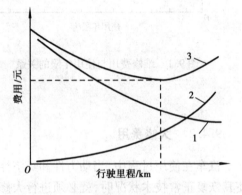

图 9.3 寿命周期曲线
1—折旧费;2—经济费;3—叠加曲线

经济使用寿命换算成使用年限,可用下式求得:

$$T = \frac{L}{\overline{L}}$$

式中 T——经济使用寿命,a;

$\overline{L}$——年平均行驶里程(1 900 km)。

例 9.4 某运输公司解放牌 CA10B 型载货汽车的统计资料见表 9.1。$C = ($主车标记吨位 + 挂车标记吨位 × 拖挂费$) ×$ 实载费,试分别计算经济里程和经济使用寿命年限。

解 将平均累计里程与总费用进行一元线性回归计算后得出回归方程:

$$C_y = 249.74 + 0.218\,L$$

式中,常数项为使用费初始值。

低劣化数值增长强度

$$b = 0.218 \text{ 元}/1\,000 \text{ km}^2$$

解放 CA10B 型汽车出厂价为 14 500 元,7 条轮胎计 3 500 元,残值按 500 元计,则

$$K_0 = (14\,500 - 3\,500 - 500)\,元 = 10\,500\,元$$

根据低劣化计算公式,经济使用寿命里程

$$L = \sqrt{\frac{2 \times 10\,500}{0.218}}\,km \approx 310 \times 10^3\,km$$

若该公司的汽车年平均行驶里程

$$\bar{L} = 3.4 \times 10^4\,km/a$$

经济使用寿命年限

$$T = \frac{310 \times 10^3}{3.4 \times 10^4}\,a \approx 9\,a$$

上述计算结果没有考虑利率的影响。如果利率按 10% 计算,其结果将使经济使用寿命延长两年左右。

对于汽车经济使用寿命修正系数的确定,汽车的使用寿命除取决于使用时间或里程外,还受使用强度和使用条件等因素的影响。我国地域辽阔,各地运行条件差异很大,因而汽车的经济使用寿命也必然是不同的,应根据具体情况,对计算所确定的数值进行必要的修正。

9.5.1　车辆不同服务对象对经济使用寿命的影响

车辆在不同部门使用,其使用强度差异比较大,由于使用条件不同,管理和维修水平相差较大。所以在进行修正时应主要修正使用年限。

(1)交通专业运输车辆

交通专业运输车辆是指专门从事运输生产的运营车辆。这些车辆是为整个社会服务的,使用条件复杂,使用强度比较大。一般客车年平均行驶里程 5 万 km 左右,货车为 4.5 万 km 左右。货车拖挂率、实载率均比较高,管理、使用和维修水平也比较高,车辆基础资料较齐全,因此,确定汽车经济使用寿命时应以这些车辆为基础,其他车辆均以此进行修正。

(2)社会专业运输车辆

社会专业运输车辆是指各行业专门从事运输的车辆。这些车辆主要是为本行业的运输生产服务的,其车队规模一般在 30 辆以上,有专门的管理机构和较完善的维修基地。如商业、粮食、冶金、建工、林业等部门的运输车辆。

(3)社会零散运输车辆

社会零散运输车辆是指机关、企事业的非营运车辆。这些车辆主要是为一般零散运输和生活服务的,一般没有专门的管理机构和维修基地,使用情况差异很大。

(4)城市公共交通车辆

城市公共交通车辆是指城市公共汽车。这些车辆的管理、使用、维修情况大体与专业交通运输企业差不多。

后三种车辆与交通专业运输车辆相比,无论是使用条件、车辆使用强度还是管、用、维、修的水平都是不相同的。这些车辆的经济使用寿命不能完全按交通专业运输车辆的计算方法来确定,可参照专业运输车辆的经济使用寿命和具体情况进行修正。修正的考核指标主要是使用年限。

9.5.2 使用条件对经济使用寿命的影响

汽车经济使用寿命除受使用对象影响外,还受复杂的使用条件的影响。尤其是我国地域辽阔,各地自然条件差别很大,因此,在确定汽车经济使用寿命时,也应根据具体情况进行行驶里程的修正。

(1)道路条件

道路对汽车使用寿命影响很大,直接影响车辆的技术速度,使用年平均行驶里程相差得比较大,主要是道路等级和路面情况两种因素。道路条件可分为好路、中等路和差路。

①好路:指国家道路等级中的一、二、三级道路,好路率在50%以上。

②中等路:指符合国家道路等级的四级道路,好路率在30%~50%。

③差路:国家等级外的路,好路率在30%以下。

(2)特殊使用条件

特殊使用条件主要指一些特殊自然条件,包括寒冷、沿海、风沙、山区等地区。

(3)城市运输

城市运输由于运行条件复杂、平均运距短,所以运行速度较低。

上述三种因素直接影响车辆的使用性能、使用强度和运行速度,导致车辆的年平均行驶里程的差异和车辆早期磨损,使车辆行驶里程寿命的差别很大,根据具体使用条件,按全国一般水准进行适当修正。

9.5.3 修正系数的选取

修正系数是根据各地已统计资料的计算结果和使用经验综合分析进行选取,具体数值见表9.5。

表9.5 修正系数的选取

车 型		道路条件		特殊条件	城市运输
		好路	差路		
解放	客	1.1~1.3	0.85~0.95	0.8~0.9	
	货	1.1~1.3	0.85~0.95	0.8~0.9	0.9
黄河	客	1.1~1.3	0.85~0.95	0.8~0.9	
	货	1.1~1.3	0.85~0.95	0.8~0.9	0.9

注:修正系数均以全国交通专业车辆平均水平取为1。

9.5.4 汽车使用寿命周期的确定

经济使用寿命里程或经济使用寿命年限乘以行驶里程的修正系数称为汽车的经济使用寿命。总之汽车的经济使用寿命确定之后,就应当对现有汽车进行更新工作。对于汽车更新的技术条件,国务院1997年作了如下规定:

①轻、微型载货汽车(含越野型)、矿山作业专用车累计行驶30万 km,重、中型载货汽车(含越野型)累计行驶40万 km,特大、大、中、轻、微型客车(含越野型)、轿车累计行驶50

万 km，其他车辆累计行驶 45 万 km。

②轻、微型载货汽车（含越野型）、带拖挂的载货汽车、矿山作业专用车及各类出租汽车使用 8 年，其他车辆使用 10 年。

③因各种原因造成车辆严重损坏或技术状况低劣，无法修复的。

④车型淘汰，已无配件来源的。

⑤汽车经长期使用，耗油量超过国家定型车出厂标准规定值 15% 的。

⑥经修理和调整仍达不到国家对机动车运行安全技术条件要求的。

⑦经修理和调整或采用排气污染控制技术后，排放污染物仍超过国家规定的汽车排放标准的。

除 19 座以下出租车和轻、微型载货汽车（含越野型）外，对达到上述使用年限的客、货车辆，经公安车辆管理部门依据国家机动车安全排放有关规定严格检验，性能符合规定的，可延缓报废，但延长期不得超过本标准第②条规定年限的一半。对于吊车、消防车、钻探车等从事专门作业的车辆，还可根据实际使用和检验情况，再延长使用年限。所有延长使用年限的车辆都需按公安部规定增加检验次数，不符合国家有关汽车安全排放规定的应当强制报废。而且，报废制度要不断与时俱进，这无疑将是对我国现在车辆更新工作的一个促进。显而易见，国家规定的时间可能不是使用经济寿命，但考虑到我国的国情，如环境、资源、促进汽车消费等问题，如果折旧率过低，车辆就得不到及时更新，然而总比陈旧车无止境地修理经济合理得多。

汽车运输企业推行按经济使用寿命更新车辆，还需认真解决以下几个问题：

1）汽车的更新资金问题

应适当提高折旧率，并将折旧费用由企业积累后用作更新资金。

2）更新车辆的车型选择问题

由于各地使用条件相差较大，运输的货物也千差万别，所以，企业在更新车辆时，应根据最佳经济原则，选择适用的车型。

3）废旧车的处理问题

应建立报废车收购机构，且允许使用单位从报废车辆上拆下可用零件，以做到物尽其用。

复习思考题

9.1 什么是汽车使用寿命？

9.2 什么是汽车的经济使用寿命？其主要指标有哪些？

9.3 何谓汽车维修费？

参考文献

[1] 高延龄.汽车运用工程[M].北京:人民交通出版社,1990.

[2] 高冠军.汽车维修理论[M].北京:人民交通出版社,1991.

[3] 张美田.汽车运用[M].北京:人民交通出版社,1988.

[4] 王毓民.汽车燃料、润滑油及其应用[M].北京:人民交通出版社,1994.

[5] 杨钰如.发动机汽车理论[M].北京:人民交通出版社,1988.

[6] 郭可察.汽车运用与修理[M].北京:人民交通出版社,1980.

[7] 初级汽车驾驶员培训教材:上、下册[M].北京:人民交通出版社,1997.

[8] 中级汽车驾驶员培训教材:上、下册[M].北京:人民交通出版社,1997.

[9] 高级汽车驾驶员培训教材:上、下册[M].北京:人民交通出版社,1997.

[10] 浙江省交通学校.汽车技术运用[M].北京:人民交通出版社,1979.

[11] 戚扬,韩北山.汽车故障诊断[M].北京:人民交通出版社,1983.